기업스토리 012

손정의 2.0

IoT시대를 위한 리더의 조건

시마 사토시 지음 장현주 옮김

일러두기

1. 이 책은 국립국어원 외래어 표기법에 따라 일본어를 표기하였다.

2. 일본 인명, 지명은 본문 중 처음 등장할 시에 한자를 병기하였다.
   *인명
      예) 미야우치 겐宮内謙, 야나이 다다시柳井正
   *지명
      예) 후쿠오카 시福岡市, 교토京都

3. 본문 주석 중, 역자 주로 표기된 것 외에는 모두 저자의 주석이다.
   *역자 주
      예) 싱귤래리티(인공 지능이 인간 지능을 넘어서는 역사적 기점. 특이점—역자 주)

4. 서적 제목은 겹낫표로 표시하였으며, 그 외 인용, 강조, 생각 등은 따옴표를 사용하였다.
   *서적 제목
      예) 『육도삼략』, 『군주론』

머리말

"고작 3조 엔."

2016년 7월 18일. 영국 반도체 설계업체 암홀딩스를 3.3조 엔에 인수한 소프트뱅크 사장 손정의孫正義는 기자회견에서 이렇게 단언했다.

2년간 번데기처럼 틀어박혀 있던 손정의가, 탈피하여 커다란 세계로 날갯짓하려 하고 있다. 손정의의 후계자 후보였던 니케쉬 아로라 부사장은 퇴임했다. 손정의의 후계자는 손정의 본인, '손정의2.0'이었다.

보다폰을 인수하여, 휴대폰 사업에 참가. "10년 이내에 NTT도코모를 뛰어 넘겠습니다"라고 선언하고 실현한 것이 '손정의1.0'이다. 그리고 2년간의 '번데기 시대'를 거쳐, 앞으로 '손정의2.0'이 될 것이다. '손정의2.0'은 용감하고 아름다운 '나비'가 될지, '나방'이 될지는 지금 시점에서는 모른다.

"암홀딩스는 IoT(사물인터넷) 분야의 리더이다. 앞으로 올 패러다임 시프트(구조 전환)의 초기 단계에서 투자할 수 있어서 흥분하고 있다. 커다란 가능성이 있다."

지금 IoT혁명이라는 패러다임 시프트의 입구에 있는 손정의는 말한다. 2005년 11월부터 2014년 3월까지 소프트뱅크 사장실장으로서 내가 손정의를 보좌한 것은 스마트폰 혁명이라는 이전의 패러다임 시프트 때였다.

휴대폰은 아이폰으로 대표되는 스마트폰의 출현으로 인터넷 머신이 되었다. 스마트폰 혁명에 의해 라이프스타일이 바뀌고 많은 비즈니스 기회가 생겨났으며, 많은 기업가가 비약했다.

앞으로 시작되는 IoT혁명에서도 마찬가지로 혁신이 일어나, 많은 기업가, 비즈니스 리더가 비약할 것이다. 그 나침반은 어디에서 찾을 수 있을까?

'손정의2.0의 행동을 보면 된다'가 내 대답이다. 이것이 본서를 집필하는 이유이다.

손정의가 '번데기'였던 2014년부터 2년간, 소프트뱅크는 계속 실패했다고 해도 과언이 아니다. 그것은 내가 소프트뱅크 사장실장을 퇴임한 2014년 3월 무렵부터 시작된다.

주력 휴대폰 사업에서는 '휴대폰 요금이 지나치게 비싼 것 아닌가'라는 문제 제기부터 '소프트뱅크 불리, NTT 유리'의 정책 환경이 만들어졌다. 그 결과, 2015년 시가총액 하락 일본 1위라는 명예롭지 못한 기록을 남겼다. 아무리 넘버원을 좋아하는 소프트뱅크지만 시가총액 하락으로 일본에서 넘버원이 될 필요는 없을 것이다.

스프린트에 이어 T모바일을 인수하려고 했지만 정부의 승인을 얻지 못해 실패했다. 그 결과, 스프린트의 경쟁력 강화도 하지 못하고 턴어라운드(전략적 사업 재생)는 좀처럼 진행되지 않았다.

게다가, 후계자 후보로 지명한 니케쉬 아로라와 고참 간부와의 알력이 있어서 "아무도 니케쉬를 후계자 후보로 생각하지 않습니다"라는 목소리가 회사 내에서 들려오고 있었다.

2016년 6월 주주총회. 손정의는 사장을 계속하겠다고 선언한 후, 이 부負의 스파이럴은 단번에 변한다. 후계자 후보였던 아로라는 부사장을 퇴임. 한 달 뒤에는 3.3조 엔을 지불하고 암홀딩스를 인수한다고 발표한 것이다. 여기서 손정의는 완전히 부활했다.

1981년, 후쿠오카 현福岡県 후쿠오카 시福岡市에서 사원 2명으로 시작한 소프트뱅크. 이래, '손정의1.0'은 많은 벤처 기업가의 목표가 되었다.

지금 소프트뱅크는 매출액 9조 엔의 글로벌 기업이 되었다. '손정의 2.0'은 일본에서는 드문 국제 경쟁력이 있는 CEO로서 더욱 위를 목표로 하게 될 것이다.

스티브 잡스의 훌륭한 점은 '라이프스타일을 바꾼 신新사장'이었다는 점이다. 손정의의 다음 목표는 미지의 영역에 발을 내딛고, 과거와는 다른 세계를 창조하는 것일 터이다. 그것을 위한 도구로서 암홀딩스가 필요했다. 그것이 실현될 때, 스티브 잡스와 어깨를 나란히 할 '세계의 손정의'가 될 것이다. 지금까지 일본의 경영자에는 없었던 타입의 '신사장'이 될 것이다.

본서는 '사장'을 목표로 하는 비즈니스 리더를 위해서 참고가 되도록 썼다. 처음에는 '손정의1.0'을 목표로 한다. 그 후 더욱 높은 곳인 '손정의2.0'을 목표로 하기를 바란다. 이 책을 읽은 분들 중에 스티브 잡스, 손정의 같은 신사장이 나오기를 바란다.

목차

손정의 2.0

제1장

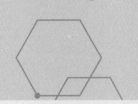

니케쉬 아로라를 통해서 본
후계자 조건

니케쉬 아로라 46세. 2014년 7월, 구글에서 CBO(최고 사업 책임자)로 일하던 한 인도인이 소프트뱅크에 입사한다는 발표가 있었다. 참고로, 2005년 내가 소프트뱅크에 입사한 것은 47세 때였다.

해외 전개가 가속화되는 것에 비례하여 소프트뱅크가 성장해가는 중에, '진정한 글로벌 기업'을 목표로 하는 손정의는, 고참 일본인 간부를 후계자로 앉히는 것에 대해서 점차 한계를 느끼고 있는 것처럼 보였다. 그래서 외국인 등용을 생각했다. 그 사람이 아로라였다.

다시금 아로라가 소프트뱅크가 미국에 설립한 '소프트뱅크 인터넷 앤드 미디어SIMI'의 CEO(최고경영책임자)에 취임할 예정이라는 이야기가 들어왔다. 이상한 것은 소프트뱅크 본사 부회장도 겸임한다는 것이다.

소프트뱅크 본사의 사장은 물론 손정의. 지금까지는 '자신 위에는 아무도 두지 않겠다'는 방침이었다. 그런데 조직도상, 아로라가 위라는 이상한 상태가 되었다. 이 인사를 보고, 나는 뭔가 중요한 움직임이 있을 것이라고 느꼈다.

아로라의 역할은 미국 등 해외사업의 전략을 책정하거나 실시할 때 손 사장의 보좌는 물론 해외 투자에 대한 감독 역할, 그리고 투자가로서도 보좌한다.

아로라는 인도에서 전기공학을 공부한 후, 아버지에게 빌린 3,000달러와 여행 가방을 들고 미국으로 건너간 자신의 이야기를 했다. 이것은, 손정의가 미국에 건너갔을 때의 이야기와 흡사하다. 아로라는 도미 후, 투자운용회사를 거쳐 T모바일 구미법인의 최고 마케팅 책임자가 되었다. 그 후 구글로 옮겨 CBO까지 되었다. 그야말로 아메리카 드림을 몸소 이룬 사람이다.

손정의가 처음 아로라를 만난 것은 이 발표로부터 거슬러 올라가 5년 전. 야후 검색 엔진을 구글에게 빌리기 위해 교섭할 때였다. '터프한 상대'라는 인상을 받았다고 한다. 이 이야기는 후계자 육성을 위해 만들어진 '소프트뱅크 아카데미아'에서 손정의 자신이 말했다. 당시 아로라는 40대 초반. 어쩌면 소프트뱅크 아카데미아 수강생들과 아로라를 비교하고 있었는지도 모른다.

소프트뱅크의 사장회의실에는 목검이 놓여 있다. 생각이 막히면 손정의는 목검을 들고 휘두르는데 상당히 날카롭다.

"나는 어린 시절부터 검도를 했는데, 자세를 취했을 때 상대의 실력을 알지. (아로라를) 교섭 자리에서 보고 눈빛이나 행동에서 대단한 인물이라는 것을 단번에 알았어."

이후 '니케쉬', '마사(손정의의 일본이름이 손 마사요시인데, 마사요시에서 요시를 빼고 마사로 부름—역자 주)'라고 서로 부르는 사이가 될 때까지 긴 시간은 필요치 않았다.

그리고 2014년 초, 손정의는 아로라와 만났다. 그때, 농담처럼 말했다.

"우리들은 같이 일해야 해."

농담처럼 말했다고 해도 손정의는 내심 진심이었음에 틀림없다. 당시 구글에서 일하던 아로라가 오지 않을 것이라는 예측도 있었을 것이다. 그러나 거기서 포기할 손정의가 아니다.

3개월 후. 나중에 자세히 쓰겠지만, 소프트뱅크가 진행시키고 있던 미국의 통신 기업인 T모바일의 인수가 곤란한 상황이었다.

손정의는 다시 아로라와 만나, 이번에는 "부디 함께 일합시다"라고 요청했다.

아로라는 쉽게 대답하지 않았다. 손정의는 일본 요리집에서 와인을 마시며 설득했다고 한다. 그리고 종이 냅킨에 '제안'을 썼다. "모든 것은 종이 냅킨 뒤에서 정해졌다"라고 아로라는 말한다.

나중에 화제가 된 165억 엔의 거액의 보수도 여기서 제안되었을 가능성이 높다. 냅킨에는 어쩌면 '후계자로 삼겠다'고 쓰어 있었을지도 모른다. 이 시점에서 나는 사장실장을 퇴임 후 고문으로 있었기 때문에 정확히는 모른다는 사실을 밝혀둔다.

손정의는 당시부터 "앞으로는 인도"라고 역설했다. 아로라는 중국에 이은 거대 시장 인도에 인맥이 있다. 한편 손정의의 투자는 IRR(내부수익률) 45%라는 경이로운 숫자를 자랑한다. 합계 105억 엔을 출자하여 35%의 주식을 획득한 중국 알리바바그룹은 미 주식시장에 상장후, 시가총액이 25조 엔이 되었다. 결과, 소프트뱅크에 약 8조 엔의 이익을 가져다 주었다.

인도라는 장래의 거대한 시장을 시야에 넣은 시장 개척 및 투자의 포석. 그런 사정을 포함한 아로라의 스카웃은 분명 납득이 간다. 실제로 그가 소프트뱅크에 입사한 후 인도에 대한 투자가 많아졌다.

손정의는 그때그때의 커다란 테마에 따라 참모를 바꾼다.

'일찍이 손정의가 주식에 의해 자금조달을 많이 했을 때, 참모역은 노무라野村 증권 출신의 기타오 요시타카北尾吉孝(SBI홀딩스 사장)였다. 은행 차입을 확대해가자 구 후지은행 출신인 가사이笠井로 바꾸더니, 민주당 정권 시대는 시마嶋를 중요한 자리에 임명했다.' (아사히 신문 경제 SHINWA 2015년 11월 11일)

사내에서 키우는 것이 아니라 외부에서 등용한다. 그것은 자신이 연구 개발을 하는 것이 아니라 '사면 된다'라는 손정의의 지금까지의 발상과 같다.

아로라 입사 이래, 소프트뱅크는 해외에서의 M&A(합병·인수)를 가속시켰다. 주도하는 것은 물론 사장인 손정의지만, 중요한 신新참모로 부상한 사람은 아로라였다.

"나는 실리콘벨리의 혁신을 잘 알고 있다. 제2의 구글과 페이스북을 발견하여 (성장이 예상되는) 아시아로 가져올 것이다. 손 사장이 지금까지 취미처럼 해온 투자를 체계적으로 해가겠다."

손정의의 투자를 '취미처럼 해온 투자'라고 일도양단했다. 고참 간부들은 결코 할 수 없는 말이었다.

그리고 소프트뱅크의 경영에 참가했다. 손정의는 내 때도 그랬는데, 처음에는 2인3각처럼 행동을 함께한다. 아로라와도 그랬던 것 같다. 다만, 내 때는 사내였지만, 아로라는 전세계를 분주하게 돌아다닌다. 확실히 구글에서 기른 넷·IT에 대한 식견이나 인맥은 보통이 아니다.

"비즈니스에서 가장 성공하는 것은 (여러 가지 넷서비스의 기반이 되는) 플랫폼. 알리바바그룹은 e커머스나 결제, 구글은 검색이다. 플랫폼 사업은 승자가 모든 것을 가져 갈 수 있다."

이렇게 말한 후 아로라는 차례차례로 투자하고 있다. "어째서, 저렇게 서두르는 걸까?"라고 소프트뱅크 고참 간부들은 의심쩍어하고 있었다. 그러나 2015년 주주총회 후, 165억 엔의 보수, 시급 500만 엔이라는 말을 듣고 이상하게도 납득이 갔다. 그 시점에서 아로라가 주도한 M&A는 벌써 총액 2,000억 엔 규모에 달해 있었다.

M&A 상대는 인도의 전자상거래회사 스냅딜이나 인도네시아의 온라인 상거래 플랫폼인 토코페디아, 싱가포르의 배차 서비스를 제공하는 그랩택시홀딩스 등 플랫폼 서비스의 기업이 대부분. 스마트폰 혁명이 진행되는 아시아 인터넷시장을 뿌리부터 장악하려는 전략처럼 보였다. 이 전체 전략은 손정의가 짜고 있군, 하는 생각이 들었다.

손정의에 대한 아로라의 평은 다음과 같다.

"(구글 공동창업자) 래리 페이지는 테크놀로지 혁명가이다. 손 사장은 두 걸음 앞을 달려, 트렌드를 찾아내는 비즈니스 혁명가이다."

자신이 개발하는 것이 아니라, 그것이 비즈니스가 되는지 그렇지 않은지를 판단하여, 제일 먼저 투자하는 것이 손정의의 수법이라고 한다. 지금까지의 손정의의 수법인 것은 분명하다. 인도에 있어서의 M&A도 이런 흐름에 따른 것이다.

한편 최근, 소프트뱅크 고참 간부들이 좀처럼 손 사장을 만나지 못하게 되었다. 상무 클래스의 임원이 "두 달, 손 사장과 만나지 못했습니다. 해외 출장이 많겠지만……."라고 말했다. 여기에 대해서 아로라는 이렇게 말했다.

"손 사장과는 직접 만나거나 전화 통화로 하루에 적어도 두 번은 이야기를 나눈다. 하루에 12시간 정도 회의한 적도 있다."

2015년 5월 11일, 소프트뱅크 2015년 3월 기결산. 총이익이 전기 대비 28% 증가한 6,683억 엔이라는, 5기 연속 최고 수익을 갱신했다.

"지금까지는 일본의 소프트뱅크로서 일본에 초점을 두고 해외에도 투자해왔다. 앞으로의 소프트뱅크는 해외가 메인이 될 것이다. 세계 제일선에서 활약하는 글로벌 인재를 소프트뱅크의 중축에 채용하여, 사업을 전개해 나가고 싶다."

손정의는, 소프트뱅크가 앞으로 "글로벌화의 제2스테이지에 들어간다"라고 선언. 니케쉬 아로라가 6월 19일부로 부사장에 취임한다는 것을 발표했다.

"니케쉬의 직위, 부사장은 영어로는 프레지던트. 창업 이래 처음으로 프레지던트라는 직위를 나 이외의 사람이 떠맡게 된다. 그는 2014년 9월 소프트뱅크 입사 이래, 투자 의사 결정에 참여했다. 그의 능력, 인격은 훌륭하여 내 후계자 후보로서 가장 중요한 인재이다."

'후계자 후보, 니케쉬 아로라'가 손정의의 입을 통해 발표되었다. 나는 6월 말에 소프트뱅크 고문을 퇴임. 다마多摩대학 객원 교수로 비즈니스에서 교육의 길로 가는 것이 결정되었기 때문에 이 발표도 '역시 그랬구나' 하고 냉담하게 받아들였다.

다만 소프트뱅크 아카데미아 수강생은 '사다리를 놓아 주기는커녕 사다리를 치워버렸다'라고 생각한 듯하다.

미디어의 질문에 전 사장실장으로서 나는 다음과 같이 대답했다.

"니케쉬는 46세. 아카데미아 수강생은 30대가 많다. 니케쉬가 10년 일하는 동안 글로벌 경제를 파악하여 니케쉬가 가진 인맥을 넘겨받아 다다음을 겨냥하면 된다."

나도 손정의와 마찬가지로 아로라를 '니케쉬'라고 부른다.

다만 나는 '후계자 후보 지명은 시기상조가 아닌가'라는 불안이 마음속을 스쳤다.

후계자 후보 지명을 발표하면 보통의 경우 1, 2년 안에 자리를 물려준다. 지명된 사람도 그것을 기대한다. 충언자였던 가사이 가즈히코笠井和彦 재무담당 이사는 세상을 떠나고 없었다. 나도 사장실장에서 물러나 고문의 자리에 있었다. 손정의에게 발언을 재고하라고 충고할 사람이 주위에 없었던 것 같다.

===== **손정의가 후계자 후보로서 아로라를 지명한 이유**

"실질적인 후계자 지명인가, 라는 말이 있는데, 대답은 예스입니다."

2015년 5월, 손정의의 지명 발언에 일부에서는 놀라움을 금치 못했다. 그러나 이 지명은 손정의의 '30년 후, 시가총액 2백조 엔, 세계 톱 10의 기업이 된다'라는 목표를 달성하기 위해 **뺄셈** 방식으로 생각한 결과이다, 라고 전 사장실장으로서 나는 주위에 설명했다.

스타일 차이는 있지만 오랫동안 행동을 같이 하면 손정의의 사고법이 몸에 배게 된다. 몰두하면, 빠져 드는 부분이 있다는 것도 잘 알고 있다. 물론 엄청나게 '워프warp(종이의 양 끝에 점 두개 찍어놓고 이것들을 맞물리면 서로 겹치는 것처럼 공간을 왜곡하여 자신의 목적지에 가장 빨리 가는 방법―역자 주)'할 때는 '이 사람에게는 도저히 당해 낼 수 없겠어'라는 생각이 들 때가 많았다.

손정의가 좋아하는 로마사의 계승자 지명에 대해서 살펴보자.

팍스 로마나를 구축한 카이사르가 유서에서 자신의 후계자로 지명한 사람은 18세의 옥타비아누스였다. 많은 사람들이 놀라움을 금치 못했다. 자신이 후계자라고 굳게 믿고 있던 안토니우스는 "왜?"라며 말을 잇지 못했다고 전해진다.

옥타비아누스에게는 카이사르 같은 카리스마는 없었다. 전투에 강하지도 않고, 철학적인 사고를 계속 하는 것을 좋아했다. 그러나 카이사르와는 다른 비범한 능력으로 카이사르의 꿈(팍스 로마나)을 실현하여, 18세 소년에게 지도자의 자질을 찾아낸 카이사르의 안력을 증명했다.

'로마제국처럼 세계로 뻗어나가는 소프트뱅크에도 과제가 있다. 손 사장의 후계자 문제이다'라는 것은 내가 소프트뱅크 사장실 실장이었을 때의 과제였다. 그리고 소프트뱅크의 옥타비아누스는 아로라이다, 라고 손 사장이 선언한 것이다.

소프트뱅크 아카데미아에서 손정의는 후계자 조건을 '10년 내에 (소프트뱅크의) 시가총액을 5배로 만드는 것'이라고 규정했다.

그러는 사이에, 소프트뱅크 시가총액은 약 9조 엔이 되어 '5배'가 가

리키는 숫자는 45조 엔으로 뛰어올랐다. 45조 엔이라고 하면 세계4위인 구글이 약 45조 엔. 아로라는 그야말로 구글에서 시가총액 45조 엔 기업의 경영을 경험해온 인물이다. 아쉽게도 이 정도 규모의 기업에서 실질적인 경영을 한 일본인은 없다. 그래서 손정의는 아로라를 선택한 것이다.

사람들은 자주 "앞으로 열심히 하겠으니 장래성을 봐주길 바랍니다"라고 말한다. 그렇지만, 냉정하게 생각하면 그 사람을 평가하는 것은 지금까지의 행보, 그때까지의 경험과 실적을 볼 수밖에 없는 것이 현실이다.

나 자신도 그랬다. 내가 휴대폰 통신 사업에 참가했을 당시, 소프트뱅크 사장실 실장이 되어 손정의와 함께 일본 넘버원의 NTT와 싸울 수 있었던 것은, 국회의원으로서 일본 전체의 정보통신 정책에 몰두했던 경험이 있었기 때문이다.

아로라는 시가총액 45조 엔의 구글을 경영했던 적이 있다. 그래서 경영자의 조건인 '10년 내에 시가총액 5배, 45조 엔의 소프트뱅크'도 경영할 수 있을 것이다. 손정의는 분명 그렇게 생각했을 것이다.

===== 로마제국과 통하는 소프트뱅크 인사

손정의는 나에게 이렇게 말한 적이 있다.

"IT버블 때, 빌 게이츠를 제치고 세계 넘버원이 된 적이 있어요. 3일 간이었지만(웃음). 그렇지만 한 번 된 적이 있어서 그런지 또 될 것만

같아."

자신을 웃음의 재료로 삼을 수 있는 사람이 손정의이다. "머리카락이 후퇴하는 것이 아니다. 내가 전진하는 것이다"같이 자학적으로 말할 수 있는 것도 스스로에게 자신이 있기 때문일 것이다.

한 번 된 적이 있다, 한 적이 있다, 라는 경험은 중요하다. 시가총액약 45조 엔 기업을 경영한 경험을 가진 아로라 입장에서는 '10년 내에 시가총액 45조 엔'이라는 과장스러운 목표도 '이미 경험'했기 때문에 실현 가능한 목표로 받아들일 수 있었을 것이다.

소프트뱅크의 2015년 3월 기결산은, 매출액이 전년보다 30% 증가한 8조 6,702억 엔이었다. 주목할 점은 해외 매출이 국내 매출을 웃돌았다는 것. 2013~2014년에 인수한 미국의 통신 회사 스프린트 넥스텔(이하 스프린트), 미국 단말기 유통 업체 브라이트스타 등이 공헌한 것이다. 내가 사장실 실장이었을 무렵에는 해외 매출 등이 거의 없었기 때문에 격세지감을 느낀다.

"지금까지 일본의 소프트뱅크가 해외 회사에 출자를 하는 입장이었지만, 앞으로는 제2의 소프트뱅크로서 세계의 소프트뱅크가 일본에 사업전개를 하는 입장이 되고 싶다."

따라서 '소프트뱅크2.0'은 세계에서 인재를 모집해야만 했다. 그 상징적인 인물이 아로라였던 것이다.

일찍이 "300년 계속되는 기업을 만들고 싶다"는 손정의의 발언을 듣고, 나는 로마 제국의 흥망성쇠를 연구했다. 유럽 출장 때마다, 시오노 나나미塩野七生의『로마인 이야기』를 듣고, 로마 시내를 돌아다녔다.

그리고 '보편제국'을 만든 로마는 인종, 국경을 넘어 우수한 인재를 원로원위원 등 지도자층으로 받아들이는 문화를 가지고 있었던 사실을 알았다. 이 '관용'의 문화가 로마에 초일류 인재를 모은 것이다.

손정의가 인도인 아로마를 부사장으로 앉힌 것도 여기에서 배웠다고 생각한다. 갑자기 보스가 인도인이 되자 소프트뱅크 고참 간부들은 당황했다. 아로라는 인도인이다. 소프트뱅크는 후쿠오카에서 시작한 기업이다. 그렇다면 '톱은 일본인으로'라고 생각하기 쉽다.

그러나 경영에 있어서 인사가 모든 것을 나타낸다. 부사장에 인도인을 앉힌 사실에 의해 앞으로 소프트뱅크는 인종의 틀을 넘어, 세계에서 초일류 인재가 문을 두드릴 것임에 틀림없다. 손정의는 그렇게 생각했을 것이다.

손정의의 후계자는 반드시 일본인일 필요는 없다. 아니, 지금으로서는 일본인일 가능성이 낮다. 나는 가급적이면 일본인이 되었으면 하고 생각하지만.

===== **세계에서 천하를 얻기 위해서 ―투자가로서 아로라에게 거는 기대**

첫 번째로 목표규모의 세계 기업을 매니지먼트한 경험, 두 번째로 세계의 초인류 인재를 모으기 위한 싱가포르, 세 번째로 인도 출장의 포석. 아로라를 지명한 것은 고심 끝에 내린 결론일 것이다. 인사는 최종적으로 톱의 일. 손정의가 홀로 고독 속에서 생각한 결론이었다고 생각한다.

아로라에게 손정의는 줄곧 자신의 타이틀이었던 프레지던트와 CEO 중에서 프레지던트를 내주었다.

손 사장은 단언했다.

"나는 CEO와 체어맨, 그는 COO(최고 집행 책임자)와 프레지던트의 자리에서, 함께 소프트뱅크 제2 스테이지에 도약하는 형태가 됩니다."

이 말은 뭔가를 날려버리기 위해, 자신에게 들려주기 위해 단언하는 것처럼 나에게는 들렸다.

명 군사君師 태공망이 썼다는 『육도삼략六韜三略』에 다음과 같은 글이 있다.

'녹으로써 사람을 취하면 그 사람은 진력하고, …나라로써 천하를 취하면, 천하를 얻을 수 있다.'

녹(보수)으로 사람을 뽑으면 분명 그 사람은 열심히 일한다. 그렇지만 그것만으로는 부족하다. 나라를 맡길 만한 지위를 주면서 유능한 사람을 뽑으면, 천하를 얻을 수 있다는 말이다.

신기하게도 사람은 말에 얽매인다. 정치가도 '총리'라고 불리는 사이에 점점 총리다워져 간다.

아로라가 후계자로 지명된 시점에서의 평가는 사실, 높지 않았다. 측근 등은 "손정의는 쉽게 질려. 2년 정도면 질릴걸"이라고까지 말했다.

나는 전사장실 실장으로 다음과 같이 미디어의 질문에 대답했다.

"프레지던트라고 불리는 사이에, 소프트뱅크 '후계자 후보'가 되어 갈 것임에 틀림없어요."

그러나 나도 내심 '괜찮을까?' 하고 생각했다.

이 시점에서 2006년의 보다폰 재팬(이하 보다폰) 인수에 의해 휴대폰 사업에 진출 후 9년. 손정의는 '자신의 뇌와 시간의 90% 이상을 통신 사업에 집중해왔다.' 그 결과 턴어라운드(전략적 사업 재건)는 멋지게 성공했다. 사업가로서 손정의의 모습이 드러난 것이다.

그러나 손정의는 동시에 투자가로서의 측면도 갖는다. 원래 야후 등 인터넷 분야의 '감정사'로서 세계적 평가를 받아왔다.

2014년 9월 19일, 알리바바그룹은 뉴욕 증권 거래소NYSE에 상장했다. 소프트뱅크는 알리바바 주식의 36.3%(2014년 3월 말 시점)을 보유한 필두 주주. 상장에 의해 약 8조 엔의 이익이 발생했다.

당시는 T모바일 인수를 실패하여 스프린트 인수 후 미국 진출 전략을 재수정해야만 했던 때. 손정의의 울적한 기분을 한 방에 날린 일이었다. 아무래도 이 무렵부터 손정의가 사업가이기보다 투자가로서 움직였던 것 같다.

아로라가 이름 지은 캣치프레이즈 '소프트뱅크2.0'은, 소프트뱅크가 통신 인프라를 시작하기 전, 인터넷에 집중적으로 투자하던 '인터넷 투자의 소프트뱅크'로 다시 돌아갈 것을 목표로 하는 것처럼 느껴졌다.

아로라는 '팀·니케쉬'를 고액 보수로 세계에서 모은 인재로 조직하고, 자신이 잘하는 투자사업에 집중해갔다. 그러나 이것으로 '니케쉬는 사업에 흥미가 없다'고 말하는 소프트뱅크 고참 간부들의 아로라 비판은 커져만 갔다.

2015년 6월 19일 오후 3시, 도쿄국제 포럼. 4,000명을 넘는 소프트뱅크 간부 사원이 줄지어 속속 입장했다. 소프트뱅크도 성장에 이은 성장으로 일 년에 한 번 있는 사원대회는 계속 확대되어갔다. 다만, 사원들의 표정은 예년의 사원대회 때보다 진지해 보였다.

그보다 앞서 열렸던 주주 총회에서 니케쉬 아로라의 소프트뱅크그룹(구 소프트뱅크) 이사 취임이 정식으로 승인되어 대표이사 부사장이 되었다. 보수는 165억 엔이라고 발표되었다.

이 주주 총회에서 오랫동안 손정의의 오른팔로서 사업을 운영해온 미야우치 겐宮内謙 대표이사 부사장은 '이사'가 되었다. 1년 전에 이사가 된 후지와라 가즈히코藤原和彦 이사, 고토 요시미쓰後藤芳光 이사는 각각 이사직에서 물러났다. 두 사람은 CFO(재무책임자)로서 손정의의 인수를 재무면으로 도와왔다. 그래서 이 이후 두 사람의 리포트 라인은 손정의가 아니라 아로라가 된다.

'갑자기 지위를 손에 넣게 된 자가 명심해야 할 최대의 일은 우선 먼저, 그것도 즉시, 무엇보다도 우선 토대를 굳히는 것이다.'

마키아벨리의『군주론』의 한 구절이다. 아로라는『군주론』을 잘 알고 있는 듯, 책대로 실행하는 것처럼 보였다.

물론 엄청나게 커다란 인사이동이다. 손정의의 결단에 의해 행해진 일이다. 그렇지만 나에게는 아로라가 마키아벨리즘에 따라 손정의에게 말한 것처럼도 느껴졌다.

중국 춘추시대, 와신상담으로 알려진 초왕 구천이 오왕 부차를 처부

순 후의 일이다. 구천의 참모였던 범려는 초왕 구천의 목표달성 후의 행동을 "공중에 나는 새가 기운이 다하면 좋은 활은 쓸모가 없고, 토끼 사냥이 끝나면 사냥개를 삶아먹을 것"이라고 예측했다.

'나는 새를 쏘아 떨어뜨리면 좋은 활도 창고에 들어가고, 사냥감인 날쌘 토끼가 죽으면 사냥개는 쓸모가 없어져 먹힌다.'

즉, 일이 이루어지면 그때까지 도움이 되던 것이 필요 없어진다는 의미이다.

국내 통신 사업 중심인 소프트뱅크1.0은 NTT 도코모를 앞지른다는 목표를 달성할 수 있었다. 나는 그때까지의 사장실 실장이었다. 앞으로 세계로 비상하는 소프트뱅크2.0으로 페이스가 변했다. 간부 사원들은 범려와 비슷한 감상을 가진 것은 부정할 수 없다.

"지금부터 4년 전, 이 장소에서 30년 만의 허풍, 굉장한 허풍 '2040년, 세계 톱10, 시가총액 2백조 엔'을 목표로 30년 비전을 발표했다. 지금은 굉장한 허풍이 아니라, 진심으로 성취하리라고 생각한다. 목표도 조심스럽게 세계 톱10이라고 말했지만, 속마음은 '세계 넘버원'이 목표. 세계 넘버원 인터넷 컴퍼니인 구글에서 니케쉬가 와 준 것으로 세계에 도전할 체제, 세계에 도전할 제대로 된 팀이 생겼다."

사원대회이기 때문일까. 손정의는 '속마음은 세계 넘버원'이라고 말했다.

이때의 손정의의 어조는 담담하게 사원들에게 말을 거는 듯했다. 앞서 열린 주주 총회. 사외 이사 중에 캐주얼 의류 브랜드 유니클로로 유명한 패스트리테일링그룹의 야나이 다다시柳井正 사장이 말했다.

"손정의가 진지하게 뭔가를 할 때는 조용하고 냉정하게 말한다. 눈동자가 움직이지 않는다."

===== **후지산에서 에베레스트로**

야나이 다다시는 말을 이었다.

"허풍이 허풍으로 끝나지 않기 위해서는, 기업을 계속되도록 할 필요가 있다. 지금까지는 수조 엔의 승부였지만, 앞으로는 수십조 엔의 승부가 될 것이다. 정말로 굉장한 허풍을 실현할 생각이라면 구글, 애플을 앞질러야 한다. 당연히 순조롭지만은 않을 것이다. 실패해도 좋지만, 회사가 계속되도록."

소프트뱅크1.0 시대, 나는 약 8년 동안, 사장실장으로서 손정의 사장을 보좌했다. 그때의 사명은 소프트뱅크를 '개구쟁이 벤처 기업'에서 '조금 어른스러운 소프트뱅크'로 진화시켜 '영업이익 1조 엔 클럽' 기업으로 발전시키는 것이었다.

소프트뱅크2.0의 목표는, 시가총액 4위의 구글을 넘어, 로 크게 비약했다.

내가 사장실 실장이었던 시대에 '올라야 할 산'은 표고 3,776미터, 일본 제일의 후지산이었다. 앞으로 표고 8,848미터, 세계 제일의 에베레스트가 될 것이다. 후지산을 오를 때 손정의를 서포트 하는 팀과 에베레스트를 오를 때 서포트 하는 팀은, 구성도 필요로 하는 능력도 다르다. 손정의의 후계자는 후지산이 아니라 에베레스트를 오르기 위한 장비와 훈련이 필요하게 된다. 에베레스트를 오를 수 있도록 몸을 길들이기 위한 베이스캠프는 5,000미터 지점에 만들어진다. 후지산보다 높은 지점까지, 한 번에 헬리콥터로 간 후 거기서 정점을 목표로 한다. 세계 제일을 목표로 한다는 것은 그런 것이다.

"니케쉬는 진정한 글로벌 기업, 세계에서 가장 진보한 기업인 구글에서 최고사업자를 맡았던 능력 있는 사람. 나의 가장 유력한 후계자이다."

손정의의 후계자는 한 번에 5,000미터까지 가기 위한 헬리콥터에 탈 수단도 생각해야 한다. 아로라도 영어로 열정적으로 말했다.

"22살 때, 두 개의 여행 가방과 아버지에게 빌린 3,000달러를 들고 인도에서 7,000마일 떨어진 미국으로 건너갔다. 그 후 모험을 계속해 왔다. ……그때와 같은 기분으로, 최선을 다하겠다."

애플, 구글을 앞지르는 것이 목표로, 수십조 엔의 승부를 맡게 되었다면, 165억 엔이라는 보수도 어울린다. 소프트뱅크 사내에 감도는 뭐라 표현할 수 없는 분위기를 느끼며 나는 NHK 등의 미디어에 출현하여 전 사장실 실장으로서 그렇게 설명했다.

그러나 한편으로 마음에 걸리는 것도 있었다. 아로라는 일본어를 전혀 사용하지 않는다는 점이다. 나는 해외에 갈 때 단 한 마디라도 그 나라의 말을 배우려고 한다. 적어도 처음에 "안녕하세요" 정도 말하면, 사원들도 친근감을 느낄 텐데, 라고 생각했다.

스탠퍼드대학 교수인 제임스 C 콜린스는 뛰어난 지도자가 활약할 수 있는 기간을 넘어, 계속 번영하는 기업을 '비저너리 컴퍼니'라고 불렀다. 소프트뱅크는 아로라라는 후계자 후보를 얻은 것으로, 손정의라는 카리스마적 지도자를 뛰어넘어, 3세대, 4세대 이런 식으로 '몇 세기나 지속되는' 비저너리 컴퍼니로의 한 발을 내딛기 시작한 것처럼 보였다.

한편 "그럼 일본은 어떻게 되도 상관없다는 말인가. 그렇지 않다. 지금까지 옆에서 보좌하며 2인3각으로 일해온 미야우치 짱(친밀감을 나타내는 호칭—역자 주)이 대표이사가 되어, 소프트뱅크·재팬을 리드해갈 것이다."

손정의는 평소 부르던 애칭으로 신생 소프트뱅크(구 소프트뱅크 모바일)의 미야우치 겐 대표이사 사장을 소개했다. 미야우치 겐 대표이사 사장 본인이 프레젠테이션을 했다. 이름은 '소프트뱅크'로 바뀌었지만, 지주회사의 대표이사 부사장에서 자회사 사장이 되었기 때문에, 내심 부끄러웠을 것이다.

"초글로벌 니케쉬에 대해 나는 초국내적. 그러나 국내 그룹은 지금까지 여러분의 힘으로 계속 이겨왔다. 팀의 힘을 끌어올려, 소프트뱅크2.0에 도전하고 싶다."

미야우치의 인사에는 '그룹 각사', '그룹 시너지2.0' 등 '조직'을 의식한 단어가 많이 보였다. 미야우치는 '조직의 사람'인 것이다.

콜린스는 비저너리 컴퍼니에 실은 위대한 카리스마적 지도자가 불가결한 것은 아니다, 라고 지적했다. '헌법제정 회의에 모인 미국 건국자들처럼, 위대한 지도자가 되는 것보다도, 오래 계속되는 조직을 만드는 것에 힘을 쏟는 것'이 필요하기 때문이다.

비저너리 컴퍼니의 역대 CEO도, 특히 중요한 인물에게는 카리스마성은 적고 오히려 카리스마를 의식적으로 피해온 사람도 있다고 콜린스는 말한다.

미야우치도 넘버2로서 손정의보다 연상이지만 손정의를 계속 보좌해왔다. 인간성이 풍부한 사람이다.

"앞으로는 미야우치 짱은 일본의 리더로서, 니케쉬는 글로벌의 리더로서 끝까지 해낼 것이다. 뜻을 높게, 끝까지 해냅시다" 라는 손 사장의 말로 사원대회는 종료되었다. 사원 4,000명 전원의 기념촬영 때의 일이다. 서는 위치는 중앙에 손정의, 아로라, 미야우치다.

대회를 담당한 인사 담당 임원이 "왼손에 부채를 들고, 제가 '열심히하자'라고 외치면 여러분도 따라서 '열심히 하자'라고 외치며 오른손을 들어 주세요. 두 번 찍겠습니다"라고 설명했을 때 손정의가 말했다.

"열심히 하자는, 미야우치 짱이 해줘."

"앗, 뭐라고 말하는 거였지."

갑작스런 지명이었기 때문에 미야우치는 조금 당황하여 말했다.

"열심히 하자."

조금 박력이 없다…….

"다음은 니케쉬."

사원들 사이에서 드문드문 박수 소리가 났다. 니케쉬는 "뭐라고 말하나요?"하고 손정의에게 물어보는 것 같았다.

"열심히 하자—"

인도 발음이 섞인 사투리 영어를 쓰는 아로라가 "열심히 하자—"라고 외치자 모두가 따라 했다. 그러나 여느 때의 사원대회와는 다르게 박력이 없었다. 그리고 나도 소프트뱅크 고문을 퇴임. 다마대학의 객원교수로서 교육자의 길을 가게 된 것이다.

=== **손정의의 신뢰에 걸맞지 않았던 아로라**

소프트뱅크1.0에서 2.0으로의 전환은 커다란 개혁이다. 개혁을 위해서는 신진기예新進氣銳의 인물이 필요하다. 그러한 기대를 담아 손정의는 니케쉬 아로라를 후계자 후보로 지명했다.

그러나 일본에서는 커다란 개혁을 성공으로 이끌기 위해서는 먼저 자신이 받는 급료를 줄이고 뇌물 수수를 엄금하여, 신뢰를 얻는 것을 우선으로 한다.

J·F 케네디가 존경했다는 요네자와 번米沢藩의 번주였던 우에스기 요잔上杉鷹山. 마쓰시로 번松代藩, 사나다真田 집안을 재건한 온다 모쿠 恩田木工 등. 개혁 성공자들의 방법은, '자신의 금전을 줄이는 것'부터 시작한다.

그러나 아로라의 경우는 반대였다. 165억 엔의 높은 보수로 맞아들인 것은, 손정의 방식의 글로벌스탠다드였겠지만 종업원들에게는 불만이었다.

사내는 점점 영어가 공용어가 되는 분위기였다. 아로라와 간부들이 회의할 때, 통역을 통해 말하려 하면 아로라는 노골적으로 싫은 표정을 지었다.

실은, 보다폰 인수 후의 상황은 이것과 완전히 반대였다. 2006년의 일이다. 보다폰은 외국 회사이기도 해서, 영어가 사내 공용어였다.

보다폰의 의식 개혁을 담당한 미야우치 사장(당시)은, 정보통신 기업을 전전하는 영어를 잘 하는 비즈니스맨은 말만 번지르르하고 일에 대한 우직함과 집념이 부족한 것처럼 느낀 모양이다.

"엘리트 의식을 버리세요. 소프트뱅크 모바일은 어디까지나 판매회사입니다. 파는 것이 중요합니다!"

미야우치의 주장에 대해서 손정의가 이어서 말했다.

"영어 금지다. 너희들, 일본어를 써."

이것이 소프트뱅크1.0의 문화였다.

그런데 일본어를 전혀 익히려 하지 않는 아로라. 사원들 사이에 "고액의 연봉을 받으니, 일본어 정도는 익혀라"라는 분위기가 감도는 것도 자연스러운 흐름일 것이다.

그럴 때, 한 사건이 일어났다.

2016년 1월 20일에 소프트뱅크그룹 주식을 보유하고 있는 투자가 그룹으로부터 서간이 도착했다. 서간은 미국 법률 사무소에서 보내온 것이었다.

내용은 아로라에 대한 이익 상반 의혹. 아로라의 해임을 요구하는 상당히 쇼킹한 것이었다.

소송을 건 주주는 아로라가 소프트뱅크 요직에 있으면서 고문직을 겸하고 있던 투자펀드에 이익이 되는 행위를 했다는 혐의를 지적하고 조사를 요구했다.

조사요구서는 ①아로라의 이익 상반 의혹, ②소프트뱅크 투자 안건 실적이 좋지 않는 것, ③그럼에도 불구하고, 165억 엔이라는 고액보수를 받고 있는 점을 문제시하고 있었다.

　　이익 상반 의혹에서는 아로라가 2014년 9월에 소프트뱅크에 입사한 후에도 하이테크 투자로 경쟁한 미국 투자 펀드·실버레이크의 고문을 겸하고 있던 점을 문제시하고 있었다. 소프트뱅크가 대주주인 알리바바에 실버레이크도 투자하여 알리바바의 업적이 악화되었던 2015년에 실버레이크가 가지고 있던 알리바바 주식을 45% 넘게 팔아치운 사실에서 '인사이더 거래와 아로라가 관여했을 가능성'에 대한 의심을 표명했다.

　　덧붙여 인도 온라인쇼핑몰 스냅딜에 대한 투자를 둘러싸고 2014년에 소프트뱅크가 출자한 시기에 아로라가 개인적으로 주식을 보유하고 있었던 점을 지적하고 있다.

　　이러한 행위는 "합법적이지만 부적절"이라고 소프트뱅크 간부는 말했다. 아로라 자신이 '뇌물'적 행위에 둔감하다고 밖에는 말할 수 없다.

　　대리인인 미국 변호사 아이라 리 소킨은 서간을 보낸 익명의 주주가 "미국 이외에 사는 여러 명"이라고 설명했다. 미국 이외라면 일본일 가능성이 높다.

　　아사히朝日신문의 취재에 의하면 소프트뱅크 관계자인지 "대답할 수 없다"고 말한 뒤, "사내 사람이 경영층에 대해서 염려를 드러내는 경우는 있다"고 말했다. 은근히 '고발'이라고 말하고 있는 것처럼도 해석된다.

"아무도 니케쉬를 손정의의 후계자라고 생각하지 않아요."

이런 식으로 분명히 말하는 간부도 나타났다. 손정의는 "다른 사람을 의심만 하고 있는 사람은 리더가 될 수 없다. 왜냐하면, 그 사람은 다른 사람을 믿지 못하기 때문이다"라는 신념의 소유자이다. 그러나 실제로 다른 사람을 전적으로 신뢰하는 것은 어렵다. 주위에서 "저 사람 괜찮아?"라는 질투 어린 중상까지 귀에 들어오면 더 그렇다.

내가 약 8년 동안을 끝으로 사장실장을 졸업하는 것을 옛날부터 알고 지낸 대학 교수에게 보고하러 갔을 때의 일이다.

"그럭저럭, 8년 동안 계속했습니다."

"수고했어요. 그렇지만 전 참의원인 시마 씨를 고용해서 주위에서 말이 많았을 거예요. 시마 씨도 대단하지만 더 대단한 것은 시마 씨를 계속 고용한 손정의예요."

확실히 명언이다.

손정의는 사람을 완전히 믿고 쓴다는 것을 방침으로 한다. 단, 내가 사장실 실장으로 있을 때는 '사장실'에서 좋은 안건을 충분히 조사하여 틀림없다는 판단이 섰을 때 비로소 손정의에게 전달했다. 사내 간부의 움직임도 나름대로 파악하고 있었다. 손정의의 '완전히 신뢰하는' 자세를 조직에서 관철시키기 위해서는 '사장실' 같은 기능이 필요하다.

소프트뱅크그룹(지주회사) 안에서, 손 사장 직속, 정관계 인사의 섭외를 담당하던 사장실은 2016년 2월에 폐지되었다.

"시가총액 8조 엔 기업의 톱이 되는 방법. 그것은 손정의의 후계자가 되는 것입니다."

소프트뱅크의 시가총액이 8조 엔이었을 무렵, 나는 그렇게 말한 적이 있다.

어떤 벤처 기업 경영자가 "손정의를 앞지르고 싶다", "시가총액 8조 엔의 시나리오가 보인다"라고 트위터에 적어 화제가 되었다. 그 트위터를 적은 경영자를 실제로 만날 기회가 있었기 때문에 "시가총액 8조 엔으로 만들 방법이 있어요. '손정의 참모'로서의 경험에서 말씀드릴까요"라고 말했을 때의 대답이다.

소프트뱅크가 창업 30년을 맞이한 2010년의 일이었다. 손정의는 '내 현역 시대의 최대의 허풍', '30년에 한 번의 커다란 허풍'으로 '신 30년 비전'을 발표했다.

"30년 후에는 나는 적어도 사장은 아니야. 그러니까 이게 마지막 허풍이야."

손정의는 말한 것은 반드시 실행하는 사람이다. 작은 일 중에는 실행하지 못한 것도 있지만, 큰일은 반드시 실행했다. 그것을 긍지로 여기고 있다.

신 30년 비전에서 손정의는 "소프트뱅크의 30년 후의 목표는 시가총액 200조 엔, 세계 톱 10의 회사가 되는 것이다"라고 선언했다.

당시 소프트뱅크 시가총액은 3조 엔. 세계에서가 아니라 일본에서 14위로, 아직 일본 톱10에도 들지 않았다. 그야말로 손정의가 잘하는 허풍이 심한 목표이다.

동시에 '후계자 육성' 즉 '손정의2.0'을 기르기 위해서 '소프트뱅크 아카데미아'를 창설한다고 발표했다.

나는 이때 손 사장에게 "후계자 육성은 아직 이른 거 아닙니까? 마쓰시타 고노스케松下幸之助(1894~1989, 가전제품 제조회사인 마쓰시타 전기산업(현, 파나소닉)의 창립자—역자 주) 숙장塾長이 마쓰시타 정경숙政經塾을 창립한 것은 85세 때입니다"라고 말했다.

85세라는 말을 듣고, 당시 52세인 손정의는 조금 놀란 듯 했지만 분명히 이렇게 말했다.

"후계자를 기르는 데 10년은 걸려요."

인생 50년 계획 가운데, 60대에는 후계자에게 바톤 터치라고 선언했다. 이 시점에서 타임 리밋까지 18년이었다.

수강생은 소프트뱅크그룹 내에서뿐만 아니라, 외부에서도 모집했다. '찾는다! 후계자'라는 호소에 그룹 내에서 270명, 외부에서 30명 합계 300명이 1기생으로 선발되었다.

그룹 내에서의 응모가 1,000명. 외부에서는 모집한 지 18시간 만에 3,700명이 응모했다.

모집 인원 300명 중에 270명은 그룹 내에서 선발된다. 1,000명의 응모자 중에서 270명, 외부에서는 3,000명을 넘는 응모자 중에서 30명 정도를 뽑는다. 나는 직접 연관이 없었기 때문에 정확한 선발 방법까지는 모르지만, 실로 대단한 경쟁률이다.

소프트뱅크에 인재가 없기 때문에 외부에서 스카웃 하는 것이 소프트뱅크 아카데미아의 목적이 아닌가, 하고 누군가 트위터에 쓴 것은 이 센 경쟁률이 원인일 것이다.

손정의는 공정한 경쟁을 몹시 좋아한다. 거기서 '반년에 한 번씩 교체전'이라는 방식을 생각했다. 기본적으로는 성적 하위 10%는 자동적으로 아웃이 되는 시스템이다.

누가 그 10%를 정하는가. 보통은 심사원들이 하지만, 아카데미아에서는 학생들이 서로 점수를 주는 방식을 취했다. '모두의 의견은 의외로 정확하다'라며 상호 평가 방식을 취한 것이다.

"아카데미아 입학 후, 가급적 투명한 프로세스로, 가급적 공평하게, 그 후 반년 마다 행해지는 교체전에 있어서도 투명한 프로세스로 하고자 합니다."

학생들은 자신이 사장이 되어 하고 싶은 프로젝트를 발표한다. 혹은 시의 적절하게 '스프린트를 인수하여 세계 넘버원이 되기 위해서는'이라는 테마가 나올 때도 있다.

마쓰시타 정경숙에서 지도숙원을 한 적도 있어서, 인재 육성, 평가에는 다소 자신이 있는 나도, 이 상호평가의 심사회에 때때로 참가했다. 정경숙의 지도 방법은 선도장禪道場 같은 것으로, 철저하고 엄격하게 평가하는데, 그럼에도 뜻을 굽히지 않는가? 하고 묻는 방식이다. 그래서 내 코멘트는 언제나 엄격하다.

손정의는 다르다. 아카데미아 학생의 프레젠테이션에 대해서, 첫 말이, "좋군~!"이다. 내가 보기에는 어디가 "좋군~!"인지 모르는 경우가 많았다.

"젊은 사람이 열심히 생각해서 프레젠테이션을 한다. 그때, 이런 건 틀렸어, 라고 말하면 거기서 끝나버려."

사람은 '칭찬에 칭찬을 거듭해서' 성장시키는 것이라고 생각한다. "언제나 아버지는 '너는 천재야!'라고 말씀하셨어요"라는 실제 체험에서 나온 것이리라.

나는 소프트뱅크 아카데미아에 입학한 학생들을 내 아이처럼 여기는 손 사장의 애정을 느끼지 않을 수 없었다.

===== **소프트뱅크 아카데미아에 거는 기대**

2010년 7월 28일, 소프트뱅크 아카데미아 개교식이 열렸다. 소프트뱅크 본사 25층, 사원 식당.

"여러분 안녕하세요. 이렇게 활기찬 사람들이 우리 그룹에 많이 있었다니, 몰랐어요. 매우 기쁘게 생각합니다."

손정의의 생각으로는, 소프트뱅크 아카데미아는 앞으로 300년 정도 지속될 것으로 본다. 다만, 손정의 본인이 교장 선생으로 있을 기간은 앞으로 십수 년간이다.

그런 말을 하는 사이에 "잠깐, 핸드 마이크 없어요? 마이크가 들렸다 안 들렸다 하네요"라고 손정의가 말했다.

프레젠테이션을 중요시하는 손정의는 미아크의 음량과 프레젠테이션용 파워포인트를 조작하는 리모컨에 대해서 매우 민감하다. 자신이 하는 말이 얼마나 효과적으로 울리는지, 연출까지 신경을 쓰기 때문이다.

마이크를 바꾼 손정의는 말을 이었다.

"20년 안에 여러분 중에서 후계자가 나올 것입니다."

손정의는 그때 52세.

"61세일지도 모르고, 69세일지도 모르지만……."

항상 시한을 정하고, 숫자를 명확히 제시하는 것이 손정의의 방법이다. 다만, 여기서 그렇게까지 말하지 않아도 좋지 않을까, 하고 나는 생각했다. 손정의라는 천재 경영자에 필적할 후계자가, 쉽게 소프트뱅크 사내에서 나올 것이라고 생각하기 어렵기 때문이다.

"그 어딘가에서, 여러분 중 한 명에게, 앞으로 외부에서 들어올 사람도 포함해서, 아카데미아 멤버의 누군가에게 맡긴다는, 그런 형태가 됩니다."

손정의는 사장직에서 물러난 후, 소프트뱅크 아카데미아의 교장을 하고 싶다고 말해왔다. '마지막은 교육'이라는 것은 인간으로서 이상적인 삶일 것이다.

손정의는 당초 "매주 1회는 소프트뱅크 아카데미아에서 이야기하겠다"라고 말했다.

"앞으로 건강하다면 20~30년 아카데미아의 교장으로서 계속 일할 것입니다. 매주 1회, 이런 식으로 이야기하게 될 것입니다."

솔직히, 나는 이 말도 하지 않았으면 좋았을 것을, 이라고 생각했다. 손정의가 새로운 혁신, 프로젝트를 시작하면, 약속을 지키지 못할 것이라는 것을 쉽게 상상할 수 있었기 때문이다. 손정의는 순간순간에 최선을 다한다. 때문에 그 순간은 정열과 성의를 가지고 이야기한다. 이것이 손정의의 설득력으로 연결되는 것 역시 사실이다.

그는 복수의 사안에 동일한 정열과 성의로 게다가 서비스 정신을 가지고 이야기한다. 결과, 몸이 두 개 있는 것도 아니기 때문에, 약속을 어기는 경우도 이따금 있다.

손정의의 시간 사용법은 철저하다. 중요하다고 생각하면, VIP와의 회의가 있다 해도, 쉽게 취소하고 그쪽을 우선시한다. 사업이 진행되면 그 횟수가 증가한다. 갑자기 약속을 취소할 때, 상대에게 설명을 잘해서 어떻게 원만히 일을 수습할까……그것이 나에게 맡겨진 커다란 일 중 하나였다고 해도 과언이 아니다. 거꾸로 생각한 것보다 효과가 없다고 여기면, 그 스케줄은 넣지 않게 된다.

개교식을 한 지 6년이 지난 지금. 손 사장의 이야기는 상당한 빅이벤트 때가 아니면, 듣지 못하게 되었다.

===== **조건은 '시가총액을 앞으로 10년 내에 5배로'**

2010년 9월 28일. 손정의는 아카데미아 학생들에 대해, 제2회 전략 특별 강의 '의사결정의 비법'에서, 후계자 조건을 명확히 했다.

"후계자의 기준은 커요. 시가총액을 10년 내에 5배로 성장시키는 것입니다."

당시 시가총액은 약 3조 엔이었기 때문에, 5배는 약 15조 엔. 참고로 당시의 닛케이日経 평균은 1만 엔을 밑돌고 있는 상황이었다. 일본의 시가총액 랭킹 1위는 도요타 자동차 11.1조 엔, 2위는 미쓰비시도쿄 UFJ 약 6.1조 엔, 3위가 NTT 도코모 약 6조 엔이었다. 시가총액 5배인 15조 엔을 목표로 한다는 것은 도요타를 제치고 일본 넘버원이 되는 것이었다. 어떤 의미로 알기 쉬웠다.

손정의는 "산수로 생각하라. 대충 어림셈이어도 상관없다"라고 말하며 자주 숫자를 사용하여 설명한다.

"재임 평균 기간이 10년이라면 그 동안에 5배로 만들 것. 연평균 17%의 성장을 계속하면 10년에 5배 이상이 됩니다. 알기 쉽게 말하면 1년에 20% 확대하는 것입니다."

17%와 20%, 3% 차는 상당히 큰데 손정의의 표현을 빌리면 '알기 쉽게 말하면'이 된다. 또, 내년 사업 계획을 정하는 회사의 회의에서, 매출 목표를 280억 엔이라고 발표하자, "알기 쉽게 300억 엔"이라고 가볍게 목표를 올려버린다. 말투가 참으로 유머가 넘치기 때문에 듣는 사람도 그만 승낙해버린다. 결과, 실제의 영업 현장은 매우 힘들어진다. 그렇지만 이 목표가 달성되니 신기할 따름이다.

야후는 매년 증수증액을 달성한 대단한 기업이다. 단, 증수증액을 하여, 최선을 다해서 성장시키는 것만으로는 손정의의 후계자가 될 수 없다.

"항상, 지나치게 보수적이다. 목표를 낮게 잡고, 그것을 달성했으니까 됐다고 하면 안 된다."

예를 들어 연율 7%의 성장을 한다면, 10년 후에는 배가 된다. 보통의 경우라면 그것으로 충분하다. 그렇지만 손정의의 목표인 17%와 비교하면 10% 부족한 것이다.

자신의 키보다 높은 목표를 공언한다. 그것을 사람들은 '몹시 허풍스러운 목표'라고 말한다. 다른 사람이 볼 때 허풍처럼 보여도, 자기 자신은 철저히 유언실행有言實行을 지향한다.

거기까지 자신을 몰아붙이지 않으면 평범한 인생으로 끝나버린다. 평범한 경영자라면 평범한 회사로 끝난다. 손정의의 후계자는 '평범'해서는 곤란하다.

"예를 들면, 연율 3% 성장의 보통 회사로 끝나요. 3% 성장하는 회사로 좋다고 생각하는 사람은 적어도 내 후계자가 되어서는 곤란해요. 후계자는 평범한 회사를 목표로 해서는 안 됩니다."

나도 이 회장에 있었다. 소프트뱅크 아카데미아 1기생, 300명이 뚫어져라 손 사장을 바라보고 있었다. 당연하다. 이 시점에서는 손정의의 후계자가 되는 확률 300분의 1이라는 '복권보다 확률이 좋은' 표를 가지고 있으니까.

===== **부풀어 오르는 후계자 조건**

소프트뱅크 아카데미아의 1차 심사는 3분 동안의 프레젠테이션. 그리고 최종 심사는 10분 동안의 프레젠테이션이다. 최종 심사에는 손정의 본인이 등장한다. 나는 이곳의 심사원을 한 적이 있다. 여전히 엄격한 나의 평가에 대해서, 손정의의 따뜻한 말이 대조적이었다.

그런 따뜻함의 영향도 있었는지, 개교 이래 5년이 경과하자, 외부에서 입학한 몇 명이 손정의의 뜻에 감명을 받아 그대로 소프트뱅크에 입사했다.

손정의의 '사람과 마음이 통하는 인간형 로봇을 보급시킨다'라는 강한 신념에 공감하여, 인간형 로봇 페퍼를 개발하여 로봇 붐을 일으킨 하야시 가나메林要도 그중 한 명이다.

소프트뱅크 아카데미아 1기생 중에서 입사한 사람들과 이야기를 나눴을 때의 일이다.

"시마 씨, 점점 후계자의 허들이 높아지고 있네요"라는 말을 들은 적이 있다.

2014년 11월, 결산 설명회. 11기 연속 최고 수익으로 소프트뱅크는 최고의 상태. 주가는 상승하고, 소프트뱅크의 시가총액은 약 9조 엔이 되어 있었다. 따라서 이 시점에서 후계 사장이 된다면 '10년 내에 5배' 즉, 시가총액을 2024년까지 45조 엔으로 만들어야만 한다.

당시 일본 넘버원인 도요타 자동차 25조 엔을 훨씬 뛰어넘어야 한다는 말이다. 지금은 일본 국내 넘버원이 아니라, 타깃은 세계가 되었다. 위상이 변한 것이다. 손정의가 여기까지 생각해서 '시가총액 10년 내에 5배'라고 설정한 것이라고 한다면, '7수 앞까지 내다 본 것'이 된다.

시가총액 45조 엔이란, 세계 제2위인 마이크로 소프트의 약 45조 엔에 필적한다(1달러=115엔으로 환산, 2014년 11월 시점). 즉 손정의의 후계자 조건은, 어느 틈에 세계 베스트 3 기업이 되는 것으로 '진화'한 것이다.

손정의의 경영 방식의 진수는 처음에 사업 목표의 이미지를 명확하게 한 후, 거기서 뺄셈을 해가는 '뺄셈 방식'이다. 바꿔 말하면 장대한 목표를 세우고 거기서 역산해가는 것이다. 이 시점에서의 장대한 목표란 마이크로 소프트, 구글을 앞지르는 것. 이 꿈 같은 목표 달성에 어울리는 후계자를 육성해야만 한다.

소프트뱅크 아카데미아 학생 중에 그런 인재가 있을까? 손정의가 의문을 갖기 시작한 것 같다. 그 기분을 반영하는 것처럼 소프트뱅크 아카데미아에서의 강의가 해외 출장으로 변경되는 일이 많아졌다.

앞에서 말한 대로, '신 30년 비전'의 목표는, 2040년, 시가총액 200조 엔이다. 뺄셈 방식으로 생각하면 손정의의 후계자는 자신의 재임 기간에 적어도 45조 엔 정도로 늘리지 않으면 안 된다. 그리고, 다음 리더가 5배의 목표를 달성하면 시가총액은 220조 엔이 되어 '신 30년 비전'의 목표를 달성할 수 있다는 계산이다. 당시 시가총액 세계 1위는 애플로 80조 엔이었다. 그 약 3배에 달하니 어처구니가 없다.

손정의는 19세에 인생 계획을 세웠다고 한다.

'20대에 사업을 일으키고, 30대에 사업자금을 벌고, 40대에 한판 승부를 하고, 50대에 사업 모델을 완성시키고, 60대에 다음 세대에 자리를 물려준다'이다. 지금은 유명해진 손정의의 인생 계획인데, 나에게는 "50년 계획의 근거는 어디에도 없어요"라고 말한 적이 있다. 근거가 아니라 '미래를 스스로 만들어 가겠다'라는 의지가 중요한 말일 것이다.

내가 사장실에서 손정의를 보좌한 것은 손정의가 48세부터 56세까지의 일이었다. 48세 때, 보다폰 인수라는 한판 승부를 했다. 그리고 56세 때, 스프린트를 인수하여 미국에 진출했다. 고객 수가 일본에 약

4,000만 명, 미국에 약 6,000만 명으로 합계 약 1억 명이 되어, NTT 도코모를 제쳤다. 후쿠오카에서 세 명이 시작한 '소프트뱅크'라는 회사가 34년 만에 달성한 쾌거이다.

손정의는 이 무렵 일종의 성취감을 가지고 있었다고 생각한다. 그것이 후계자를 진지하게 생각하게 한 계기가 되었다. 손정의가 매우 신임하는 간부가 내밀하게 일본 벤처 기업경영자와 접촉을 시작하고 있었다. 그렇다고는 하지만 당시는 아직 "뭐해?"라고 물으면 간부는 "(벤처 회사 경영자와) 한잔 했습니다"라고 가볍게 응수할 정도의 이야기였다.

===== 승부해야 하는 곳에서 '워프'할 수 있을까?

"도코모를 상회한다고 해도, 스프린트를 인수했기 때문이 아닌가? 그런 걸로 괜찮은 거야?"라는 목소리도 들려왔다. 이 비판에 손 사장은 "그런 걸로 괜찮아!"라고 대답해왔다.

소프트뱅크의 M&A 전략은 목표 달성을 위한 '워프'이다. 스프린트의 인수도 그렇고, 보다폰 인수도 그렇고, 소프트뱅크는 M&A에 의해 처음부터 사업을 일으킬 시간을 사는 것과 동시에, 단번에 다른 차원의 세계로 워프했다.

'성장'이라고 하면, 많은 사람이 조금씩 힘을 더해가는 것을 생각한다. 이마에 땀을 흘리며 일한 결과, 서서히 성장해가는 것은 물론 중요하다. 그러나 이마에 땀을 흘리지 않고, 같은 결과를 내는 것은 더 중요하다. 손정의는 말한다.

"땀을 흘리기만 했던 시대에, 리더는 필요 없어요."

'10년 내에 시가총액을 5배로 만들겠다'라는 허풍스러운 목표를 달성하기 위해서는 '워프'는 빠뜨릴 수 없다. 아니, 워프하기 위해서 어떤 방법이 있는가? 어느 기업을 M&A하면 워프할 수 있는가? 그것을 생각하는 것이 후계자의 일이 될 것이다.

후계자는 목표를 어떻게 해서든지 달성하겠다는 집념과 함께 '워프' 수단을 생각해낼 지혜의 소유자여야 한다.

그건 그렇고, T모바일 인수에 암운이 드리웠을 때, 손정의는 그의 눈을 미국에서 인도로 돌렸다. 끝난 일은 마음에 두지 않는 '빠른 전환'이 손류이다.

인도는 25세 미만의 인구가 전체 인구의 약 50%. 중국과 달리, 인구 피라미드는 그야말로 '피라미드형'. 일본의 1950년 말부터 1960년 초 무렵과 마찬가지이다. 소프트웨어 개발자는 520만 명으로 세계에서 가장 많다. IT 산업의 폭도 넓다.

2029년에는 인도의 인구가 중국을 앞질러 세계 1위가 되고, 2030년대 중반에는, 인도는 GDP로 미국을 앞지를 것이라는 예측도 있다. '세계 1위'를 몹시 좋아하는 손정의가 인도를 좋아하는 것은 자연스러운 흐름이라는 생각이 든다.

소프트뱅크는 '앞으로 10년 동안 1조 엔 이상을 인도에 투자하겠다'고 선언했다. 그중에서 제2, 제3의 알리바바가 나올 것이다.

그러는 동안에 후계자의 조건인 시가총액 목표는, '일본 1위'에서

'세계 제3위'로 '워프'했다.

손정의가 말하기를 "60대에 자리를 물려준다고 하지만, 60대는 69세까지 있다"고 했다. 이때가 57세. 후계자 후보가 분명해지기까지, 최장 12년의 시간이 있다. 아직 시간이 걸릴 것이라고 모두 생각하고 있었다.

"앞으로 12년도 이대로 가는 거야. 큰일이군."

젊은 간부들이 농담처럼 하는 말을 들으며, 나는 왠지 손정의가 소프트뱅크를 크게 바꾸려 하고 있다는 느낌을 받았다.

"후계자를 육성하는 데 10년은 걸립니다."

전에 냈던 책에도 썼기 때문에, 지금은 이 말이 유명해졌다. 그러나 이 말은 나와 손정의, 두 사람만 있을 때 나온 말이었기 때문에, 당시는 그다지 알려지지 않았다.

두 사람 모두 서서 이야기를 하고 있었는데, 손정의는 키가 큰 나를 올려다보며 말했던 것을 기억하고 있다. 후계자 육성에 10년은 걸린다. 한편으로 인도라는 가능성. 뺄셈 방식으로 생각하면 더는 시간이 없었던 것이다.

═══ **후계자 레이스 재스타트**

"사장직에 계속 집중하겠다. 후계자에 대한 것은 일단 머릿속에서 지우겠다."

2016년 6월 22일, 후계자 후보로 여겨졌던 니케쉬 아로라는 부사장을 퇴임. 소프트뱅크에 들어와 손정의와 행동을 같이 한 지 2년이었다. 이때, 아로라를 후계자로 지명한 당초의 일을 회고하며 손정의는, 다음과 같이 말했다.

"내 자신의 나이가, 체력이, 소프트뱅크 장래 성장의 방해가 되어서는 안 된다. 가급적 빨리, 내가 방해가 되기 전에, '젊은 층의 활동에 지장을 준다'는 말을 듣기 전에, 가급적 빨리 젊은 사람에게 바통을 넘겨줘야 한다고 진지하게 생각했다."

분명 2014년 무렵 T모바일 인수 실패로 자신의 '승부 감각', '직감력'이 쇠퇴한 것처럼 여기는 듯했다. 상당히 지쳐 있었다. 그때 아로라가 나타났다.

손정의의 생일은 8월 11일.

"내년에 열릴 생일 파티에서 '내일부터 니케쉬가 후임 사장이 될 것이다'라고 놀래줄 생각이었다"라고 밝혔다.

"(60세 까지) 이제 1년 남았네. 잠깐만, '나는 정말 힘이 다한 걸까' 하는 생각이 들며, 다시 욕심이 생겼어. '기술적 싱귤래리티(인공 지능이 인간 지능을 넘어서는 역사적 기점. 특이점―역자 주)'가 온다고 하는데, 끝내지 못하고 남겨둔 일이 있어. (중략) 그래서 니케쉬에게 '미안하다'고 말했지."

이 이야기의 반은 진실이라고 생각한다. 많은 사람들이 "그 이외에 뭔가 있을 것이다"라고 생각할 것이다.

후계자의 조건은 '10년 내에 시가총액을 5배로 만드는 것'이었다. 따라서 구글이나 애플 같은 세계적 대기업을 경영한 경험을 갖고 있어야만 한다, 라고 앞에서 썼다. 그러나 아로라의 예를 보면 그것보다 더 중요한 것이 있다고 생각된다.

"백 명까지는 명령으로 움직일지도 모르지만, 1,000명이 되면 부탁해야 해요. 1만 명이 되면 애원하지 않으면 움직이지 않아요"라고 마쓰시타 고노스케가 말했다.

지금 소프트뱅크는 세계에 10만 명 이상의 사원을 두고 있는 회사이다. 몸을 고결하게 하여, 10만 명의 사원에게 신뢰받는 '인덕', '인망'을 갖는 것이, 후계자 조건 이전의 '전제'였던 것이 아닌가 싶다.

손정의 본인이 2.0이 되어 출발선에 돌아왔다. 다시 손정의 후계자 레이스가 시작되었다. 이것은 기회이다.

앞에서 '시가총액 8조 엔을 목표로 한다'는 사장의 이야기를 했다. 시가총액 8조 엔은 어디까지나 헬리콥터를 타고 에베레스트 베이스캠프에 가는 것과 같다.

손정의 후계자 조건은 앞으로 '세계 톱3 기업'이 되기 위한 과정을 '뺄셈 방식'으로 생각할 수 있는가이다.

만약 손정의의 후계자가 되고자 하는 독자가 있다면. 만약 손정의 같은 인물이 되고 싶은 독자가 있다면. "청년이여. 야망을 가져라"만으로는 부족하다. "청년이여, 진지하게 세계 1위를 목표로 하라"라고 말하고 싶다.

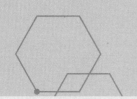

제2장

신사장 · 손정의2.0

결국, 손정의의 후계자는 '손정의2.0'이 되었다.

"사장직에 계속 집중해야겠다는 생각이 들었어. 후계자에 대한 것은 지금, 머릿속에 없어."

2016년 6월 21일, 손정의는 후계자 후보, 니케쉬 아로라에게 사장직을 물려준다는 것을 철회했다.

"적어도 5~10년은 사장으로 일하고 싶어. 건강하다면 2~3년 내에 그만둘 생각은 없네."

2년간의 '우회'(소프트뱅크 간부)를 거친 후, 사장직을 계속하겠다고 선언한 것이다.

'20대에 이름을 알리고, 30대에 사업자금으로 최저 1,000억 엔을 모으고, 40대에 한판 승부를 하고 50대에 사업을 완성시키고 60대에 사업을 후계자에게 물려준다.'

인생 50년 계획에 대해, 본인은 "이대로 해왔다"고 자신 있게 몇 번이나 말해왔다. 40대에 보다폰을 인수하여, 휴대폰 사업 참가라는 커다란 승부를 했다. 그리고 멋지게 턴어라운드를 달성한 후 2010년에는 후계자 육성을 위해 소프트뱅크 아카데미아를 설립했다.

2013년 1월, 미국 기업 스프린트 인수 교섭 보고를 위해, 총무성으로 향하는 차 안에서 손정의는 나에게 말했다.

"(소프트뱅크는) 진정한 글로벌기업이 되어야만 해."

이 말은, 소프트뱅크는 글로벌하게 전개될 소프트뱅크2.0을 향해서 간다는 의사표현이었다.

그리고 2014년, 세계적인 기업 구글에서 아로라를 후계자 후보로 초빙했다. 21세기는 아시아의 시대라고 생각하여, 인도인을 후계자로 삼은 것은 글로벌 기업이 되고자 하는 '소프트뱅크2.0'에 어울리는 결정처럼 여겨졌다. 2015년 주주총회에서 아로라는 소프트뱅크 부사장에 취임.

그러나 그로부터 불과 1년. 2016년 6월 21일, 주주총회 전날. 손정의는 자리를 물려준다는 것을 철회하고 사장직을 계속하겠다고 선언한다. 전부터 도중에 보다 좋은 아이디어가 나오면 전에 한 말을 철회하고 "조례를 고치는 것은 사장의 특권이다"라고 말하며 신경 쓰지 않던 손정의다운 결단이다. 다음은 사장직을 계속하겠다고 선언했을 때의 손정의의 말이다.

"창업가는 때때로 광적이다. 언제까지나 젊고, 아직 할 수 있다고 생각하고 싶다. 스스로 경영의 일선에서 은퇴할 시기가 다가오니 역시 조금 더 하고 싶다는 마음이 들었다."

아로라에 대해서 물었다.

"니케쉬에게는 폐를 끼쳤다. 미안한 마음이 한 가득이다. 그렇지만 현역으로 계속 일하고 싶다는 기분을 억누르는 것은 솔직히 좋지 않다고 생각한다. 긴 안목으로 봤을 때, 성에 차지 않았는데 사장직을 내주고 나중에 말썽이 생기는 것도 싫었다. 솔직히 말하는 편이 좋다고 생각했다."

6월 22일, 도쿄도 내에서 정시 주주총회를 열고, 후계자라고 여겨졌던 아로라 부사장의 퇴임과 손정의의 '장기 사장'이 사실상 정해졌다.

소프트뱅크의 주주총회는, 손정의 팬클럽 양상을 띤다. 주주로부터 "99세까지 사장을 계속해주세요"라는 말도 나왔다.

사외 이사를 맡고 있는 야나이는 "손정의 같은 사람은 없다. '아직 60도 되지 않았는데, 은퇴라니 당치 않은 소리'라고 말씀 드렸다"라고 말했다.

마찬가지로 사외 이사인 나가모리 시게노부永守重信도 "경영 의욕은 나이가 아닙니다. 60세에 은퇴라니 이성을 잃은 것이 아닌가 하고 생각했어요. 손정의는 69세가 되었을 때, 10년 더 하겠습니다, 라고 말할 거예요. 그런 사람이 아니면 이런 훌륭한 회사가 되지 못했을 겁니다"라는 독특한 표현으로 응원했다.

손정의가 아로라를 스카웃 했을 때는, 60세 정도에 사장직을 내줄 생각이었을 것이다. 그러나 자신 안에서 이제 1년만 있으면 60세라는 생각에, 갈등이 생겼다고 한다.

"머리카락은 상당히 줄었지만 아직 젊어(웃음)."

심각한 회의에서도 자학 개그를 하여, 웃음을 끌어내면서 핵심을 찌르는 것을 잘 한다.

"정보 혁명의 기회가 넓어졌기 때문에, 조금 더 계속하고 싶다고 생각하게 되었다"라고 은퇴철회 이유를 설명했다. 분명 시대는 제4차 정보혁명을 향해 가고 있다.

24세 때 소프트뱅크를 창업한 이래, 69세까지 사장을 한다고 가정했을 때, 사장임기는 45년이 된다.

"갈피를 잡지 못할 때일수록 멀리 본다. 거친 바다에서 배에 타고 있을 때, 가까운 곳을 보면 멀미를 한다. 그래서 멀리 보는 것이 중요하다."

손정의는 2년간, 후계자 육성을 생각하고, 서서히 일선에서 물러나고자 했다. 그렇지만 그러는 사이에, 소프트뱅크는 예전의 '변혁가' 이미지를 잃은 것도 사실이다. 내가 사장실 실장이었을 때, 항상 화제를 뿌리던 소프트뱅크였지만, 2년 동안 신문의 1면을 장식할 정도의 움직임은 거의 없었다.

요충이 성충이 되는 동안, 일단 운동 능력이 눈에 띄게 결여되어 '번데기'라고 불리는 형태가 된다. 그 후 번데기에서 탈피하여 성충이 된다. 이것을 '메타모르포제(변형, 변신)'라고 한다. 2년간은 손정의에게 있어서 손정의2.0이 되는 '번데기' 기간이었을지도 모른다.

사장 지속 선언을 한 손정의2.0은 지금, 단번에 비약하려 한다.

===== 소프트뱅크는 '변하는 것'을 두려워하지 않는다

"조례를 고쳐라. 전보다 좋은 안이 있으면 고치는 것이 당연하다."

앞에서도 나왔지만, 소프트뱅크 아카데미아에서도 손정의는 이렇게 말한 적이 있다. 그 자리에 있던 소프트뱅크 간부는 "뭐야"하는 표정으로 쓴웃음을 짓고 있었다. 소프트뱅크는 손정의의 번뜩이는 재치와 직감으로 지나칠 정도로 변했다.

"휴대폰 업계는 눈 감으면 코 베어갈 정도의 업계입니다."

2011년 무렵, 아이폰 독점판매도 있고 해서, 소프트뱅크는 비약적

으로 매출을 늘리고 있을 때의 손정의의 말이다. 이 정도로 상황이 좋은데, 계속적으로 긴장을 늦추지 않는 모습에 감탄했다. 『정관정요貞觀政要』라는 제왕학帝王學 책이 있다. 중국 역사 중에서도 가장 태평성대를 누렸던 '정관의 치'의 시대. 제2대 황제 태종과 신하들의 문답을 정리한 것이다. 도쿠가와德川 막부 300년의 기초를 닦았던 도쿠가와 이에야스德川家康는 후지와라 세이카藤原惺窩(1561~1619, 전국 시대 말기에서 에도 시대 초기의 성리학자—역자 주)를 불러, 강의하게 했다. 또, 메이지明治 천황을 비롯한 역대 천왕도 제왕학 교과서로서 이 책에 깊은 관심을 가졌다.

『정관정요』가 가르치는 톱=사장의 마음가짐은, 마음을 늦추지 않고 끊임없이 긴장감을 갖는 것이다.

매출, 영업이익, 순이익 모두 문제가 없으면, 마음을 늦추고 싶은 것이 인지상정이다. 그러나 그래서는 사장 실격인 것이다.

야후가 2016년, 주력 사업을 미국 거대 통신회사 버라이즌 커뮤니케이션즈(이하, 버라이즌)에 매각한다고 발표했다. 버라이즌은 미국 제1위 통신회사. 소프트뱅크가 인수한 스프린트의 라이벌 회사이다. 인터넷 업계는 항상 전국 시대. 혁신을 계속하지 않으면 힘을 잃는다는 것을 보여준 예이다. 모든 사장이 교훈으로 삼아야만 한다.

야후는 다양한 정보를 제공하는 포털 서비스로서 주목을 모아, 전자 메일과 뉴스 제공 등 사업 범위를 넓혔다. 자금이 없는 젊은 사업가라도 참신한 아이디어와 정열이 있으면, 사이버 공간에서 거대한 시장을 개척할 수 있다는 것을 증명했다. 전자 메일과 뉴스를 제공하는 IT혁명의 톱 런너였다.

그러나 지금, IT혁명을 주도하는 것은, 검색의 구글과 SNS사이트의 페이스북이다. 그런 구글이나 페이스북도 안일하게는 있을 수 없다.

야후를 인수한 버라이즌의 로웰 맥아담 CEO는, 야후의 주력 인터넷 사업을 인수하는 것으로 "디지털 광고 사업에서 중요한 위치를 차지하여, 구글과 페이스북으로부터 시장 쉐어를 빼앗을 힘을 가질 수 있을 것이다"라고 말했다. 구글, 페이스북, 야후(버라이즌)에 의한 삼국지의 막이 열렸다고 볼 수 있을 것이다.

한 번 큰 성공을 거두었어도, 리스크를 감수하고 새로운 사업에 매달릴 자세가 없으면 경쟁력을 잃어버린다. '변함없이 계속 번영하기 위해서는, 스스로 계속 변해야만 한다.'

다시 반복하겠다. 소프트뱅크는 손정의의 번뜩이는 재치와 직감으로 지나칠 정도로 변했다.

조금 더 중기적中期的으로 보면 소프트뱅크는 10년에 한 번, 성장함에 따라 이름이 바뀌는 물고기처럼 본업을 바꿔왔다. 처음에는 PC소프트 도매점이었는데 인터넷의 야후재팬을 비롯해서 보다폰 인수에 의해 휴대폰 통신 회사가 되었다. 그리고 2016년, 영국의 반도체 설계 회사 암홀딩스를 인수하여 세계의 플랫폼을 목표로 하게 되었다.

단, 업태는 변하지만, 기본 이념은 변하지 않는 것이 중요하다. 2016년 소프트뱅크 월드(그룹 최대의 법인 대상 이벤트)의 스피치를 손정의는 이렇게 마무리 지었다.

"소프트뱅크가 무슨 회사냐고 묻는다면, '정보혁명 회사'라고 대답합니다. 정보 혁명으로 사람들을 행복하게 하는 것이, 내가 태어난 사명이라고 생각합니다. 이를 위해서 생명을 바치고, 정열을 바치고, 생애를 바칠 것입니다."

기본 이념은 바꾸지 않는다. 그러나 업태는 시대에 맞춰, 성장함에 따라 이름이 바뀌는 물고기처럼 바뀌어야 한다. 이것이 손정의 사장의 철학이고, 손정의2.0도 그렇다.

⎯⎯ 2018년. 직감으로 가려내는 크로스포인트

"20년 전에, 컴퓨터가 인간의 능력을 언제 넘는가를 예측했다. 결과는 2018년이었다. 신 30년 비전을 다시 검토했는데, 그때도 2018년이었다."

2015년 소프트뱅크 아카데미아 강의에서의 손정의의 발언이다. 손정의는 입버릇처럼 이 발언을 반복하고 있다. 장기적으로 멀리 내다보고 예언자적인 발언을 하며, 그 미래를 스스로 만들어가는 손정의다움을 시사하는 발언이라고 할 수 있다. 번데기 상태였던 손정의는, 비즈니스에 관한 말보다, 문화·문명론에 가까운 이야기를 했다.

손정의1.0 시대, 손정의는 2008년 무렵 일어날 '스마트폰 혁명'을 예측하고, 전략·전술을 구사하여 대담하게 행동해왔다. 손정의1.0부터 2.0으로의 '번데기' 시대는, 심사숙고의 시기였다.

손정의는 '기술을 모르는 인간은 사장이 될 수 없다'는 사장철학을 가지고 있다. 소프트뱅크 최고 간부에게도 "○○씨는 기술이

좀……"이라고 모두의 앞에서 말했다. 간부들에게, 더 위를 목표로 한다면 기술을 공부하라, 는 말을 내포하고 있는 것이다.

손정의는 기술을 깊이 이해하고 있기 때문에 알기 쉽게 이야기한다.

"인간의 뇌는 이진법으로 뉴런(신경세포)의 접촉 유무에 따라 '0'과 '1'의 관계를 나타내는데, 컴퓨터칩 중에서 전기의 흐름을 컨트롤하는 트랜지스터도 전류의 유무에 따라 기록과 기억을 합니다. 양쪽 모두 똑같은 이진법이라는 말이지요."

그리고 트랜지스터 수가, 인간 뇌의 뉴런 수 3백 억 개를 넘는 물리적 크로스포인트가 2018년이라고 손정의는 말한다.

"2018년에는 3백 억 개의 트랜지스터가 하나의 칩에 들어간다는 말입니다. 물리적으로 하드웨어가 인간을 따라잡는다고 해도, 인간이 현명하다고 생각하는 사람도 있겠지만, 내가 보기에는 잘못된 생각입니다. 하드웨어가 인간을 앞지르고, 이어 소프트웨어가 인간을 앞지를 것입니다."

그리고 그 다음은 어떻게 될까?

지금, 우리들은 인터넷에 연결되는 것을 몇 개 가지고 있는가? 한 사람당 평균 2개(컴퓨터와 스마트폰)라고 한다. 30년 후에는 이것이 1,000개 정도가 된다. 그렇게 되면 지구상에 10조 개의 IoT제품이 넘치게 된다. 전화電化 제품뿐만 아니라 옷이나 문구류 등 온갖 것이 인터넷·정보에 연결되는 세계가 온다.

나중에 자세히 말하겠지만, 손정의에게는 이런 세계가 타임머신을 타고 가서 보고 온 것처럼 보일 것이다. 2018년이 크로스포인트이다.

그래서 역산하여 2016년 암홀딩스를 인수한 것이다.

2006년 시점에, 2008년부터 일어날 스마트폰 혁명을 예견한 사람은 적었다. 손정의는 미래를 예견한 많지 않은 사람 중 한 사람이다. 손정의가 기업가 정신을 바탕으로 리스크를 두려워하지 않고 과감하게 도전했기 때문에 소프트뱅크는 비약했다.

다음 크로스포인트는 2018년. 이것을 예측하고 세계의 많은 기업가가 움직이고 있다. 2029년에는 중국을 제치고, 세계 제일의 인구 대국이 될 인도에서는 2014년에만 500개의 회사가 새롭게 설립되었다. 인도 역사 가운데 이렇게 많은 회사가 한 번에 설립된 적은 없다. 이 활력이야말로, 손정의가 인도 투자에 주력하는 이유일 것이다.

지금처럼 쉽게 사업을 시작할 수 있는 시대는 없고, 성공하기 쉬운 시대는 없다. IT와 테크놀로지로 단번에 세계 마켓을 손에 넣을 수도 있다.

그래서 손정의는 2018년을 향해서 움직이기 시작했다. 슘페터는 "기업가는 군생적으로 출현한다"라고 말했다. 손정의가 IoT혁명의 문을 열었다. 많은 기업가가 여기에 따르기를 바란다.

그런데, 손정의는 미래를 예측하는 직감력을 어떻게 기른 것일까? 젊은 사장실 스텝이 "미래 예측을 위해서, 정보는 어디서 얻나요?" 하고 물은 적이 있다.

"나는 오직 스스로 생각해."

대답을 들은 스텝은 알 듯 말 듯한 표정을 지었다. 당신은 어떤 표정을 짓겠는가? 본서를 다 읽을 쯤에는 조금이라도 이 발언의 진의에 다가갈 수 있도록, 나도 여러 각도에서 손정의의 생각을 소개하겠다.

=== **2016년의 인수는 2018년부터의 뺄셈**

손정의는 '우뇌'로 생각하고, 직감과 번뜩임으로 행동한다. 참모였던 나는 '좌뇌'로 생각했다. 손류 경영의 핵심인 '뺄셈 방식'을 좌뇌로 생각해보겠다.

경영 전략 입안에는 전년 실적 +α로 목표를 생각하는 덧셈 방식과, 당연히 그래야 할 모습−현상＝메꿔야할 목표로 생각하는 뺄셈 방식이 있다.

일본에서는 기업이든 정부든, 주류는 '덧셈 방식'＝쌓아 올리는 방식이다. 장기 계획을 경영 기획부가 입안한다. 대체로 처음 할 일은 '현상과 과제의 분석'인데, 정부의 보고서 등에서 인용되는 경우가 많다. 정부의 백서, 보고서 등 공개 정보에서 거의 90%를 알 수 있다.

손정의도 기업을 시작할 때, 철저한 정보 수집을 했다고 하기에, 어떻게 했는지 물었더니 다음과 같이 대답했다.

"정부 간행물 센터가 있잖아요. 거기서 백서라든가 보고서 등을 손에 잡히는 대로 사왔어요."

소프트뱅크가 크게 성장해도 이 방식은 기본적으로 변하지 않았다. 손정의가 뭔가 새로운 아이디어가 번뜩이면, 사장실의 경영 전략 그룹 스텝이 트렌드 정보나 공개 정보를 인터넷에서 검색하여, 손정의 앞에서 프레젠테이션을 한다. 그 숫자를 기본으로, 손정의가 큰 그림을 그리는 것이다.

사장실 스텝은 20대 후반에서 30대이다. 프레젠테이션이 미숙하면 "결론을 말해, 결론을"이라는 말을 듣기 때문에, 긴장감이 가득하다. 프레젠테이션이 끝나고, 납득을 하면 "알았어. 이런 말이군. 잘 알았어"라고 말한다. 때문에 사장실 스텝은 수면 부족, 휴식 부족 상태에서 일하게 되는 것이다.

현상의 환경과 실력을 생각하여, 실현 가능한 목표를 설정하고 성실하게 실적을 쌓아간다. 여기까지는 덧셈 방식과 같다. 그러나 손정의는 여기서부터 다르다.

"덧셈을 해서는 안 됩니다. 그렇게 해서는 비약하지 못해요. 지금 있는 것에 아무리 덧셈을 해도, 인생의 연수는 한정되어 있기 때문에, 일반적인 생각밖에는 떠오르지 않아요."

'일반적인 생각'은 싫은 것이다.

뺄셈 방식은 미래의 비전 – 현상 = 해야 할 일, 이라고 생각한다. ①미션, 비전·목표설정, ②현상 분석, ③해결 대체안 검토, ④실행 계획이 된다.

이런 흐름에 따르면, 손정의의 생각은 2008년 무렵에 일어날 스마트폰 혁명을 주체자로서 추진한다→현재, 휴대폰 회사를 가지고 있지 않다→제로에서 시작할까, 휴대폰 사업을 인수할까→보다폰을 인수하자, 가 된다.

장대한 구상을 세워 거기에서 뺄셈을 한다. 처음에 사업 목표를 명확하게 이미지하고, 거기에서 인생의 연수를 뺀 후, 어느 단계에서 무엇을 할까를 할당한다.

"그 후에 구체적인 전략을 짜면 남겨진 것은 실행뿐이죠."

인간은 누구나, 결단하고 실행하는 순간은 다소 주저하게 된다. 손정의도 결단할 때까지 많이 고민한다. 생각한 것이 계속 바뀐다. 담당자는 그때마다 이쪽저쪽으로 움직여야 한다. 손정의는 생각에 골몰한다. 결정적으로 다른 것은 정보가 나오는 곳이다. 세계적인 대기업 CEO들과 바로 연결되는 핫라인을 가지고 있다. 즉, 판단 재료의 질이 다른 것이다. 필요하다면, 한 번밖에 만난 적이 없는 인물에게까지 중요한 상담을 요청한다. 그 판단 재료에 따라 최종결정을 내린다. 그래도 생각한 대로 일이 진행되는 않을 때가 많다. 단, 한 번 결정하면 끝까지 해내서 자신의 것으로 만드는 강한 신념이 있다.

2016년 암홀딩스 인수도 지금 말한 것과 같은 방식이었다. 손정의가 말했다.

"암홀딩스의 인수가, 싱귤래리티에 있어서 가장 중요한 포석이 된다."

인류의 지능을 뛰어 넘은 인공 지능AI은, '딥러닝(컴퓨터가 사람의 뇌처럼 사물이나 데이터를 분류할 수 있도록 하는 기술로, 기계학습의 일종—역자 주)'을 할 수 있게 된다. 인공 지능이 딥러닝을 하기 위해서는 빅데이터가 필요하다. 빅데이터는 IoT 디바이스(장치)에 의해 모아진다. 암홀딩스는 IoT 디바이스에 탑재하는 칩을 개발할 수 있다. 앞으로 20년 내에 암홀딩스는 약 1조 개의 칩을 이 지구상에 뿌릴 것이다. 따라서 암홀딩스 인수가 싱귤래리티에 있어서 가장 중요한 포석이 된다. 소프트뱅크는 지구상의 삼라만상의 데이터=빅데이터를 모으는 것이다.

빅데이터를 자연재해의 예지나 병의 치료 등에 활용하여, 사람들의 고통을 덜어준다. 그리고 스마트로봇이라는 형태로 만들어, 인류의 컴패니언으로 삼아 사람들의 생활을 풍성하게 해간다는 이미지이다. 이 빅픽처의 실현을 위해 역산하여 암홀딩스를 인수한 것이다.

━━ '일곱 수 앞을 내다보고 둔다' 암홀딩스 인수

"일본에 사업가가 적어졌다. 일을 실현하는 것이 사업가. 미래 사회와 사람들에게 공헌할 수 있는 일을 이루고 싶다."

손정의2.0은 스티브 잡스형인 '라이프스타일을 바꾸는 신사장'에 도전하기 시작했다. 미지의 영역에 발을 내딛고, 과거와 다른 미래를 창조하는 것을 목표로 삼기 시작했다.

"싱귤래리티는 반드시 온다. 우리들은 좋은 날을 맞이할 준비와 노력을 해야 한다"라는 말에서 지금 손정의가 두 가지 목표를 향해 가고 있다는 사실을 유추할 수 있다.

첫째는, 좌뇌적으로 생각하여 '초지성 시대를 빨리 오게 만든다'는 것이다. 이를 위해서는 전세계에 칩을 1조 개 뿌릴 암홀딩스의 존재가 중요시된다.

다른 하나는 우뇌적으로 생각하여 '인류가 초지성의 시대를 좋은 마음으로 맞을 준비를 한다'는 것이다. 감정을 지닌 로봇, 페퍼가 그 길을 개척해간다.

"싱귤래리티라는 인류사상 최대의 패러다임 시프트가 일어날 것이다. 그 도래를 앞두고 (경영에) 묘한 욕심이 생겼다."

손정의는 사장직을 계속하는 이유로 '싱귤래리티'를 들었다.

지금까지 이미 몇 번이나 등장했는데, '싱귤래리티'란 '기술적 특이점'을 의미한다. AI 등의 기계가 보다 훌륭한 기계를 스스로 만들고, 그 기계가 더 훌륭한 기계를 만든다고 하는, '기계가 자동으로 진화하게 되는 순간'을 가리킨다.

싱귤래리티란 단어를 보급시킨 사람은, 뇌과학자인 레이 커즈와일. 2045년에 싱귤래리티가 일어날 것이라고 예측하고 있다. 그때 손정의 나이 88세. 아직 살아 있을 가능성은 충분히 있다. 단, 싱귤래리티는 일반 사람들에게 그리 알려져 있지 않다.

다시 말하지만, 손정의는 '기술을 모르는 사람은 사장이 되어서는 안 된다'라는 사상을 가진 사람이다. "미야우치(부사장) 씨는, 기술을 몰라"라고 사람들 앞에서 말했다. 미야우치는 생글생글 웃을 뿐이다. 간부에게 "기술을 공부해"라고 간접적으로 말하고 있다는 것을 알고 있기 때문이다.

애초에 소프트뱅크는 영업 위주. 따라서 간부여도 기술을 모르는 사람이 많다. 그래서 손정의는 회의에서 늘 알기 쉽게 설명하려 한다.

1990년대. 많은 사람이 인터넷 시대가 올 것이라고 들었다. 손정의는 그때 인터넷 시대의 중핵 기업인 야후를 찾아내어 투자했다.

21세기 초. 모두들 중국의 시대가 올 것이라고 말했다. 그러나 많은 일본 기업은 세계 제2위=경제 대국 일본의 프라이드 때문에 중국에 투자하지 않았다. 그 가운데, 손정의는 알리바바를 찾아내서 투자했다.

"알고 있으면서 아무것도 하지 않는 것은, 모르는 것과 마찬가지다."

이것이 손정의의 사장 철학이다. 싱귤래리티에 대해서도 태도는 변하지 않는다.

"중요한 국면이 앞으로 다가 올 거예요. 인류가 지금까지 체험한 중에 처음 조우할 새로운 기술적 특이점입니다. 인류의 지능을 훨씬 넘어서면……. 이것에 대해 자신은 요 1년간 무엇을 했는가, 무엇을 생각했는가, 되돌아봐야 합니다."

손정의는 항상 생각을 계속하고 있다. 여기에 대해서는 가까이 있을 때도 생각했는데, 휴일이든 평일이든 항상 생각을 계속한다.

어린 시절 손정의의 집에서는 식사 자리에서 가족이 비즈니스 이야기만 했다고 한다. 예를 들어 당시, 손정의 집에서는 유료 낚시터를 운영했다. 어느 날 '금색 잉어를 낚으면 1만 엔'이라는 캠페인을 벌였는데, 쉽게 낚이지 않도록 아침부터 금색 잉어에게 먹이를 많이 줘서 배부르게 하면 어떨까, 라는 등의 아이디어를 서로 냈다고 한다. 이때부터의 습관인지, 손정의는 늘 생각하는 것이 몸에 배어 있다.

"나는 항상 생각을 계속하고 있습니다. 계속 생각한 결과, 내 나름대로 요 1년간의 숙제에 대한 답이 나왔습니다. 그것은 암홀딩스(인수)입니다."

손정의의 투자는 우선 결정이 먼저다. 반드시 '시너지 효과는?'이라는 질문이 나오는데, 여기에 대한 답은 나중에 이끌어낸다. 이번 암홀딩스 인수에 대해, 주식 시장에는 시너지 효과가 전혀 보이지 않는다고 했다. 실제로, 투자가의 돈을 사용한 주식이라는 이름의 투표권에 의해 신용하는지 어떤지를 물었더니, 소프트뱅크의 주가는 하락했다. 즉, 신용을 얻지 못한 것이다.

바둑에서, 자신이 쥐고 있는 돌과 같은 색 돌 옆에 두면 알기 쉽다. 이것은 초급자가 두는 방식으로, 어떤 식으로 진지陳地를 넓혀 갈 것인가, 하는 목적이 참으로 알기 쉽다. 보고 있는 사람도 즉시 안다. 요컨대, '덧셈 방식'인 것이다. 그러나 상급자는 다르다. 전체 국면을 보고, 최종적인 진지를 생각해서 둔다. 열 수 앞, 이십 수 앞, 오십 수 앞을 읽는다. 그 한 점을 놓는 이유를 일반인은 알지 못한다. 손정의는 이 바둑의 예를 들며, "일곱 수 앞을 내다보고 두었다"라고 말했다.

"바둑의 세계에서 목숨을 걸고 승부하는 사람이라면 서로 알 수 있는, 그런 것이 아닐까 하고 생각합니다."

프로이기 때문에 알 수 있는 것, 그것이 암홀딩스에 대한 투자라고 손정의는 말하는 것이다.

=== **컴퓨터가 IQ 1만이 되는 날이 온다**

지금까지 손정의는 패러다임 시프트의 입구에서 도전해왔다. 비연속적인 도전이다. 단속적인 패러다임 시프트에 맞춰, 소프트뱅크도 손정의도 모습을 바꿔왔다. '정보혁명가'라는 점에서는 일관해왔지만, 그 모습은 기술이 진화하기 때문에 당연히 변해간다.

처음에는 돈이 없었기 때문에, 소프트뱅크는 유통, 그리고 출판에서 시작했다.

컴퓨터 소프트 개발자가 되기보다는, 컴퓨터 소프트 유통자가 되는 편이, 비즈니스로서 재미있다고 생각한 것이다.

다음은 인터넷이다. 여기에서 커다란 도박을 했다. 미국의 야후에 투자하여 야후재팬을 만들었다. 컴퓨터가 인터넷에 연결됨에 따라, 사업을 특화하여 집중했다.

그리고 인터넷 중심이 컴퓨터에서 모바일이 될 때, 다시 한 번 커다란 도박을 했다. 보다폰 인수에 나선 것이다.

나는 이 패러다임 시프트 때에 소프트뱅크에 입사하여, 시대가 소프트뱅크를 들어 올리는 것을 경험했다. 소프트뱅크 사장실 실장, 8년 동안 매출액은 1.1조 엔에서 8조 엔으로 약 7배 비약했다. 이 스마트폰 혁명에 발맞춰, 많은 기업가가 나왔다.

"더 커다란 패러다임 시프트가 있을 것이라고 나는 생각합니다. 인터넷의 중심이 컴퓨터에서 모바일로 이동하고, 다음에는 모든 물건이 인터넷에 연결되는 시대. 이것이 인류사상 최대의 패러다임 시프트일 것이라고 생각합니다."

2045년, 컴퓨터가 인류를 뛰어넘는 날＝싱귤래리티. 인공 지능의 IQ가 1만이 될 것이라고 한다.

인간의 지능력을 평가하는 기준으로 IQ가 있다. IQ는 평균 100이다. 100을 표준 편차치로 보고 잰다.

손정의는 "장래, 스티븐 잡스는 '21세기의 다빈치'로 불릴 것이다"라고 말했지만, 그 레오나르도 다빈치, 또는 아인슈타인 같은 천재의 IQ

는 200 전후라고 여겨진다.

인류 가운데 천재는 100에 대해서 200. 그러나 컴퓨터의 지성은 싱귤래리티를 거쳐 1만이 된다.

"(싱귤래리티 후의) 컴퓨터를 상대로 바둑이나 장기를 두지 않는 편이 좋아요. 여러분은 아인슈타인이나 다빈치와 승부하고 싶나요? 그들보다 훨씬 머리가 좋은 컴퓨터, 즉 아이큐 1만인 컴퓨터와 평범하게 승부하는 것은 더 이상 생각하지 않게 될 거예요."

손정의는 누구라도 이해할 수 있도록 말하기를 잘했다. 게다가 '미래를 예측하는 가장 좋은 방법은 미래를 창조하는 것이다'라는 사장 철학을 가진 세계의 CEO와 교류한다.

"그러한 세상이 왔을 경우, 대체 어떻게 될까, 입니다. 그리고, 무슨 이유로 인류는 그때를 맞이하려고 하는 것인가, 입니다. 나는 인류가 더 행복해지기 위해서 그것을 맞이하려고 한다고, 긍정적으로 파악하고 있습니다."

===== '우뇌형' 인간·손정의

손정의는 잘 운다. 적어도 본인은 그렇게 말한다.

한국 드라마 『대장금』에서, 주위에서 쪼아대고 괴롭혀도 다시 일어나는 장금이의 모습을 보고 운다. NHK 드라마 『료마전』이 방송되었을 무렵 방송 다음 날인 월요일은 언제나 "어제 료마전 참 좋았어. 눈물을 흘리면서 봤어"라고 말한다. 일요일에는 텔레비전을 잘 보는 듯하다. 영화 등은 아마도 비행기 이동 중에 볼 것이다.

참고로 나는 울지 않는다. 중의원 시절에 '정치가는 눈물을 보여서는 안 된다'며 울지 않는 훈련을 했기 때문이다. 눈물이 나오려고 하면 눈을 아주 크게 뜨면 좋다. 눈물이 마르기도 하고, 냉정해지는 탓인지, 눈물이 멈춘다. 그러고 보니 본인은 "울었어"라고 말하지만, 나는 손정의의 눈물을 본 적이 없다.

그런 손정의가, 암홀딩스 인수를 결단하게 만든 사진을 봤을 때도 울었다고 한다.

이야기는 40년 전으로 거슬러 올라간다. 손정의는 당시 19세로, 캘리포니아대학 버클리교 학생이었다. 차에서 내려 막 산 사이언스 잡지 『퍼퓰러 사이언스』를 빠르게 넘기고 있었다. 그 안에서 한 장의 사진을 발견했다.

"태어나서 처음 보는 것이었다. 미래 도시의 설계도처럼 보였다. 그것의 정체는 손끝에 올라갈 정도로 작은 마이크로컴퓨터칩을 확대한 사진이었다. 양손 양발이 저릴 정도로 감동했다."

2016년 소프트뱅크 월드에서 한 말이지만, 나는 이 이야기를 수 년 전부터 들어왔다.

인류가 처음으로 인류를 앞지를 물건을 만들어냈다. 자신은 인류 20만 년 역사 가운데, 보기 좋게 크로스오버 시대에 태어났다. 하늘은 나에게 무슨 일을 시켜려는가? 이런 것을 생각하고 있으면, 감동하여 눈물이 멈추지 않았다고 한다.

"나는 그 사진을 오려, 케이스에 넣어서 가방에 넣고 다녔다. 책받침으로 사용하며 때때로 쳐다보기도 하고, 베개 밑에 두고 자기도 했다. 나에게 있어서, 아이돌 스타의 사진과 마찬가지였다."

손정의는 '우뇌' 인간이다. 그리고 나는 '좌뇌' 인간이다.

우뇌는 '번뜩임'과 '직감'으로 어떤 의미, 감각적으로 행동한다. 우뇌는 '논리적'으로 '분석'하여, 냉정하게 행동한다.

"나는 우뇌로 생각합니다. 때문에 가까이에 좌뇌로 생각하는 사람이 필요합니다."

손정의가 회담 상대에게 한 말이다. 내가 '손정의의 참모'로서, 8년 동안이나 사장실 실장으로 일할 수 있었던 것도 '우뇌', '좌뇌' 콤비였기 때문이 아닌가 싶다.

벤처로 눈부시게 성장한 경영자는 손정의와 마찬가지로 '우뇌형' 인간이 많다. 때문에 측근에는 '좌뇌형' 인간을 둘 것을 권한다.

손정의는, 이 한 장의 사진을 봤을 때 감동과 흥분을 40년간, 뇌의 잠재의식에 봉인하고 있었을 것이다. 그리고 알리바바 주의 일부와 핀란드 게임 자회사 수퍼셀을 매각하여 2조 엔 가까운 자금을 손에 넣었을 때, 이 봉인이 풀렸다. 암홀딩스 인수를 결단했다.

"'소프트뱅크가 왜 반도체를?'이라며, 많은 사람들은 이해하지 못할지도 모르지만, 나는 아이돌을 겨우 만나서 이 손으로 껴안을 수 있을 것이다, 라고 생각하고 있다. 그 흥분이 가라앉지 않는다."

손정의의 우뇌가 초래한 행동은, 누구보다도 별나고 빠르다. 손정의 2.0에게 있어서도 분명 유일무이의 무기가 될 것이다.

참고로 아이돌이라고 하면, 손정의는 K팝 가수인 카라의 팬이었

다. 2011년 무렵 해산 소동이 있었을 때 "카라가 좋다! 해체해서는 안
돼"라고 자신의 트위터에 글을 남겼다. "KARA는 경쟁회사와 계약하
지 않았나요?"라는 팔로어의 물음에 "그런 작은 일에 마음을 둬서는
안 돼"라고 대답했다. 나는 소녀시대의 팬이다. 이 차이가 '우뇌', '좌
뇌' 타입의 차이와 무슨 연관이 있는지는 모른다.

<hr>

빚 12조 엔의 '카이사르' 손정의

손정의는 부채의 왕이다.

"나는 아무 일 없다는 듯이 지내는데요."

거액의 유이자 부채는 괜찮습니까, 라는 질문을 받았을 때의 손정의
의 대답이다.

레버리지(지렛대의 원리) 경영으로 M&A를 거듭하며 성장해온 소프트
뱅크. 이번 암홀딩스의 인수로 유이자 부채가 약 12조 엔이 되어, 매
출액의 1.3배로 부풀었다.

300년 계속될 기업을 만들고 싶은 손정의는, 로마제국의 역사에 흥
미가 있어서 열심히 연구하고 있다고 앞에서 말했는데, 로마제국 하면
카이사르이다.

손정의는 '사상이 중요'라고 자주 말한다.

"누구보다도 내가 내 자신에게 부과하고 있는 것은, 스스로의 생각
에 충실히 사는 것이다. 때문에, 다른 사람들도 그러는 것이 당연하다
고 생각한다."

이러한 카이사르의 말은 손정의의 사상과 매우 흡사하다.

카이사르는 빚의 왕이었다. '빚이 소액일 때는 채권자가 강자이고 채무자가 약자이지만, 금액이 커짐에 따라 이 관계는 역전되는 것'을 카이사르는 알고 있었다. 현대식으로 말하면 'too big to fail(너무 커서 죽일 수 없다)' 정도일까.

2006년 보다폰 인수. 약 2조 엔의 현금에 의한 인수라는 것은 일본 경제사상 과거 최대. 구미를 포함해도 당시 과거 2번째로 컸다. 손정의는 언제나 '세계 제일'을 좋아하는데, 부채까지 세계 제일을 목표로 하고 있는 듯하다.

"자잘한 일을 할 바에는, 사업 따위 하지 않는 편이 좋습니다."

이것이 사장 철학이다.

내가 사장실 실장이었을 시절, 소규모 사업 계획을 가지고 손정의와 미팅을 하면, 미팅 후에는 사업 규모가 10배 정도가 되어 있었다, 라는 것은 유명한 이야기였다. 철저히 준비하여 미팅에 임했음에도 미팅 후 회의실에서 나온 각 프로젝트의 톱은 기가 막혀 멍해 있거나 의욕으로 가득 차 있거나 한다. 이렇게 두 종류로 나뉜다.

"나에게 1조 엔 이하의 이야기를 가지고 오지 마라"라고도 자주 말했다. 장래의 사업 규모가 조 단위가 될 이야기를 가지고 오라는 말이다. 내가 소프트뱅크에 입사한 직후 무렵은 금액이 더 작았지만, 그 후 회사가 급성장함에 따라, 손정의의 입에서 나오는 사업 규모 라인은 점점 커져만 갔다.

그렇기는 하지만 현금을 소지하고 있지는 않다. 따라서 빌려서 인수한다. 그것도 피인수처의 자산을 담보로 넣어서 부채를 조달하는 LBOLeveraged Buy Out 방식을 취했다. 구미에서는 자주 쓰이는 방식이지만, 일본에서는 처음이었다.

경영 상황을 보면, 보다폰 수익이 점점 줄고 있는 상태. 일반적으로 보면 미친 짓이다. 손정의는 이것을 턴어라운드로 V자 회복시켰다.

이 성공 체험이 2012년의 스프린트 인수에 의한 미국 진출로 연결되었다. 스프린트 시장 쉐어는 버라이즌, AT&T가 모두 약 30%인 것에 비해, 16%로 약 반. '쉐어 16%'라는 숫자는 인수했을 무렵의 보다폰과 같다. 보다폰처럼 해가면, V자 회복이 가능하다고 본 것이다.

소프트뱅크 재무전략은 적극적이다. '레버리지 경영'에 의한 부채로 '일시적인 등급 악화'는 상관하지 않는다. 빚지는 것을 망설여 유망한 투자처를 놓치는 기회 손실이야말로 최대의 적이라는 생각이다.

결국, 스프린트 인수에 1조 8,000억 엔(216억 달러)의 자금을 투입하여, 스프린트를 자회사화했다. 이때 소프트뱅크는 장기 부채를 얻어 자금을 조달했다. 금리 1% 대라는 멋진 조달이었다. 보다폰 인수 때의 차입금 금리는 3.5%였기 때문에, 그만큼 소프트뱅크의 신용이 높아졌다는 것이 된다. 부채 왕의 면모가 생생하게 드러난 것이다.

사외 임원 야나이는 100억 엔 정도의 투자에는 철저하고 엄격하게 숫자를 검사한다. 손정의에게도 거리낌 없이 말한다. 야나이의 발언에 임원회는 긴장한다. 손정의가 "임원회에서 호되게 당했어요"라고 할 때의 상대는 대체로 야나이다.

그러나 보다폰이나 스프린트 같이 거액의 투자를 할 때는 "인수하지 않을 경우의 리스크를 생각해야 한다"라며 응원한다. 손정의의 말을 빌리면 '승부의 때를 알고 있는 것'이다.

한편으로 좋지 않은 일도 있었다. 스프린트가 가지고 있던 유이자 부채(약 330억 달러)를 떠안게 되어, 단번에 그룹 전체의 유이자 부채가 부풀어 오른 것이다. 지금 소프트뱅크의 유이자 부채는 12조 엔까지 되었다.

그럼에도 '돈은 하늘에서 떨어진다', 즉 '돈을 빌리겠다'는 것이 손정의의 발상이다. 부채를 전혀 신경 쓰지 않는다.

암홀딩스 인수의 경우는 애기가 달랐다. 수중에 현금이 있었던 것이다. 먼저, 모바일 게임업체 슈퍼셀의 주식을 중국 IT(정보기술) 기업 덴센트에 약 7,700억 엔에 매각했다. 총액 2,000억 엔 규모로 샀기 때문에 5,700억 엔의 이익. 지금까지 바이 앤 홀드buy and hold로 팔지 않았던 중국 알리바바그룹의 주식을 매각하여, 8,700억 엔을 얻었다. 그 외에도 다른 주식 등을 팔아 2조 엔 가까운 자금이 있었다.

암홀딩스 인수 자금 3.3조 엔까지 1조 엔 남았다.

소프트뱅크가 암홀딩스 인수를 발표한 것은 2016년 7월 18일. 그 5일 전부터 메인 은행인 미즈호 파이낸셜그룹에서는 극비 사내 회의와 이사회가 차례로 열리고 있었다. 테마는 소프트뱅크에 대한 1조 엔 브릿지론Bridge Loan(일시적으로 자금을 조달하기 위한 단기 대출—역자 주)이다.

누가 뭐라 해도 1조 엔이다. 보통의 경우라면 수속에 시간이 걸리지만, 신속하게 융자가 실현되었다. 미즈호 파이낸셜그룹은 보다폰, 스프린트 인수에서도 협조 융자단에 이름을 올렸다. 물론 오래 거래

해왔다는 이유도 있다. 그렇지만 나는 '빚이 소액일 때는 채권자가 강자이고 채무자가 약자이지만, 금액이 커짐에 따라 이 관계는 역전된다'는 카이사르의 말을 떠올렸다.

소프트뱅크는 레버리지(기업이 자본의 수익을 올리고자 할 때, 자기자본에 차입자본을 이용하여 자기지분에 대한 수익을 증대시키는 것. 즉 적은 돈으로 큰 수익률을 얻기 위해 빚을 내는 투자기법—역자 주)에 의한 M&A로 부채를 거듭 지면서 성장해온 회사이다. 손정의는 여전히 아무 일 없다는 듯이 지내지만, '좌뇌' 인간인 나는, 실은 부채에 대해서 걱정이 되었다. 금리가 있기 때문이다. 금리가 제어불능이다. 지금처럼 저금리라면 상관없지만, 장래 금리가 오르지 않으리란 보장이 없다. 거기에 리스크를 느끼게 되는 것이다. 아로라가 부채를 빨리 변제하려고 한 것은 어떤 의미에서 당연한 행동이라고 할 수 있다.

내가 사장실 실장이었을 때, 소프트뱅크 아카데미아의 강의에서 손정의는 "나는 약 4년 뒤에는 부채 없이 경영하겠다. 그 뒤에는 계속 부채 없이 간다"라고 선언했다. '50대에 사업을 완성시킨다'라는 것이, 인생 50년 계획에 있기 때문에 이제 슬슬 소프트랜딩soft landing(원래는 비행기가 충격을 받지 않고 사뿐히 착륙하는 것을 뜻함. 경제계에서는 호황 혹은 위기 이후 경제를 부드럽게 안착시키는 것을 의미—역자 주)인가 하고 생각했다.

단 이야기는 여기서 끝나지 않았다. "다만"이라고 말한 후 "커다란 승부처가 있으면 얘기는 달라진다"라고 덧붙인 것을 잊지 않았다. 그것이 스프린트 인수였다.

결과를 말하면, 스프린트 인수는 고전의 연속이었고, 유이자 부채는

12조 엔에 달했다. 2016년 3월기의 이자 지급액은 4,400억 엔이었다. 상장한 모든 사업 회사의 20%에 해당한다. 당연히 이것도 일본 넘버 원이다.

언제나 '아무 일 없다는 듯이 지내는' 손정의였지만, 경제학자, 경제 평론가들과 이야기할 때는 자신도 모르게 본심을 말한 적도 있다.

데라지마 지쓰로寺島実郎로부터 미국 경제 동향을 들은 후의 일이다. 아이패드를 사용하여 바쁘게 메모를 하고 있었다. 그 무렵은 아직 유이자 부채가 9조 엔이었다.

"이자 동향은 언제나 신경 쓰고 있어요. 자랑은 아니지만, 부채 9조 엔도 있으니까요."

신경 쓰지 않는 것이 아니다. 단, 세계에서도 손꼽힐 승부사로 계속 존재할 것임은 분명하다.

===== 가격보다 '사지 않는 리스크'를 생각한다

"좋은 것은 언제나 비쌉니다."

보다폰. 스프린트. 인수할 때마다 소프트뱅크는 '비싸게 샀다'는 말을 들었다. 그럴 때 손정의가 하는 말이다. 가격이 비싸고 싸고 보다도 '사지 않는 리스크를 생각해야 한다'는 것이 손정의의 사장 철학이다.

손정의의 금전 감각은 일반 사람들과 다르지 않다. 예를 들어 소고기 덮밥집의 곱빼기 가격도 파악하고 있는 등, 물가의 동향도 잘 알고 있다. 게다가 고가의 물건은 사지 않는다. 옷은 패스트리테일링의 '유니클로'를 즐겨 입고 시계 등은 선물 받은 것을 찬다. 막대한 재산을 소유하고 있음에도 불구하고, 긴자銀座에 마시러 가서 큰 돈을 쓰며 호화롭게 놀거나 하는 일도 없다. 사치에 대한 동경이나 집착이 없는 것이다.

그 대신 골동품은 자주 샀다. 특히 메이지 유신기의 물품에는 돈에 제한을 두지 않았다. 실제로 손정의가 사카모토 료마坂本龍馬의 편지 사본 등을 보여 주기도 했는데, 골동품 상인이 자주 회사에 드나들었던 기억이 있다.

또 일본 화가 센주 히로시千住博에게 '춘하추동'이라는 테마로 병풍화를 발주했다. 그는 미술품의 보호자적인 역할도 하고 있었다.

조금 이야기가 옆길로 샜는데, 결코 주먹구구식으로 하지 않는다는 말이다.

"암홀딩스는 3.3조 엔. 지금까지 소프트뱅크 역사 중에서 가장 큰 인수액입니다. 주식시장에 매겨져 있는 가격에 40~43% 정도의 프리미엄을 지불한다는 것은 보기에 따라서는 비싸다고 할 수 있을지도 모릅니다."

런던에서 열린 기자회견에서의 말이다. '비싸다고 할 수 있을지도 모른다'라고 한 것이 신기하다. 이 기자회견의 사회를 본 홍보담당자는 전에 워싱턴에서도 함께했던 스텝이었기 때문에 반가운 마음을 가지고 보고 있었다. 3·3조 엔의 거대 인수 발표치고는 천장도 낮고, 회견장 자체도 그리 호화롭지 않았다. 동석자도 소프트뱅크 인터내셔널의 CFO 한 명뿐으로 왠지 쓸쓸한 느낌이었다.

어쩌면 아직 시너지 효과를 손정의 자신도 찾아내지 못한 것인가……. 조금 걱정하며 듣고 있자, 평소의 손정의가 돌아왔다.

"이것은 과거 이익에 대한 멀티플 프레미엄으로 앞으로 암홀딩스가 얻을 장래의 성장 여력이라고 하는 것이 타당합니다. 5년 후, 10년 후에 뒤돌아봤을 때 이번 투자에 대해 '몹시 싸게 샀다'고 사람들이 생각할 것입니다."

손정의가 이렇게 말한 것이다. 기자와 이런 말을 주고받는 것을 들으며 나는 데자뷰를 느꼈다. 10년 전에 보다폰을 2조 엔 정도에 샀을 때의 일이다.

그 당시도 많은 사람들은 '비싸다'고 생각했다. 그러나 스마트폰 혁명이 일어나, 대성공한 지금에 와서는 매우 싸게 구입한 것이 되었다. 거꾸로 그때, 휴대폰 사업에 뛰어들지 않았다면 지금과 같은 성장은 없었을 것이다.

마찬가지로 이번의 암홀딩스도, 지금으로부터 10년 후에 사람들이 '아, 그때 싸게 잘 샀어'라고 생각할 것이라고, 나는 예상한다.

런던의 기자회견에서 돌아온 손정의는 『WBSWorld Business Satellite』에 출연했다. 테레비도쿄의 스튜디오에 도착하자마자 카메라가 따라왔다. 차문을 열자, 손정의는 급히 안경을 벗었다.

소프트뱅크의 모든 회사는 페이퍼리스paperless(사무 자동화의 진전은 종이 문서에서 마이크로필름이나 자기 매체로 기록 매체의 변환을 촉진시킴으로써 종이 없는 사무실을 지향하는 현상을 상징하는 용어—역자 주)이기 때문에 서류도 아이패드로 보는데 "최근에 잘 안 보여서……"라며 6년 전부터 노안경을 사용하고 있다. 노안경을 사용하는 것이 멋쩍은지 즉시 벗는다. 이번에도 즉시 검은 노안경을 벗고, 카메라를 향해 생긋하고 손 스마일을 보냈다.

WBS에서 한 암홀딩스 인수에 관한 발언은 그야말로 손정의다웠다.

"싸게 샀다! 대바겐이다."

이 단순 명쾌함, 그리고 주위의 소리에 전혀 동요하지 않는 자신감. 손정의2.0이 되어도 이것들이 몸을 움직이게 하는 원동력이 될 것은 확실하다.

참고로 손정의는 WBS의 전 아나운서 오타니 마오코小谷真生子의 팬이었다. 그런 것도 있어서 WBS에 상당히 자주 출연했다고 생각한다. 소프트뱅크 홍보부에 물으면 "그렇지 않아요"라고 말하겠지만, 그 팬심이 진심이 느껴지는 손정의다운 발언을 한 것과 관계가 있는지는, 손정의만이 알 것이다.

===== **사업가와 투자가의 양면이 있다**

손정의가 되고 싶었던 것은 '사업가', '교사', '화가'였다고 한다.

"화가는 화가라도 그림이 팔리지 않는 화가가 좋아요"라고 손정의는 말한다.

"살아 있는 동안 그림이 팔리는 화가는, 결국, 그 시대만으로 끝나고 시대를 초월하여 남지 않죠. 시대를 초월하여 남는 천재 화가는 살아 있는 동안 평가받지 못해요."

안타깝게도, 손정의가 그린 그림은 본 적이 없다. 내가 본 것은 사업가와 투자가라는 두 개의 얼굴이다.

"나는 상업가가 되고자 한 적은 없다. 내가 되고 싶은 것은 사업가이다."

이 말을 증명한 것이, 2006년 보다폰 인수에 의한 휴대폰 사업 참가이다. 여기서 멋지게 턴어라운드하여, 실적을 V자 회복시킨 것은 사업가로서의 손정의의 얼굴이다.

한편, 2000년에 알리바바에 20억 엔을 투자하여 2014년 뉴욕 증권시장 상장으로 8조 엔의 이익을 얻었다. 4000배의 이익을 얻은 것은 투자가로서의 손정의의 얼굴이다.

기본은 바이 앤 홀드. 알리바바 주는 2016년 초에 일부 매각했다. 주주로서 장기의 좋은 관계를 만들어 간다고 하는 것이 손정의의 투자 수법이다.

내가 마쓰시타 정경숙 숙장이었을 때, 세이부西武철도 그룹에서 연수한 적이 있다. 그 이야기를 손정의에게 하다가 오너인 쓰쓰미 요시아키堤義明 이야기가 나왔다. 그는 손정의와 교유 관계가 있는 사람이다.

소프트뱅크라는 조직의 비즈니스 모델은 철도 회사와 비슷하다. 철도 회사는 레일을 까는 데 대규모 투자가 필요하다. 휴대폰 회사도 마찬가지로 기지국이라는 네트워트를 만드는 설치투자에 몇조 엔이 든다. 휴대폰 회사는 하이테크라고 생각하는데, 실은 투자의 90%는 안테나를 건설하는 토목업이다.

철도 회사는 운임으로, 휴대폰 회사는 통화료로 장기간에 걸쳐 막대한 투자를 회수해 간다. 현금이 안정적으로 들어오기 때문에, 금융에 대해 신용도가 있는 것도 닮았다.

그 신용을 살려서, 철도 회사는 택지개발 등 부동산 투자나 관광 개발을 한다. 세이부철도 그룹은 전국에 호텔을 시작했다. 구장, 유원지 등 도코로자와所沢의 도시 개발을 했다.

소프트뱅크는 인터넷 기업에 투자했다. 휴대폰 요금으로 현금이 안정적으로 들어오기 때문에, 바이 앤 홀드가 가능해진다. 알리바바에 투자한 것은 2000년. 이래 16년간, 아리바바 주를 계속 가지고 있었다.

알리바바 등 인터넷 기업에 투자한 금액은 누계 3,877억 엔. 홀드 기간은 평균 9.5년이다. 이것에 대해서 누계 리턴(수익액)은 약 30배인 11조 6,699억 엔에 이른다. IRR(내부수익률)은 45%나 되었다.

"소프트뱅크는 황금알이 아니라, 황금알을 낳는 거위다"라고 손정의가 말하는 것도 그 때문이다.

이것을 아로라는 '취미적인 투자'라고 거리낌 없이 말했고 손정의도 이것을 인정했다. 이런 모습이 손정의의 대인배다운 점이다.

"나는 투자한 주식을 보유하고 싶다는 기분이 강합니다. 파는 걸 잘 못해요. 성공한 적도 있었지만 실패한 적도 많습니다. 니케쉬에게 자산을 현금화하는 것의 중요함을 배웠습니다. 덕분에 (보유주의 매각으로) 약 2조 엔의 현금을 단 한 달 만에 수중에 넣을 수 있었습니다. 일본의 비즈니스 역사에서도 예가 없지 않을까요."

이렇게는 말하지만 투자가로서 손정의의 사회철학은 '정보혁명의 동지로서 오랫동안 좋은 관계를 만드는' 바이 앤 홀드가 아닌가 싶다.

소프트뱅크는 소프트뱅크그룹이라는 지주회사 아래, 소프트뱅크(휴대폰 사업, 구 소프트모바일), 야후, 스프린트 등의 사업 회사가 늘어서 있다.

손정의는 지주회사의 사장이다. 각각의 사업에 관해서는 현장의 책임자에게 맡기고, 자신은 사업 회사의 사장과 장기적인 전략에 대해서 이야기를 나눈다.

지주회사 자체의 스텝은 내가 사장실 실장이었을 때 200명도 되지 않았다. 지주회사의 부장급이, 사업회사에 가면 상무 집행 임원이 된다.

손정의로서는 이 지주회사의 스텝을 종횡무진 사용하여, 소프트뱅크그룹 전체를 통괄, 경영한다.

인수 등의 투자 안건을 손정의의 호령이 떨어지자마자 검토하는 것도 지주회사의 스텝이다.

지주회사의 장점은 신규 사업을 시작하기 쉽고 타 기업을 인수하기 쉬우며 전략적인 행동을 할 수 있다는 것이다. 게다가 세금을 절약할 수 있는 효과도 있지만, 역시 손정의의 번뜩임에 의한 결단을 스피드감을 가지고 실현할 수 있는 것이 최대의 메리트이다. 무엇보다도 사업가와 투자가의 양면을 갖는 손정의의 힘을 충분히 발휘할 수 있는 조직형태인 것이다.

사업가의 강인함을 가진 투자가이자, 투자가의 강인함을 가진 사업

가. 손정의2.0도 이 양면은 더욱 상승효과를 초래하면서 위력을 더해
갈 것은 확실하다.

말이 나온 김에 하나 더. 지주회사의 부장급은 손정의가 직접 전화
를 한다. 모두 경칭 없이 성으로 불렀는데, 경리를 담당한 여성 부장만
은 '짱(친밀감을 나타내는 호칭—역자 주)'자를 붙여서 불렀다. 여성 비서에
게도 "○○짱, 시마 씨 불러줘"라는 식으로 말이다. 여성에게 친절하
다. 그런 부분에서 사업가와 투자가 이외의 인격이 느껴졌다.

=== **잡스형으로 — 손정의2.0 신사장의 모습**

"목표가 너무 낮은 거 아닌가? 평범한 인생에 만족하고 있는 거 아
니야?"

손정의의 그런 말을 들을 때마다 사업가로서의 자신에게 아직 만족
하고 있지 않군, 하고 생각하게 된다. 목표는 스티브 잡스인 것이다.

"스티브 잡스의 대단한 점은 세 번이나 사람들의 라이프스타일을 바
꿨다는 점이다"라고 손정의는 존경을 담아 말했다.

잡스는 맥킨토시로 컴퓨터의 개념을 바꿨다. 아이팟은 음악을 즐기
는 법을 바꿨다. 그리고 아이폰으로 스마트폰 혁명을 일으켜 전세계
에서 지금도 진행 중이다.

손정의는 2006년, 보다폰을 인수하고 비약적으로 성장하여 2014년
에는 전체 매출액으로 NTT도코모를 제쳤다.

그 성공의 이유가 스티브 잡스와 손정의 자신이 직접 교섭하여, 일

본에서의 아이폰 독점 판매권을 얻은 것에 있다는 것은 본인이 가장 잘 알고 있다.

그렇지만 손정의는 자신에 대해 혁명을 일으킨 '혁명가'가 아니라, 아이폰을 파는 휴대폰 회사의 '매니저'에 지나지 않는다고 생각하고 있지 않을까. 그런 불만이 있었기에 IoT로 세상을 바꾸고 싶다, 자신도 라이프스타일을 바꾸는 입장에 서고 싶다, 고 생각하여 암홀딩스를 인수했을 것이다.

그런데, 손정의가 스티브 잡스와 빌 게이츠를 평가한 적이 있다.

"모차르트의 영화를 봤는데, 살아 있을 때에 모차르트보다 유명했던 라이벌이 있었지요. 누구였더라."

손정의는 일에 유용한 정보 외에는 그다지 기억하지 않는다. 검색하면 즉시 나온다고 생각하고 있다.

"살리에리 말씀인가요?"

"그래, 그래 살리에리. 나는 빌 게이츠가 살리에리이고, 스티브 잡스가 모차르트라고 생각해."

앞에서 말했듯이, 손정의는 '그림이 팔리지 않는 화가'가 되고 싶었다. 모차르트는 살아 있는 동안 팔리지 않았다. 천재는 그 시대에 이해받지 못한다는 말일 것이다. 잡스의 대단한 점은 라이프스타일을 바꿀 정도의 제품을 만들었는데 그것이 폭발적으로 팔린 점에 있다. 그 점이 손정의가 이상으로 삼는 점일 것이다.

"나는 아직 하고 싶은 일, 해야 할 일의 백분의 일도 이루지 못했어. 아직 스타트 라인에 서 있는 느낌이야."

그리고 손정의는 지금 암홀딩스를 인수하는 것에 의해 미지의 영역에 발을 내딛고, 과거와 다른 세계를 창조할 '무기'를 손에 넣었다. 그리고 스티브 잡스형의, 라이프스타일을 바꿀 '손정의2.0'을 향한 도전이 시작된 것이다. 즉 '혁신으로 세계를 바꿀 사업가'를 목표로 도전이 시작된 것이다.

암홀딩스의 반도체 설계는 세계의 스마트폰의 95%에 사용되고 있다. 그리고 스마트폰 혁명의 당사자였던 손정의에게 있어서는 이미 성숙화된 시장이다.

손정의2.0이 암홀딩스에 착목한 것은 스마트폰 때문이 아니다.

로봇, 자동운전차, 증강현실AR, 게임 등 라이프스타일을 바꿀 여러 가지 기기에, 소프트뱅크의 기술과 그래픽스(설계)를 조합하여, 손정의가 생각하는 '미래를 창조'한다. 그것이 암홀딩스에 착목한 이유이다.

"자동차 자체가 로봇이 된다. 로봇인 자동차가 하늘을 날거나, 바다에 잠수하거나 한다."

손정의는 전기 자동차 업체인 테슬라 모터즈 CEO 머스트와도 친분이 있다. 어쩌면 손정의는 앞으로 '미래의 자동차'에 도전할지도 모른다. 혹은 '자연 에너지'를 더욱 개발할지도 모른다. 또는, 스마트폰 혁명의 다음에 올 'VR(가상 현실)/AR 퍼스트' 시대를 개척할지도 모른다.

"꿈과 낭만과 목숨을 걸겠다."

손정의1.0은 '뜻'을 중시한 경영을 해왔다. 그리고 손정의2.0은 미지의 영역에 발을 내딛고, 과거와 다른 세계를 창조할 '꿈'을 목표로 하고 있는 것이다.

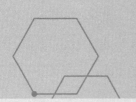

제3장

손정의2.0
세계 제국을 향한 야망

손정의2.0이 목표로 하는 미래의 소프트뱅크. 그 커다란 목표로부터 뺄셈 방식으로 봐가면, 앞으로 해야 할 일이 보인다. 그 제1 조건은 소프트뱅크가 세계 제국을 이뤄서 압도적인 존재감을 보이는 기업이 되어야만 한다는 것이다. 이를 위해서는 세 가지 조건이 있다. 첫째 미국에 교두보를 가질 것. 둘째 인도, 중국을 제패할 것. 셋째 플랫폼을 가질 것. 이 세 가지 조건을 만족시키는 것이, 앞으로 이뤄야 할 과제이다.

혁신을 중시한 경제학자, 슘페터. 손정의는 명백히 슘페터가 말하는, 혁신을 일으킬 '기업가'이다.

슘페터는 기업가를 움직이는 것은 '세계 제국을 건설하려는 몽상과 의지'라고 한다. 손정의만큼 진지하게 '세계 제국'을 생각하는 사람은 일본에는 없을 것이다.

"록펠러는 어떻게 자동차 시대의 세계를 제패했는가? 세계의 석유를 장악했기 때문이다."

본업인 통신 사업이 아닌, 에너지 사업에 관한 미팅에서 손정의가 한 발언이다. 나와 사장실 스텝밖에 없었기 때문에 그만 나온 말일 것이다.

"회사는 300년 정도 계속되어야만 합니다."

손정의의 꿈은 자신의 사후에도 회사가 생명체로서 성장하는 '300년 계속되는 기업을 만드는 것'이다.

"살기 위하여 자기 증식과 자기 진화를 반복하는 거지요."

소프트뱅크는 2013년, 휴대폰 시장의 정체가 예상되는 일본에서 미국 시장으로 자기 증식하여 미국 휴대폰 3위인 스프린트를 인수했다.

미국에 진출한 이유를 두 가지로 생각할 수 있다. 하나는 처음으로 미국에 건너갔을 때의 감격일 것이다.

"미국에 갔을 때 깜짝 놀랐어. 하여간, 전부 외제차였어(웃음)."

그리고 또 하나는 세계 넘버원이 되고자 하지 않으면 '남자가 아니다'라고 생각했기 때문일 것이다.

처음 미국에 건너간 이래, 야후에 대한 투자부터 보다폰 인수, 그 후 '거인' NTT 도코모와의 싸움, 그리고 스프린트를 인수하여 다시 미국으로 돌아왔다. 미국 사람들은 자신들의 아메리칸 드림에 겹쳐 보며 '희한한 아시아의 인수왕'을 환영해 주었다.

손정의에게 있어서도 현대 사회에 있어서도, 여전히 세계 제일은 미국. 세계 제일이 되기 위해서 미국진출은 피해 갈 수 없는 안건인 것이다. 그리고 '제일의 고향'이라고 부르기를 꺼리지 않는, 자신의 인생을 정해준 미국에 개선하고 싶다는 생각도 적지 않을 것이다. 세국 제국으로의 첫 번째 발걸음. 손정의에게 있어서 그것은, 미국에 교두보를 만들기 위해 도전하는 것이다.

미국에서는 금융 시스템과 시장 원리에 정통하고, 기회를 보아 인수합병으로 성공한 경영인이 인기가 있다.

일본에서는 그다지 유명하지 않지만, 오라클의 래리 앨리슨이나 AT&T의 전 회장인 에드워드 휘태커, 그리고 스프린트 인수에서 손정의와 싸운 위성방송사업자 디쉬 네트워크의 찰리 에르겐 등이, M&A형 경영인의 대표자들이다. 한편, "M&A에 관해서 우리들은 나이브

naive하지 않아요. M&A는 싸우지 않고 이기는 외교술입니다."

이렇게 단언하는 것처럼, 일본에서의 원조 M&A형 경영인은 말할 것도 없이 손정의이다. 1990년대부터 이미 일본에서 M&A 수법을 구사하고 있었다.

『손자孫子』의 『모공편謀攻篇』에서는 '필이전쟁어천하必以全爭於天下'가 있다. 상대를 해하지 않고, 상처 없이 상대를 끌어들여, 천하의 패권을 쟁취한다는 의미이다.

휴대폰사업이라는 새로운 사업에 참가하는 경우, 제로에서 시작하면 엄청난 시간과 노력이 필요하다. 그렇지만 레버리지 경영으로 인한 자금력에 의하여 기존의 기업을 사버리면, 초반 싸움 없이 업계의 일각을 점할 수가 있다.

"한 마디로 말하면, 시간을 사는 것입니다."

2006년, 보다폰 인수에 의해, 1,520만 명의 이용자와, 인구 커버율 99.93%의 네트워크가 단번에 손에 들어온 것이다. 그리고 경영 악화에 시달리던 보다폰 일본 법인을 보기 좋게 턴어라운드시켰다. 최대의 무기는 스티브 잡스에게 권리를 얻은 '아이폰'의 국내 독점 판매. 더욱이 2006년 10월부터 시작된 같은 전화번호로 휴대폰 회사를 바꿀 수 있는 번호이동성 제도를 화이트 플랜(월 기본요금 980엔에 오전 1시부터 오후 9시까지는 소프트뱅크 가입자끼리는 통화 무료, 그 외의 시간대는 30초당 21엔, 타사 이용자에게 거는 통화료도 30초당 21엔을 부과하는 요금제—역자 주) 등 철저한 염가 플랜과 조합하여 NTT 도코모와 KDDI로부터 고객을 빼오는 데 성공하여 성장했다. 소프트뱅크 모바일, 이동체 통신 사업 경영이익은 2007년 3월기 1,557억 엔에서 2013년 3월기에는 4,678억 엔으로 약 3배 증가했다.

이 경험이 손정의가 미국 진출에 자신을 갖는 이유이다.

그렇지만 미국에서는 경쟁 상대도 아이폰을 취급하고 있다. 소프트뱅크가 특별히 우위에 설 만한 것이 없어 '이기는 체제'가 되지 않았다. 그렇지만 손정의는 자신만만했다.

"네트워크 정비는 2년 내에 따라 잡겠어"

언제나처럼 시한을 정했다.

실리콘밸리에 오피스빌딩을 두 채 빌렸다. 소프트뱅크와 스프린트의 기술자를 모으는 외에, 현지 채용도 진행하여 1,000명 규모의 사무실을 열었다.

최신 인터넷 서비스 기술을 도입하고, 새로운 서비스와 요금 체계 등 타사와 다른 시점으로 도전했다. 자신 있는 M&A 후의 턴어라운드를 향해 착착 진행했다.

스프린트 인수에 의한 미국 진출에 대해 워싱턴의 친구가 '손정의는 훌륭한 스토리텔러'라고 평가했다. 손정의는 미국에서도 일본과 마찬가지로 '인기' 있는 '카리스마 사장'이 될 것이라고 여겨졌다.

===== **2단 로켓 방식에 의한 미국 진출**

창조의 기쁨을 가지고 혁신에 의해 리이프스타일을 바꿔가는 신사장新社長은 일본에 별로 없다.

창조의 기쁨을 추구하는 '신사장' 타입은 애플의 스티브 잡스, 마이크로소프트의 빌 게이츠, 아마존닷컴의 제프 베조스, 구글의 래리 페이지, 페이스북의 마크 저커버그 등이 있다.

그들은 미래 창조형 경영자이다. '미래를 예견하는 최고의 방법은, 미래를 창조하는 것이다'라고 생각한다. 공통되는 점은, 치밀한 경영 능력과 창조성을 함께 지녔다는 점이다.

손정의2.0도 그것을 목표로 한다. 그러나 손정의는 일찍이 미래창조형 경영자와 다른 경영 철학을 가지고 있었다.

"자신이 열심히, 오랜 시간을 들여 연구하고 발명에 도전하는 녀석은 어리석기 짝이 없다. 발명할 수 없다면 사면 된다."

손정의는 전에 성장을 제일 중요시했다. NTT도코모가 그룹의 일체성을 주장할 때, 정보 통신 기술 연구 개발을 위한 연구소를 가지고 있다는 것을 강조했다. 그것을 의식한 발언이기도 하다.

세계 제국을 만들기 위해서는 세계에서 이기기 위한 최첨단 테크놀로지가 필요하다. 이것이 생산성을 향상시킨다. 생산성 향상을 실현하기 위해서는 정보로 무장할 필요가 있다.

그렇다면, 최첨단 기기를 자신이 발명해야만 하는가?

그렇게 하지 않아도 세계 제국을 만들 수 있다.

오다 노부나가織田信長가 철포를 발명한 것이 아니다. 노부나가가 천하를 손에 넣은 것은 자신이 철포를 발명했기 때문이 아니라, 이미 발명된 세계에서 가장 진보된 문명의 이기를, 가장 빨리 최대한 활용했기 때문이다. 그렇게 해서 천하를 손에 넣은 것이다.

"자신이 애플이 아니어도, 자신이 스티브 잡스가 아니어도, 자신이 마크 저커버그가 아니어도, 그것들을 발명하지 않았다고 해도, 발명된 세계 최첨단 기술을 사면 됩니다. 제일 먼저!"

'발명할 수 없다면 사면 된다'라는 경영철학. 어디까지, 손정의1.0 때의 것이지만, 이것이야말로, 손정의가 비약적으로 성장할 수 있었던 이유 중 하나이다.

단번에 '신사장'까지 갈 필요는 없다. 우선은 비약을 위한 무기를 취한다. 그리고 성장을 거듭한 후, 미래를 창조하는 암홀딩스 같은 무기를 취한다는 2단계 로켓방식도 현실적이고, 현명한 방책이다.

===== **부재중 전화 '손', '손', '손'**

미국에 교두보를 구축하기 위하여, 우선 스프린트를 인수했다. 두 번째 단계로 T모바일을 인수하고자 했다. 그러나 여기서 손정의는 커다란 위기에 봉착하게 된다. 그리고 많은 것을 배웠다.

2014년 2월 2일. 워싱턴 달라스 공항에서 나리타 공항에 도착한 나는, 휴대폰 전원을 켰다. 화면에는 부재중 전화가 잔뜩. '손', '손', '손'이라고 찍혀 있었다.

워싱턴 공항에서 나는 손정의에게 메일을 보냈는데, 그걸 읽고 나서 연락한 것이 분명했다. 그렇지만 내가 탄 것은 자가용 제트기가 아니라, ANA 직행편. 비행기 안에서는 전화가 안 된다는 것을 알고 있을 터였다.

그럼에도 몇 번이나 전화를 걸어온 것에, 손정의의 놀라움을 느낄 수 있었다.

미국 휴대폰 3위의 스프린트를 인수한 지 얼마 안 된 소프트뱅크였지만, 손정의의 '세계 제국을 건설'하고자 하는 꿈의 첫 번째 조건은 아직 충족되지 않았다. 다음 목표는 동종 업계 4위인 T모바일이었다.

미국 통신 산업은, 버라이즌, AT&T가 각각 30%, 소프트뱅크가 인수한 스프린트가 16%, T모바일이 약 10%였다.

휴대폰 사업은 'Everything is scale'(규모가 모든 것)이기 때문에, 스프린트와 T모바일을 합하면 26%가 되어, 점유율 30%의 상위 2개 사와 호각지세互角之勢의 경합을 벌일 수 있다. 즉, 미국에 교두보를 구축할 수 있다.

더욱이, T모바일 인수에 성공하면 소프트뱅크는 매출액에서 세계 2위의 통신 그룹으로 부상한다. 손정의의 '세계 제국 건설'은 단번에 진척되는 것이다.

그렇지만, 앞에는 벽이 가로놓여 있었다. 벽은 바로 통신업계에서 독점을 염려한 미사법성과 미연방통신위원회FCC이다.

나는 이 무렵부터, 슬슬 사장실 실장을 퇴임해야만 한다고 생각하고 있었다. 소프트뱅크라는 일본 회사가, 미국 회사를 인수하는 것이기 때문에 스프린트는 내가 섭외를 담당하는 일본 정부와도 관계가 있었다. 그러나 이번에는 스프린트라는 미국 회사가, T모바일이라는 미국 회사를 인수하는 것이다. 교섭은 미국의 변호사, 로비스트, PR회사가 중심이 된다. 내가 나설 자리가 없다.

다만 지금까지의 인맥을 활용하여, 조금이라도 도움이 되었으면 하는 생각에 워싱턴에 왔다. 미국에는 국무부에 ICT(정보통신기술) 대사라는 직이 있다. 정보통신은 안전보장에 있어서도 중요하기 때문에, 일본의 외무성에 해당하는 국무부가 총괄하고 있는 것이다. 거기서 세풀베다 ICT 대사에게, 스프린트의 T모바일 인수에 대해 들어 보았다.

"일본은 미국의 동맹국이에요. T모바일의 주주는 도이치 텔레콤. 독일도 동맹국입니다. 2월 3일에 손정의 사장이 FCC의 톰 휠러 씨를 만난다는 사실은 들어서 알고 있지만, 이 거래는 어렵습니다."

국무부는 손정의가 FCC 간부와 만난다는 것도 알고 있었다.

소프트뱅크의 T모바일 인수는 어렵다는 사실을 나에게 전해, 나를 쇼크 업소버shock absorber(완충장치—역자 주)로 사용할 생각이구나, 하고 생각했다.

달라스 공항에 도착하여 손정의에게 'T모바일 인수에 대한 정부 승인은 어렵다'라는 메일을 보낸 후 비행기에 몸을 실었다.

앞에서 말한 손정의의 리액션은 이 메일에 대한 것이다. 손정의는 미국 팀으로부터는 '살 수 있다'는 보고를 받았다. 그런데 나에게는 반대 메일이 왔으니 적잖이 놀란 것은 분명하다.

═══ 오바마 대통령에게 직소하다

세풀베다 ICT 대사로부터 스프린트가 T모바일을 인수하기 '어렵다'라는 이야기를 들었다고 손정의에게 메일을 보내고 귀국한 후, 대량의 부재중 전화에 재촉당한 듯, 나리타 공항에서 차에 타자마자 손정의에게 전화를 했다. 그렇지만 받지 않았다. 이번에는 비서과장에게 전화를 했다.

"아, 시마 씨, 미국 출장, 수고 많으셨어요. 사장님이, 오바마 대통령을 만나고 싶어 하셔서, 캐롤라인 케네디 대사에게 부탁하고 싶다는 이야기였어요. 시마 씨가 이동 중이었기 때문에, 경영전략실 실장님께 부탁하여, 대사에게는 연락을 취했어요."

나에게 T모바일 인수는 어렵다는 연락을 받은 손정의는 "그렇다면 대통령에게 직소하겠다"라는 말을 꺼낸 것이다. 국무부 ICT대사가 '어렵다'고 한 말을 뒤엎을 수 있는 사람은 대통령밖에 없다. 포기하지 않는 점이 대단하다……. 손정의의 집착심과 행동력에 나는 놀라지 않을 수 없었다.

이때부터 약 1년 정도 거슬러 올라간 2013년 3월 15일, 워싱턴 포시즌스 호텔. 스프린트 인수 때 손정의와 이야기하던 일이 생각났다.

"오바마 대통령을 한 번 만나두는 편이 좋을 거예요."

"그래. 구글의 에릭 슈미트가 언제든지 소개해 준다고 말했어요."

구글 CEO, 에릭 슈미트는 오바마 대통령 첫 당선의 공로자이자 과학 기술 고문 위원의 한 사람으로 대통령의 어드바이저이기도 하다. 내가 손을 쓰려 했지만, 손정의가 자신이 하겠다는 듯이 말했기 때문에, 강하게 진언하지는 않았다. 지금 생각하니, 그때 오바마 대통령을 만나 두었으면 좋았을 걸 싶다.

드러커는 톱 매니지먼트의 역할로 다음의 6가지를 들었다.

① 사업의 목적을 생각한다. 그 목적으로부터 목표를 설정, 전략 계획을 작성, 의사결정을 한다.

② 기준을 설정하는 역할이 있다. 비전과 가치기준을 정한다.

③ 조직을 만들고, 그것을 유지하는 역할이 있다. 조직 전체의 정신, 조직 구조를 설계한다.

④ 관계 유지와 섭외의 역할이 있다. 특히 정부기관과의 관계 유지에 신경을 써야 한다.

⑤ 행사나 저녁 만찬에 출석하는 등의 의례적 역할.

⑥ 중대한 위기에 직접 나서서 문제에 대처하는 위기관리.

내가 사장으로서 손 사장과 역할분담을 해온 것은 ④의 섭외이다. 여기에 더해 손 사장의 홍보이다.

2001년 막 ADSL사업을 시작했을 무렵이다. 다크 파이버dark fiber(설치는 되었지만 현재 사용되지 않고 있는 광섬유 인프라—역자 주)를 빌리려 해도 NTT도 총무성도 이 핑계 저 핑계로 결말이 나지 않았다.

그래서 손정의는 총무성의 담당부국에 쳐들어갔다.

"고객들을 이 이상 기다리게 하는 것은 죽기보다 괴롭다. 그러니 라이터를 빌려 달라. 여기서 가솔린을 뒤집어쓰고 죽을 테니."

이런 말을 진지하게 하자, 없던 다크 파이버가 나왔다고 한다. 이 성공담으로부터, 소프트뱅크는 '위기 상황이 오면, 사장님을 총무성 책상을 두드리러 보내야 한다'는 풍조가 생겼다.

이 손 사장의 돌파력에는 경의를 표한다. 그러나 내가 사장실 실장이 되고부터는 책상을 두드리러 가기보다는 경영에 전념하고, 정치·경제의 섭외 활동은 내가 담당하는 편이 좋다고 생각하며 지내왔다.

그 사장실 실장을 '임무가 끝났다'고 자각하여 2014년 3월에는 퇴임한 후 소프트뱅크 고문, 소프트뱅크 모바일, 소프트뱅크 텔레콤, 소프트뱅크 BB의 특별 고문으로의 취임이 정해져 있었다. 미국 팀도 자신들끼리 한다는 분위기였고, 후임도 거의 결정되었기 때문에, T모바일 안건은 맡기기로 했다. 미국 팀으로부터도 'T모바일 인수의 정부 승인은 그럭저럭 얻을 수 있을 것 같다'라는 보고가 있었기 때문이다.

마무리가 허술했다……지금에 와서 반성하고 있다.

그런데, 오바마 대통령과는 스프린트를 통해 만나기는 한 모양이다. 손정의는 스프린트가 IT교육 분야에서 미국정부에 협력할 것이라고 발표하고, 오바마 대통령과 함께 기자회견에 출석했다. 그러나 오바마 대통령으로부터 정작 중요한 'T모바일 인수 후원'이라는 약속은 받지 못했다.

미국 대통령에게 직접 하소하는 행동력에는 감복했다. 그러나 이런 종류의 일은 우선 톱을 잡는 것이 중요하다. 그러나 실현하지 못했다.

===== 미국 여론에 호소하다

소프트뱅크의 'T모바일 인수 계획'은 일본과 미국에서 커다란 주목을 받았다. 2014년 2월 3일에 손정의와 스프린트의 단 헤세 CEO가,

FCC를 방문해서 인수 가능성을 타진했다.

그러나 FCC의 톰 휠러 위원장은 강한 거부 반응을 보였다. '이 거래는 어렵다'는 나의 정보대로였다. 미국 내에서 'T모바일 인수는 없다'라는 관측이 퍼졌다. 오바마 대통령에게 직접 호소했음에도 실패로 끝나고 말았다. 보통의 경우는 여기서 철수한다. 그러나, 손정의는 아직 물러서지 않았다.

손정의는 미국 수도 워싱턴을 방문했다. 워싱턴을 방문한 목적은, T모바일 인수를 위한 지지여론 만들기였다. 미국 정치만큼 여론의 영향을 받는 곳은 없다. 자신의 주장을 어필할 수 있는 곳에 적극적으로 얼굴을 비췄다.

워싱턴 상공회의소에서 강연회를 열기도 하고 PBS(미공영방송)의 찰리 로즈가 사회를 보는 토크 방송에도 출연했다. 손정의류流의 프레젠테이션이 전개되었다.

손 "모바일 인터넷은 21세기의 가장 중요한 인프라입니다. 나는 그것을 분명히 압니다. 그러나 미국은 LTE속도 조사에서 16개의 나라 중에서 15위입니다. 미국이 유일하게 이긴 나라는 필리핀뿐입니다."

<u>로즈</u> "필리핀 뿐? 한국에도 일본에도 졌다고?"

처음에는 그런 나라에도 졌나, 싶은 생각이 들게 만드는 것이 손정의류이다. 자연에너지 때는 "발송전發送電 분리가 되지 않은 나라는

멕시코와 일본뿐"이라고 말했다. 한편 칭찬하는 것도 잊지 않았다.

> 손 "21세기의 가장 중요한 인프라인데, 미국이 그렇게 뒤처져서
> 되겠습니까? 미국은 20세기에는 거의 모든 인프라, 자동차,
> 전기, 텔레비전 등에서 세계 1위였습니다."

그리고 "AT&T과 버라이즌, 상위 두 회사의 과점에 의한 폐해가 나
오고 있다"고 설명한 후 본론으로 들어갔다.

> 손 "우리들에게는 어느 정도의 스케일 메리트scale merit(대량 생산,
> 대량 매입 등 규모의 크기에 따른 이점—역자 주)가 필요합니다. 일단
> 그 규모에 달하면, 3사의 헤비급 싸움이 될 것입니다. 겉모양
> 뿐만 아니라, 진정한 싸움을 하고 싶습니다. 만약 3번째가 된
> 다면, 철저한 가격경쟁, 기술경쟁을 하게 될 것입니다."

규제 당국이 말을 들어주지 않으면 직접 국민에게 호소한다. 이것은
내가 사장실 실장으로 손정의와 함께 만들어낸 전략이었다.

이미 고문이 되어, 당사자가 아니었던 나는 실은 걱정하고 있었다.
손정의는 정치교섭을 잘하지 못한다.

일본에서는 자신이 연설을 한 후 크게 흐름이 바뀐 적이 있다. 그래
서 '자신이 연설을 하면 크게 흐름이 변한다'라고 생각하는 부분이 있
다. 그러나 실제는 나를 포함하여, 사장실 스텝이 주도면밀하게 사전

공작을 하여, 마지막에 손정의를 출현하도록 한 것이 현실이다.

정치 교섭은 손정의의 유일한 약점이다. 그리고 내가 걱정한 대로 T모바일 인수는 정부 담당에게 승낙을 얻지 못했다.

"구글의 에릭 슈미트 CEO와 이야기했는데, 'AT&T는 로비하는 데 지나치게 돈을 많이 쓴다'라고 말했다. 소프트뱅크는 당당하게 논리적으로 호소하면 된다."

그러나 한편으로, 의원 시절부터 친분이 있는 워싱턴 싱크탱크의 톱이 말했다.

"처음에 구글은 워싱턴을 경시하여 아무것도 하지 않았다. 그러나 요즘 공부하여, 다른 기업과 같은 행동을 취하게 되었다."

손정의는 순순히 자신의 잘못을 인정하고, 다른 사람의 좋은 점이 있으면 즉시 받아들이는 사람이다. 또, 모르는 것은 질문한다. T모바일 인수 실패의 결과로서 손정의는 그 후 로비하는 데 힘을 쏟게 되었다.

암홀딩스 때에는 발 빠르게 영국의 메이 총리를 만났다. 메이 총리는 당초, 국내에서의 고용을 위협한다며 외국 기업에 의한 인수에 진중한 입장을 보이고 있었다. 그러나 2016년 7월 25일 손정의의 방문을 받았을 때에는, 'EU 탈퇴로 흔들리는 영국의 다른 기업에게도 안심감을 준다'는 이유로 인수를 환영하며, 유연하게 외국 자본을 받아들일 자세를 보였다.

T모바일을 인수하지 못했기 때문에 '미국에 교두보를 구축하는 작전'은 현재도 진행 중이다. 소프트뱅크가 항상 이기기만 하는 것은 아니다. 다만 그 실패를 실패로 끝내지 않고, 다른 도전의 성공의 밑거름

으로 삼는 점이 손정의의 대단함이다.

2014년 8월 6일, 소프트뱅크그룹 결산 회장. 손정의는 이렇게 말했다.

"마음이 들뜨고 기뻐서 견딜 수가 없다."

이유는 고전이 예견되었던 '스프린트' 사업 반전 공세의 설계도가 보였기 때문이라고 한다.

결국 T모바일은 미국 당국으로부터 승인을 받지 못하여, 인수를 단념했다.

"자신을 잃고, 스프린트를 포기할 각오까지 했다. 솔직히, 의기소침해 있었다."

'병은 마음에서부터'라고 하는데, 요즘 손정의는 의기소침한 탓인지, '감기에 걸려서'라는 변명을 하는 일이 많고, 기운이 없었다.

그러나 여기서 끝나지 않는 것이 손정의다. 남보다 빨리 도전하고, 남보다 빨리 실패하며, 남보다 빨리 부활한다. 사장이 끙끙 고민하고 있어도 일이 해결되지 않는다. '허세'라는 말을 듣든 말든 톱이 활기찬 모습을 보이는 것이 중요하다.

미국 통신사정은 상위 4개의 회사 모두, 특히 도시부에서의 네트워크 환경이 나쁘다. 그 점을 노렸다.

"(연결되는 네트워크를 찾는) 풍차가 빙글빙글 돌고 있는 상황이 계속 되어, 무서울 정도로 연결되기 어렵다"라고 모습이 상상이 되도록 말했다. 즉 '네트워크의 품질향상'이 미국에서의 KFS(성공의 열쇠)이자, 그 방법으로 소프트뱅크 모바일에서 기른 노하우를 사용할 수 있다고 했다.

"아무리 설명해도 이해하지 못하고 결국, 소프트뱅크 모바일에서는 연결되기 어려운 전파밖에 허가를 받지 못했다. 그 상황에서 어떻게 해서든지 접속률을 올리려는 여러 가지 궁리를 했다. 그것이 3년 정도 전에 연결되기 쉬운 900메가헤르츠·플라티나 밴드의 허가를 얻은 후 노력이 단번에 꽃을 피웠다. 그 노하우를 스프린트에 가지고 간다. 적은 설비투자로 접속률을 넘버원으로 만들겠다."

늘 넘버원을 좋아하는 손정의이다. 그리고 위기 때는 솔선수범하여 스스로 '네트워크 최고경영자Chief Network Officer'로서 허가를 얻기 위해 관여했다.

스프린트 재건을 위한 싸움은 여전히 계속되고 있다.

"끝까지 해내는 것. 그것이 성공을 위한 지름길."

손정의는 지금도 매일 밤 10시부터 네트워크 최고경영자로서 미국 스프린트의 전화 회의에 참여한다.

전에는 심야까지 계속되는 회의도 자주 있었다. 특히, 금요일에 있는 회의는 '네버 엔딩 스토리'라고 불렸는데, 밤 12시를 넘는 경우도 자주 있었다.

아무리 회의의 결론이 나지 않고 어수선한 가운데 있어도 손정의의 마지막 말은 정해져 있었다.

"좋아. 이제 보이는군."

늘어앉아 있는 간부들도 뭐가 어떻게 보였는지 모른다. 그러나, 손정의에게 "좋아, 이제 보이는군"이라는 말을 들으면, 정말로 장래의 전망이 밝아지는 것 같았다.

아마도 스프린트의 전화 회의에서도 틀림없이 "좋아, 이제 보이는군"이라고 말할 것이다.

===== **발 빠르게 인도에 착목**

'손정의의 흥미는 2년마다 바뀐다'가 시마 이론이다. 그렇다, 아로라에 대한 흥미도 2년이었다.

나는 사장실 실장으로 약 8년. 그동안 테마가 4개 있었다. 보다폰 인수와 턴어라운드. NTT 분리분할을 촉구하는 '빛의 길' 구상. 자연에너지에 참가. 그리고 스프린트 인수이다.

손정의는 자주 '금방 싫증을 낸다'라는 말을 듣는데, 나는 그렇지 않다고 생각한다. 손정의가 좋아하는 것은 슘페터가 말하는 '신결합 = 이노베이션'으로, 새로운 혁신에 집중한다. 그동안 테마에 관계없는 회의에 참가하지 않고, 사람과도 만나지 않으며, 불필요한 외출도 하지 않는 엄청난 집중력으로 최대한 빨리 일을 마무리 짓는다.

그리고 혁신이 완성되어, 관리자에게 맡길 수 있는 단계가 되면 다음으로 넘어가는 것이다. 모든 정열을 기울여 하나의 일에 집중한다. 그리고 가능한 한 빨리 혁신을 마무리하고 나중은 다른 사람에게 맡긴 후 자신은 새로운 혁신에 임한다. 이것이 손정의의 방식이다.

덧붙여 말하면, 손정의는 과거를 그다지 돌아보지 않는다. 미래만을 보고 있기 때문이다. 실패했다고 해도 그것은 '매몰비용'이라고 생각한다.

2014년 10월, 손정의는 매일경제신문 인터뷰에서 다음과 같이 말했다.

> 손 사장은 이전 '머릿속은 미국이 90% 이상을 점하고 있다'고 말했는데 지금은 어떻습니까?
>
> **손** "(자회사인 미국 휴대폰 단말기 유통 업체의 브라이트 스타 CEO에서 옮겨온) 마르셀로 씨가, 훌륭하게 (자회사인 미국 휴대폰 3위의) 스프린트의 CEO로서 열심히 하고 있어요. 실제 경영은 가능한 한 그의 권한에 위임하여 경영하기 편하게 지원하는 입장입니다. 가장 잘 알고 있는 그에게 맡겨야 해요. 즉시 그가 활약하기 시작하자 업계도 반전하기 시작했습니다. 믿음직스럽게 생각하고 있어요. 나는 그 대신, 이번의 인도처럼, 인터넷 사업을 포함해서 전체를 조감할 수 있는 위치로 돌아왔습니다."

"업적이 부진한 곳을 재정비한다는 명목으로 인재와 자금을 투입하는 녀석은 바보. 성장이 확실한 곳에 인재와 자원을 투입해야 한다."

이것이 손정의의 경영 철학이다. 이 철학에 따라 생각하면 현재 손정의의 정열은 인도에 향하고 있다.

제1장에서도 말했듯이, 인도의 인구는 2029년에는 중국을 제치고

세계 제일이 될 것이라고 예측되고 있다. 더욱이 인구 피라미드에서 젊은 층이 많고 일본의 1950, 60년대 같은 인구보너스(전체 인구에서 차지하는 생산연령(15~64세) 비중이 증가, 노동력과 소비가 늘면서 경제성장을 이끌어 감—역자 주)를 생각할 수 있다.

"인도는 1인당 GDP가 10년 전의 중국과 같아졌다. 앞으로 폭발적으로 성장할 것이다."

2014년, 손정의뿐만 아니라 세계적 IT산업의 초거물 CEO가 차례로 인도에 진입했다. 모두, 미래를 예측했을 뿐만 아니라, 미래를 창조할 수 있는 사람들이다.

마이크로소프트 최고 경영자인 사티아 나델라 CEO는 9월 말 인도를 방문하여 2015년까지 인도 국내 3개소에 클라우드 컴퓨팅용(클라우드라는 인터넷 서버에서 데이터 저장과 처리, 네트워크, 콘텐츠 사용 등 IT 관련 서비스를 한 번에 제공하는 기술—역자 주) 데이터 센터를 설립하겠다고 표명했다.

9월 말에는 아마존 닷컴의 제프 베조스 CEO가 인도를 방문하여 인도의 인터넷 통신 사업에 20억 달러를 투자할 계획을 표명했다.

"인도 시장은 예상을 넘어 성장하고 있다"고 지적한 베조스 씨는 인도에서의 M&A 실시와 영화, TV 등 엔터테인먼트 사업의 진출과 드론(무인기)을 이용한 배달 등도 검토하고 있다고 표명했다.

손정의의 정보원은 세계의 CEO들이다. 미래를 만들 수 있는 사람들과 이야기를 나누기 때문에, 타임머신을 타고 가서 보고 온 듯한 예측도 당연하다고 하면 당연하다. 그리고 앞으로는 자신도 미래를 만들기 위하여 행동한다.

그럴 때, 니케쉬 아로라가 소프트뱅크가 미국에 설치한 소프트뱅크 인터넷 앤 미디어의 CEO로서 입사했다. 아로라와 손정의의 교섭은 2013년 말부터 계속되고 있다.

아로라는 당시 구글에 있으면서, T모바일 임원도 하고 있었다. 나도 손정의의 일이기 때문에 아로라에게 T모바일 인수의 촉진, 더 나아가, 실패하면 스프린트를 매각하는 일을 시킬 생각이 아닌가 하고 생각했다. 게다가 상대는 아로라가 있던 구글이 좋다. 구글은 미조리강 캔자스시티에서 초속 1기가비트의 고속 인터넷 서비스 '구글 파이버'를 실험적으로 개시하고 있었기 때문이다. 다만, 아로라는 그 당시 구글 내에서 그다지 영향력이 있는 것은 아니라고 들었다.

그것보다는 손정의의 목표는 아로라를 앞세워 인도에 들어가는 것이었을 터였다. 아로라가 구글을 그만두고 4주간의 휴가를 내서 인도에 체재하고 있을 때, 입사 전임에도 손정의는 인도까지 전화를 걸어 일을 의뢰했다고 한다. 입사 한 달 전부터 회의에 참가했던 나의 경험과 일치한다.

항상 미래를 보고 차례차례 혁신에 착수한다. 이 '전환의 빠름'이 손류 경영의 특징이다.

"어떻게 하면 미래 예측을 할 수 있는가?"라는 질문을 많이 받는다. 누구나 손정의처럼 세계적인 CEO를 만날 수 있는 것은 아니다. 그럴 때, 나는 "손정의의 행동을 보고 있으면 돼"라고 대답한다. 커다란 미래 예측은 물론이지만, 부동산 자산 등 트렌드를 읽으면 좋다. 예를 들어 2013년에 손정의는 긴자 티파니 빌딩을 300억 엔을 조금 더 주고 샀다. 당시는 이미 부동산이 너무 올랐다는 말이 있었지만, 그 후 더욱 상승했다.

주식은 어떤가? 손정의가 말하기를 "나는 3개월 후의 주가는 모르지만, 10년 후라면 안다"라고 했다. 10년 단위로 물가를 예측하고 생각하는 손정의의 진면목이 여기에서도 보인다.

══ 인도 수상과 직담판 —10년 동안 1조 엔 투자

손정의는 VIP와 직접 휴대폰으로 이야기하는 것을 좋아한다. 톱끼리 이야기를 하면 이야기가 빨리 진행된다는 것을 알고 있기 때문이다.

그때까지는 메일로 주고받는 것이 주류였다. 그러나 내가 사장실 실장이 된 이래, 전화 회의로 직접 이야기를 하면 리얼 타임으로 이야기가 진행된다. 스피드감感을 중시하는 손정의에게 가장 효율적인 것은 직접 전화하는 것이다.

어느 날, 소관 관저의 총무대신과 직접 이야기를 하고자, 휴대폰 번호를 알고 있는 나에게 전화를 해서 번호를 물었다. 비서관에게 가르쳐줘도 되냐고 물었더니 "소관 대신과 사업회사 사장이 빈번하게 직접 통화하는 것은 좋지 않다"고 말해서, 내가 총무대신에게 전화를 해서 손정의에게 건네는 형식을 취했다.

또 어느 때, 대신과의 전화 마지막에 "대신, 내 전화번호는 ○○○―XXX입니다"라고 직접 전했다. 이렇게 말하니 대신도 "내 전화번호는 시마 씨에게 물어 보세요"라고 한다. 손정의는 생글생글 웃으며 "좋아, 생각대로 됐어"라며 기뻐했다. 아마도 이런 느낌이었을 것이다. 손정의는 인도의 모디 수상과 휴대폰으로 이야기하는 사이이다.

손정의는 2015년 10월 27일, 모디 수상과 주요 대신을 만났다. 미국에서 오바마 대통령이라는 정치 톱을 제압하지 않았던 것의 반성은, 여기서 벌써 나타나고 있었다.

"27일에 수상과 주요 대신을 만났어. 그 가운데, 우리들은 앞으로 10년 동안 1조 엔을 투자할 마음이 있다, 인도는 그럴 만한 시장이다, 라고 전했지. 우선 이번은 합계 1,000억 엔 규모의 출자를 결정했어."

여기도 또한 "언제까지", "얼마"를 명확하게 하고 있다. 모디 수상의 요망도 언제나처럼 "보조금을 달라"등이 아니라, 인도의 모바일 인터넷의 인프라를 급속히 확대해 달라는 것이었다. 인프라가 없으면 인터넷 서비스는 하기 어렵다. 자동차의 하이웨이를 만드는 것이 중요한 것처럼, 인포메이션의 하이웨이도 마찬가지로 중요시해주길 바란다는 말이었다.

손정의의 인도에 대한 판단은 다음과 같다.

① 10년 전에 적극적으로 투자를 개시한 중국과 매우 비슷하다.
② 인터넷 인프라를 정비하지 않으면 투자하는 인터넷 회사가 급성장할 수 없다. 퍼스널 컴퓨터와 고정 통신 환경은 아직도 충분하지 않지만, 모바일 경유 인터넷은 급격히 성장한다.
③ 사용하는 단말은 스마트폰이나 태블릿(다기능 휴대단말). 싸고

고성능 단말이 많은 인도 유저에게 퍼질 타이밍이다.

즉 인도에서 스마트폰 혁명이 일어날 패러다임 시프트의 입구에서 투자했다고 할 수 있다.

나는 강연에 가거나, 학생들과 이야기하거나 하면 "앞으로 성장할 나라는 어디이고, 어느 나라에 가는 것이 좋습니까?"라는 질문을 받는다. 그때는 망설이지 않고 '인도'라고 대답한다.

소프트뱅크에도 인도인이 늘고 있다. 채식주의자도 있어서 못 먹는 것이 많기 때문에, 점심메뉴는 무엇으로 할까 하고 비서들도 상당히 고심하고 있다.

손정의는 식사 등에도 배려하는 사람이다. 방바닥의 한군데를 네모나게 파고 거기에 식탁을 둔 형식으로 되어 있는 영빈관에서 식사를 할 때, 식사 시중을 드는 담당자에게 이런 지시를 내렸다.

"유럽 사람에게는 온도를 조금 낮게. 거꾸로 아시아 사람에게는 온도를 조금 높게."

유럽 사람들은 추위에 강하다. 겨울에도 반팔에 반바지를 입고 조깅을 한다. 거꾸로 아시아는 추위에 약하다. 최근 신문배달 장학생이 베트남에서 오는 경우가 있는데, 이야기를 들어보니 일본 겨울 아침의 추위가 가장 괴롭다고 한다.

영빈관에서는 식사를 하면서 비즈니스 이야기를 하는 경우가 대부분이다. 덥거나 춥거나 하면 그것만으로 교섭이 잘 안 되는 경우도 있다. 당연히 손정의가 "인도인에게는 온도를 조금 높게"라고 지시할 것이 분명하다.

"나는 딱 14년 전 정월부터 '중국을 제패하는 자가 세계를 제패할 것이다'라고 사원들에게 말하기 시작했습니다."

2000년에 알리바바 투자를 개시했다. 그 무렵 '중국을 제패하는 사람이 세계를 제패할 것이다'라고 말해도, 일본의 경영진이나 저널리스트는 상당히 회의적인 반응을 보였다, 고 손정의는 말한다.

"나도 여러 이야기와 비판을 받았습니다."

현재, 중국의 GDP는 일본을 제치고 세계 2위가 되었다. 일본은 3위로 전락했다. 중국은 그런 일본의 약 2배의 GDP가 되었다.

"불과 얼마 전이에요. 중국이 일본을 제친 것이. 지금은 이미 일본의 배 가까이 되는 것이 현실입니다."

나에게는 "중국이 일본을 제친 것까지는 괜찮지만, GDP가 중국의 반이 되면 위기감을 갖겠지"라고 말했다.

중국은 35년 후에는 미국을 2배 이상 상회하는 경제규모가 될 것이다.

"눈앞만 보고 결정하는 것은 그다지 상책이 아니에요. 중장기, 특히 10년 후 20년 후 30년 후를 보고 결단해야 한다고 생각합니다."

그리고 "앞으로 10년간, 소프트뱅크는 인도에 주력한다"는 결론에 이르렀다.

앞으로 35년간을 봤을 때 세계의 2대 경제권은 중국과 인도이다. 현재의 패권국인 미국을 크게 상회하게 될 것이다. 인도가 미국을 따라잡는 것은 2030년대 중반 정도. 즉 지금으로부터 15~20년 후이다.

"그렇기 때문에 이 중장기 트렌드를 본 나는, 딱 14년 전에 '중국이다!'라고 말한 것처럼, '앞으로는 인도다!'라고 말하는 것입니다."

물론 이 의견에 이론異論이 있는 사람도 많을 것이다. 다만 손정의의 예측은 자신이 리스크를 지고 실제로 투자하기 위한 예측이기 때문에 박력이 있다.

손정의가 인도를 미는 이유는 다음의 3가지이다.

① 25세 미만의 인구가 약 50%이다. 젊은 사람이 많은 나라이다.
② 영어권인 점. 현재 영어를 말할 수 있는 인도 내의 사람은 1억 3,000만 명이지만, 인구가 13억 명에 가깝고, 학교 교육이 거의 영어로 행해지고 있다.
③ 소프트엔지니어 인구가 이미 세계 최대이다.

앞으로 인도가 미국을 제치고 세계 최대의 영어권이 된다. 젊은 사람이 많고, 영어로 말하며, 소프트엔지니어 인구가 세계 최대이다. 이 3요소는, 중국의 펀더멘츠(경제성장, 물가, 국제수지 등 국제경제 안정에 필요한 기초적인 조건들—역자 주)보다도 강하다.

"21세기는 중국과 인도가 2대 경제권으로 크게 발전하는 그런 세기일 것이라고 생각합니다."

즉, 이 두 나라를 제패하는 것이 소프트뱅크가 세계 제국을 구축하는 데 절대필요 조건이다. 손정의는 그렇게 생각하고 있는 것이다.

손정의는 비전 커뮤니케이션의 천재라고 생각한다. 비전을 품고만 있으면 전해지지 않는다. 부하와 주위 사람들에게 입을 열어 전했을 때 비로소 의미를 갖는다.

심리학자인 나이토 요시히토內藤誼人에 의하면 전 중의원인 나를 등용한 이유도 거기에 있다고 한다. 정치가의 일은 국가의 미래라는 비전을 이야기하는 것이기 때문에, '비전·커뮤니케이션 능력'이 뛰어나다. "즉, 심복인 시마 씨가 손정의와 함께 비전을 이야기하면 손정의 혼자보다도 쉽게 전달된다"는 것이다.

현재 "앞으로는 인도"라고 손정의가 말한 후, 소프트뱅크 사원의 환송영회 회장은 '인도 요리 레스토랑'이 많아진 듯하다. 인도에 10년간 1조 엔 투자하는 것도 포함하여, 세계 제국 실현을 위해 '7수 앞을 내다본 포석'은 사내에도 확실히 깔린 듯하다.

===== 플랫폼 확보의 중요성 —암홀딩스 인수의 진실

손정의는 2001년에 "중국을 제패하는 자가 세계를 제패할 것이다" "2008년 무렵 모바일 인터넷 혁명이 일어날 것이다"라고 예언했다.

사장실 실장으로 가까이 있었던 사람으로서 말하면, 단기 예언은 틀리기도 하지만, 중장기 예언은 틀리지 않는다. 그리고 지금. "21세기는 중국과 인도"라고 하는 예언과 함께 또 하나 예언한 것이, "2018년

무렵, IoT혁명이 일어난다"라는 것이다. 스마트폰 통신용 반도체를 90% 넘게 점유하고 있는 암홀딩스를 인수한 것은, 록펠러가 자동차 시대의 원류原流, 석유를 확보한 것과 같은 이론이다.

"암홀딩스는 독자의 기반기술·플랫폼을 가지고 있는데, 이 분야에서는 세계 넘버원입니다"라고 손정의가 말했다. 암홀딩스는 장래 유망한 IoT의 플랫폼을 제공하는 회사이다. 스마트폰 혁명의 플랫폼 기업인 애플이나 구글처럼, 소프트뱅크는 IoT시대의 플랫폼 기업을 목표로 하고 있다. 소프트뱅크가 목표로 하는 플랫폼은 칩, 소프트, 개발 환경, 시큐리티, 교육, 트레이닝 등 모든 인프라를 포함한 것이다. 소프트뱅크는 스마트폰의 판매뿐만 아니라 쓰이고 있는 반도체 판매도 목표로 하고 있다.

왜냐하면 플랫폼이야말로 징세권, 입법권을 가진 디지털 사회의 '제국'이기 때문이다.

플랫폼은 국가처럼 '징세권'을 가질 수 있다. 그야말로 '사적 제국'이다. 예를 들어, 애플이나 구글 등 독점 시장을 가진 기업은, 레버뉴쉐어Revenue Share(수익 공유)라고 해서, 매출의 일정 비율을 배분하도록 요구할 수 있다. 이것을 IT업계에서는 '애플세', '구글세' 등으로 부른다.

IoT혁명이 2018년 무렵 일어나면, 애플, 삼성, 쿠알콤, 미디어텍 등의 IT기업은 암홀딩스의 아키텍처(설계사상)를 사용해야만 한다.

암홀딩스의 연간 '세금 수입(기업이 세금처럼 암홀딩스에 내는 이용료)'이 연간 1조 엔을 넘는 것은 시간문제라고 나는 생각하고, 손정의도 그렇게 예상하고 있을 것이다. 인수 가격 3.3조 엔 따위는 순식간에 회수할 수 있다는 것이 손정의의 예측이 아닐까.

손정의가 "싸게 샀다! 바겐 세일이다!"라고 말한 것은 이렇게 예측했기 때문이고, 예측이 맞을 것은 분명하다.

플랫폼은 아직 '입법안' = 룰의 제정권도 갖는다. 구글 사용자는, 서비스 규약은 물론 사이트 설계의 구석구석에 이르기까지 커다란 영향을 받는다.

"세계 중의 기업이나 엔지니어들은 몇 백만 종류의 어플리케이션을 애플과 구글이 만든 플랫폼 상에서 개발하고 있다. 그것과 마찬가지로 의학이나 자동차 등 각 분야에서 우리들의 플랫폼을 활용하는 사람들이 많이 등장할 것이다. 데이터를 수집하는 기기를 만들거나 개인에게 허락을 얻거나 한 모든 기업이 그 데이터를 활용하게 될 것이다."

'징세권'과 '입법권'을 가진다는 것은 '세계 제국' 그 자체이다.

2016년 여름, 영국 캠브리지에서의 기자회견에서 손정의는 "창업 이래, 가장 익사이팅한 날이다"라고 말했다. 손정의의 눈에는 'IT산업의 최상류'를 제패하고 '300년 지속될 제국'으로의 길이 보인 날이다.

손정의의 '예측력'에 나는 항상 놀란다. 그것은 평범한 일을 할 때도 항상 예측하고 있기 때문에 연마되는 것이라고 생각한다.

소프트뱅크 CFO가 회사의 업적을 보고하고 거기에 대해 손정의가 대답했다.

"나는 회사를 운전하는 운전사다. 백밀러에 비치는 경치(실적보고)는 이미 알고 있다. 뒤는 이제 됐으니 앞에 보이는 경치를 보여 달라."

그리고 덧붙여 말했다.

"시나리오를 1,000개 가지고 와."

1,000개의 시나리오는 물론 무리가 있다. 그러나 장래는 비관적, 낙관적, 합리적이라는 세 패턴을 가진다. 이러한 작업을 여러 번 반복한다.

5년 후 어떻게 될까? 30년 후는 어떻게 될까? 대형 인수를 생각했을 때, 그 기업의 과거 실적과 현재의 가치는 중요하지 않다. 가장 중요한 것은 미래. 암홀딩스가 미래, 플랫폼을 만들고 '징세권'을 갖게 될 것을 손정의는 잘 알고 있다. 그렇기 때문에 "고작, 3조 엔"이라고 단언한 것이다.

===== '세상을 바꾸기' 위한 선행투자

슘페터는 기업가를 움직이는 제2의 동기는 '세상을 바꾸는' 창조의 기쁨이라고 한다. 이것이야말로 스티브 잡스형, 손정의2.0의 '신사장' 모습. 암홀딩스의 인수는 손정의에게 있어서 '세계를 바꿀' 도전을 위한 무기를 손에 넣은 것이 된다.

보다폰을 인수하여 멋지게 턴어라운드를 이루고 전체 매출액에서 NTT 도코모를 제쳤다. 다만, 이 성공은 바로 스티브 잡스와 직접 교섭하여, 일본에서의 아이폰 독점 판매권을 얻었기 때문이었다.

한편, 로봇 혁명을 목표로 하여 페퍼를 개발하여 판매했지만, 손정의가 상상한 데까지는 좀처럼 진행되지 않았다. 나중에 말하겠지만, 라이프워크라고도 할 수 있는 아시아 전체를 송전선으로 연결하는 아시아 슈퍼 그리드도 일본 정치라는 벽이 막고 있다.

손정의는 아직 '세상을 변화시키는 일', '사람들의 라이프스타일을 바꾸는 일'을 하지 못하고 있는 것이다.

"나는 싱귤래리티는 반드시 올 것이라고 믿고 있다. 즉 20년, 30년이라는 시간축으로 인간이 만들어낸 인공지능에 의한 '초지성'이 인간의 지적능력을 훨씬 넘는 시대가 올 것이라고."

손정의는 진심으로 이렇게 생각하고 있다. 싱귤래리티의 이야기는 자주 듣는다.

"예를 들어 자연계의 대재해. 이것을 인간의 손으로 막을 수는 없지만, 초지성에 의해 언제 어디에서 어느 정도의 규모로 재해가 발생할지를 정확하게 예측할 수 있게 된다. 재해에 의한 피해를 최소한으로 그치게 할 수 있게 된다."

손정의는 동일본대지진이 일어난 지 불과 11일 후에 후쿠시마 현福島県에, 나와 함께 갔다. 거기서 힘들어 하는 많은 사람을 보았다. 재해를 최소한으로, 라는 기분은 잘 안다.

"단, 기분만으로는 안 되고 '수단'을 가지고 있어야만 합니다. 그 수단으로서 가장 강력한 것이 바로 암홀딩스입니다."

손정의와 이야기하면, 그저 말만 하는 것이 아니라 언제나 '일을 이루기' 위해서 현실적으로 생각하는 것에 놀란다. 언제나 '수단'을 생각하고 있는 것이다. 손정의가 암홀딩스를 '비상장으로 하는 것'에 나는 주목하고 있다.

앞으로 IoT를 시작하여, 여러 가지 패러다임 시프트가 기다리고 있다. 본래는 적극적으로 선행 투자를 하여 더욱 엔진을 달궈야겠지만, 암홀딩스는 지금까지 상장 기업으로서 4분기마다 이익을 착실히 늘려가야만 한다는 딜레마 속에 있었다. 실은 엔지니어 수를 더욱 늘리고 더욱 연구개발비를 쏟아 붓는 것이 암홀딩스의 바람이었을 것이다. 그런데 소프트뱅크 산하로 들어와 비상장 기업이 되어, 눈앞의 이익을 일시적으로 얻지 못해도 장기적 시점으로 전략투자를 할 수 있어 기뻐하고 있다고 한다.

거기에 손정의의 각오가 있다. 시장의 평가를 신경 쓰지 않고 '세상을 변화시키는 일'에 도전할 것이 분명하다.

손정의는 앞으로 무엇을 할지 말하지 않는다. 풍림화산風林火山의 '림林'처럼 조용히 극비리에 일을 진행시킨다. 그리고 때가 되면 자신의 입으로 최초의 정보를 발한다. 그때까지는 철저하게 정보를 제어한다.

암홀딩스의 설계는 이미 매년 출하되는 150억 개 이상의 반도체에 사용되고 있다. 그러나 이것은 손정의가 지금부터 생각하고자 하는 빅픽처와 비교하면 작은 것일 것이다.

그것보다도 자동운전차, 확장 현실AR 게임, 의료기기, 로봇 등, 손정의가 생각하는 '미래를 창조'하고 라이프스타일을 바꾸는 여러 가지 기기로 자사의 기술과 그래픽스 기능의 용도를 넓히려 하고 있다.

암홀딩스에 있어서도, 월가가 바라는 매우 높은 이익율과 착실한 성과라는 지루한 재무 전쟁에서 탈피하는 기회가 될 것이다.

세계 제국으로. 충족되어가는 조건

세계 제국 건설을 위한 세 가지 조건. 첫 번째 조건인 미국에 교두보를 구축하려는 도전은, 스프린트 인수로 우선 포석을 깔았다. 매일 밤 10시부터 손정의도 참석하는 전화 회의가 있다. 상대는 미국 캔자스 주에 있는 휴대폰 자회사 스프린트 본사의 미국인 사원들이다.

테마는 통신네트워크의 개선책. 회의에서 손정의의 직함은 치프 네트워크 오피서. 원래라면 부장급 지위이다. 러일전쟁 때, 고다마 겐타로児玉源太郎가 내무대신을 그만두고 참모본부 차장이 된 것과 비슷하다. 지금은 회의가 평온하게 진행되는데 1년 전에는 "어째서 네 녀석들은 그런 것도 모르는 거야! 바보 자식!"라고 손정의의 고함소리로 시끄러웠다고 한다.

옆에서 보면 손정의의 언동이 온후해 보이지만, "바보!", "바보 자식!"이라는 말이 빈번하게 나온다. 나는 맞대놓고 들은 적은 없지만, 결코 격양되어 있는 것이 아니라, 입버릇 같은 것이다. 심한 말투라는 의식은 그다지 없는 듯하다. 다만, 듣는 사람은 놀란다. 내가 같이 있으면 그 빈도가 줄어드는 듯 간부에게 "같이 회의에 참석해 주세요"라는 말을 들은 적도 있다.

전화 회의여서 그나마 괜찮다. 눈앞에서라면 상당히 박력이 있다. 때때로 물건이 날아다니기도 한다. 사원들은 깜짝 놀라지만, 의원 경험이 있는 나는, 재떨이가 자주 날아다니는 모습을 봤기 때문에 냉정할 수 있었다. 다만, 정치의 경우는 화를 낼 때 연기가 섞여 있는 경우도 있지만, 손정의가 화를 내는 경우는 진짜로 화를 내고 있는 것처럼 보였다. 실제로 스프린트의 회의 중에 영어로 화를 내며 소리친 경우도 있다고 한다. 나는 그 자리에 없었지만 미국에서는 파워하라스먼트(권력을 이용한 학대)가 되는 위험성도 있다. 넌지시 주의를 해드렸다. 젊은 시절에는 사원들에게 더 심했던 모양이다. 당시와 비교하면 지금은 상당히 둥글둥글해졌다고 한다.

이처럼 결코 일이 아주 순조롭게 진행됐다고 할 수 없지만, 미국에 교두보를 구축하는 포석이 깔린 것은 틀림없는 사실이다.

두 번째 조건은 인도와 중국으로의 진출. 중국은 알리바바를 필두로 호조를 보이고 있다. 인도도 아로라는 퇴임했지만, 투자는 끝났다. 스냅딜은 제2의 알리바바가 될 가능성을 지니고 있다. 두 번째 조건인 인도와 중국이라는 두 대국을 제패하는 것은 비교적 순조롭다.

그리고 세 번째 조건인 플랫폼은 암홀딩스 인수로 현실성을 띠게 되었다.

손정의는 슘페터가 말하는 '세계 제국을 건설하고자 하는 몽상과 의사'를 확실히 갖고 있다. 이것은 내가 8년 동안 사장실 실장으로 일하면서 느낀 것이다.

"일본의 빌 게이츠가 아니라 세계의 손정의가 되고 싶다."

손정의가 상장 직후부터 계속 해온 말이다. 그야말로 이 말의 실현을 위해, 손정의2.0은 나아가기 시작했다.

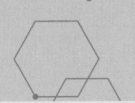

제4장

손정의2.0이
지향하는 목표

===== 빅데이터를 구사한 '초지성'에 의한 미래예상도

손정의는 일찍이 교사가 되고자 했기 때문인지, 다른 사람을 가르치는 것을 좋아한다.

항상 '다른 사람에게 전달한다'는 것을 의식하여 발언하고자 한다. 하고자 하는 말을 극히 간단하게 집약한다. 어렵고 복잡한 의안도 마지막으로 결단할 때에는 양자택일로 좁혀져 있는 경우가 많다. 하여간 '알기 쉽게' 일을 진행한다. 이것은 교육자로서의 자질인 동시에 다른 사람을 통솔하는 리더로서의 자질이기도 하다. 내가 손정의로부터 크게 배운 점이다.

알리바바의 회장인 마윈도 교사 출신이다. 이렇게 보면 경영자는 역시 '교육자 자질'이 불가결한 것처럼 여겨진다.

소프트뱅크의 회의에서도 손정의는 새로운 지식을 학생들에게 가르치듯이 해설한다.

때문에, 손정의2.0이 목표로 하는 곳에 관해서도 상당히 구체적인 이미지가 소프트뱅크에서는 공유되고 있다. 이 장에서는 앞으로의 손정의와 소프트뱅크가 목표로 하는 곳을 되짚어보면서 더욱 구체적으로 해설함으로써 이미지의 윤곽을 분명히 하여 독자 여러분께 제공하고자 한다.

본서에서 이미 몇 번이나 나온 것처럼, 손정의2.0이 목표로 하는 것은 '인간의 라이프스타일을 바꾸는' 새로운 사업 진출이다. 그 기회가 '2018년'이라는 크로스포인트에 온다. 그 이유는 그때쯤 'IoT혁명'이 일어날 것이기 때문이다.

어째서 2018년에 IoT혁명이 일어날 것이라고 예측할 수 있는가? 인간의 뇌세포는 이진법으로 움직인다. 세포가 붙으면 약한 전류가 흐른다. 거꾸로 세포가 떨어지면 전류가 흐르지 않는다. 이러한 뇌의 이진법은, 트랜지스터가 붙으면 전류가 흐르고 거꾸로 떨어지면 흐르지 않는 형태인 컴퓨터와 완전히 똑같이 움직인다.

인간의 뇌세포에는 약 3백억 개의 뉴런이 있다. 이 뉴런의 수, 즉 이진법으로 움직이는 3백억 개를, 하나의 컴퓨터 칩 안에 있는 트랜지스터의 수가 넘는 날이 온다.

여기까지를 설명한 후에 손정의는 결론을 냈다. 2015년 시점에서 다음과 같이 말했다.

"그때의 추론은 2018년이었습니다. 지금부터 3년 후입니다. 2018년에는 그 수를 넘는다고."

소프트뱅크라는 회사는 이상한 곳으로, 엄청나게 효율적인 영업 계획을 진행시켜 가겠거니 하고 지켜보면 "언제 컴퓨터 칩 안에 트랜지스터 수가, 인간의 뇌 세포에 있는 뉴런 수 3백억 개를 넘는가"라는 의론을 회장 회의실에서 진지하게 이야기하고 있다.

지금까지 지적 생산 활동의 정점은 인간이었다. 그것이 싱귤래리티에 의해 컴퓨터가 초지성이 된다. 온갖 알고리즘, 온갖 딥러닝을 단번에 대량으로 넓고 깊게 처리하게 된다. 인공지능의 키워드는 딥러닝이고, 딥러닝의 키워드는 빅데이터이다. 즉, 데이터를 단번에 대량으로 끌어와서 분석하고 그것을 스스로 학습하여 사고하게 되는 것이 초지성이라고 손정의는 말한다.

초지성을 초래하는 인공지능, 인공지능을 성장시키는 딥러닝, 딥러닝에 필요한 것이 빅데이터. 그렇다면 지구상의 삼라만상의 데이터라고 할 수 있는 빅데이터를 끌어오는 존재는 무엇이 되는가?

칩이다.

그리고 칩을 제조하는 기본이 되는 것이, 암홀딩스의 '설계도'이다. 앞으로 20년 이내에 아마도 암홀딩스는 약 1조 개의 칩을 지구상에 뿌리게 될 것이다.

암은 뿌린 1조 개의 칩에서 리얼타임으로 지구상의 삼라만상의 데이터를 흡수한다. 그러면 가장 현명한 초지성이 빠르고 정확하게 세상의 삼라만상을 예지, 예견할 수 있는 미래가 열리는 것이다.

초지성을 가진 스마트로봇이 인류의 컴패니언(동반자)으로서 함께 활약하여 지금까지 인류가 해결할 수 없었던 자연재해로부터 우리를 지켜줄지도 모른다.

우리들 인류는 보다 풍성하고 보다 생산성 높고 보다 즐거운 그런 세상을 맞이할 수 있게 되었다.

"나는 앞으로 3백 년 이내에 인류의 평균 수명이 2백 살을 넘을 것이라고 생각합니다. 병이라는 것에서 인류를 지켜주는 세상이지요."

전세계가 빅데이터를 모은다. 그것을 싱귤래리티로 초지성이 된 컴퓨터가 분석하여, 궁극적으로 세계에서 불행의 씨앗을 제거한다. 그런 꿈같은 시대의 입구가 2018년에 열린다, 라는 것이 손정의의 생각인 듯하다.

실은 손정의는 건강에 무척 주의를 기울인다. 함께 손님과 회식을 할 때 체중 증가를 신경 쓰는 듯, 손정의의 스테이크는 나보다 한 사이즈 작다. 초밥을 먹을 때도 마찬가지로 밥의 양이 적다.

그런 모습을 보니, 지금은 꿈같이 여겨지는 세계가 실현되는 날까지, 손정의는 진짜로 2백 살까지 살려고 하는 것이 아닌가, 하는 생각이 든다.

═══ 30년 후, 사회의 한가운데 올 IoT

인간의 뇌를 컴퓨터 기능이 뛰어넘는다. 그 앞에는 초지성을 지닌 IoT시대의 본격적인 도래가 기다리고 있다.

이미 알고 계신 분도 많겠지만, 'IoT'란 'Internet of Things'의 앞글자를 딴 약어이다. 일반적으로 '사물 인터넷'으로 불리며 '신변의 각종 사물이 인터넷에 연결되는' 구조를 의미한다.

지금까지도 컴퓨터나 휴대폰 등의 사물에 인터넷이 연결되어 있다. IoT에서는, 지금까지 인터넷과 연관이 없었던 텔레비전이나 에어컨과도 연결되게 된다. 사물이 상호 통신하여 멀리 떨어져 있어도 인식과 계측, 제어 등이 가능해진다.

사람이 조작하는 인터넷에 연결하는 것뿐 아니라 사물이 스스로 인터넷에 액세스하는 것이 IoT의 특징이다.

이것이 일반적인 IoT의 설명이다. 그렇다면 교육자가 되고 싶었던 손정의는 어떻게 설명하고 있는지 보도록 하자.

현재 우리들은 스마트폰과 컴퓨터라는, 일인당 평균 두 개의 디바이스(장치)를 가지고 있다. 그러나 지금부터 30년 후의 세상은 어떻게 될까? 일인당 평균 1,000개의 디바이스가 인터넷에 연결된다. 일인당 1,000개. 지금은 상상할 수 없는 숫자이다.

마쓰시타 고노스케가 마쓰시타 전기를 시작했을 무렵. 히타치日立, 도시바東芝 등 역사와 전통이 있는 커다란 회사가 커다란 산업용 모터를 만들어 판매하고 있었다. 그런 시대에 마쓰시타 고노스케는 한 집에 10대 정도의 모터가 보급되는 시대가 오리라고 생각했다.

"나는 한 집에 10대 정도 보급될 모터를 우리들의 제품에 넣어 수도를 비틀면 물이 나오듯이, 온갖 가전제품을 제공하고 싶다."

마쓰시타 고노스케의 수도 철학, 모터 판이다.

마찬가지로 손정의는 미래를 예측하여, 일인당 평균 1,000개의 디바이스가 인터넷에 연결되는 시대가 올 것이라고 한다. 즉, 인구보다도 훨씬 많은 10조 개(세계 인구 약 백억 × 1,000개)의 디바이스가 인터넷에 연결된다. 이제는 '인터넷에 연결되지 않는 사물이 거의 없는' 시대가 온다.

그리고, 인터넷에 연결되는 모든 것이 클라우드(소프트웨어와 데이터를 인터넷과 연결된 중앙 컴퓨터에 저장하여 인터넷에 접속하기만 하면 언제 어디서든 데이터를 이용할 수 있도록 하는 것—역자 주)에 연결된다. 그것이 빅데이터가 된다. 세계에서 10조 개의 디바이스가 온갖 정보를 제각기 가지고 클라우드에 모인다. 이 빅데이터를 사용하여, 중요한 의사 결정을 하는 시대가 오는 것이다.

빅데이터는 단순히 데이터가 있는 것만으로는 의미가 없다. 분석하고 데이터 마이닝(대규모로 저장된 데이터 안에서 체계적이고 자동적으로 통계적 규칙이나 패턴을 찾아내 분석해서 다양한 자료로 활용하는 기술—역자 주)한 결과의 정보를 사용하는 것으로 새로운 비즈니스 모델이 구축된다. 이것이 전쟁에 이기기 위한 중요한 키가 된다.

손정의는 IoT를 설명할 때, 자주 의자를 예로 든다.

의자라고 하면, 단순히 앉아서 쉬기 위한 가구였다. 그러나 의자에 여러 가지 기기를 집어넣는다. 그 기기가 IoT로서 클라우드에 데이터를 제공하면 전혀 달라지는데, 의자가 온갖 사물과 연결되는 것이다. 냉장고에도 연결되고, 신발에도 연결된다. 체중계, 칫솔 등 각종 사물과 연계하게 된다. 게다가 클라우드에서 나온 결과로 모든 일이 가능하게 된다. 그리고 의자는 가전을 조작하게 되고, 몸 상태를 관리하며 병을 발견한다. 더 나아가서 자세를 조절하고, 감정까지 조절해준다. 그런 시대가 온다.

가전에 대한 인식도 바뀐다. 예를 들어 냉장고에 저장된 식품을 리얼타임으로 관리하고, 우유의 유통기한이 내일까지라면 냉장고가 주문을 하여, 내일 아침까지는 새로운 우유가 현관 앞에 도착한다. 그런 시대가 오는 것이다.

우리 인간은, 혼자서 사회에 존재할 수 없다. 친구나 동료, 가족 등 많은 타인과 커뮤니케이션을 취하는 것으로 사회는 이루어져 있다. 그 사회는 사람과 사람뿐만 아니라 사람과 사물이 연결되고, 사물과 사물이 연결되게 된다.

서비스업도 크게 바뀐다. 사물과 정보가 연결되어 IoT를 활용하고 있는 사람은 보험료가 저렴해진다. 건강식품을 추천받고 마일리지 포인트가 쌓인다. IoT를 많이 사용하는 가정, 자치단체, 국가는 의료비용도 저렴해진다. 결과, 병에 걸리기 어려운 사회가 탄생한다. 온갖 사회가 절약 시스템으로 연결돼 간다.

이 커다란 움직임 속에서 혁신이 일어나고, 신규 비즈니스가 생기며 새로운 세계가 창조되어 간다.

IoT라는 말은 요즘 자주 듣는데, 생소하다. 줄임말이어서 잘 모르겠다. 과연 그런 틈새 시장이 앞으로 정말로 올까? 그렇게 생각하는 사람이 많이 있을 것이다. 그러나 손정의는 "틈새를 노리는 녀석은 바보"라고 말한다. 즉, 손정의가 IoT를 겨냥한 이상, IoT는 틈새 시장이기는커녕 '30년 후 사회의 가장 중심'이 될 것이 틀림없다.

스마트폰이 나온 직후의 일이다.

"앞으로는 아이폰 시대다"라고 손정의가 열심히 역설을 했을 때, 경합을 벌이고 있는 다른 회사와 많은 매스컴은 일본에서는 원세크(일본과 브라질에서 상용중인 디지털 TV 방송 기술의 일종이다. 주로 모바일 기기를 대상으로 한다—역자 주)가 휴대폰에 들어가는 것이 당연하다, 적외선이 들어가는 것이 당연하다, 오사이후케이타이(お財布携帯, 소니가 개발한 비접촉형 IC 카드 기능인 FeliCa를 탑재한 휴대 전화의 총칭. 또는 그 기술을 이용한 전자결제 서비스—역자 주)가 들어 있는 것이 당연하다고 말했다. 게다가 일본 독자의 문화·기능에 적합하지 않는 아이폰은 일본 사회에서는 팔리지 않을 것이라고 그럴듯하게 기사를 쓰거나 기자회견장에서 이런 식으로 말하는 경영자도 있었다. 그러나 실제는 어땠는가? 스마트폰이

출현한지 아직 10년도 지나지 않았는데 지금은 스마트폰이 있는 것이 당연한 시대가 되었다.

똑같은 일이, 지금, 또 일어나려고 하는 것이다.

"스마트폰이 사람들의 라이프스타일을 바꾸었듯이, 앞으로는 IoT가 각종 형태로 사람들의 라이프스타일을 더욱 폭발적으로 바꿔 갈 것입니다."

===== IoT시대를 시야에 넣고 참가한 로봇 사업

2014년, 소프트뱅크는 로봇 사업에 참가했다.

"오늘은 어쩌면 백년 후, 이백년 후, 삼백년 후의 사람들이 '그때가 역사적인 날이었다'라는 식으로 기억할 날이 될 지도 모릅니다."

손정의는 '역사의 문맥' 속에서 이야기하는 것을 좋아한다. 다만 많이 사용하기 때문에 '역사적인 날'이 많이 생긴다.

사람들이 '로봇처럼 행동한다'고 표현할 때, 그것은 '그 사람에게 마음이 결여되어 있다'는 뉘앙스를 포함한다. 로봇이 '로봇이니까'라는 말을 듣는 것은 거기에 마음이 없고, 감정이 없기 때문이다. 지금까지의 로봇은 분명 그랬다.

손정의가 발언한 날은, 아마도 인류 역사상, 로봇 역사상 처음으로 '로봇에게 감정과 마음을 부여하는' 도전에 발을 내디딘 날이다.

감정을 가진 로봇 제1호가 될, '인류가 초지성 시대를 좋은 마음으로 맞이할 준비를 하기 위해' 감정을 가진 로봇이 페퍼다.

소프트뱅크가 로봇, 이라고 하면 조금 갑작스러운 인상을 받겠지만, 실은 그렇지 않다. 2010년 신 30년 비전에서 로봇 구상은 이미 발표되었다. 그 전 단계에서 사원들로부터 신사업 아이디어 공모가 이루어져 1위를 차지한 것이 로봇이었던 것이다.

2012년에는 페퍼를 개발한 프랑스 벤처기업 알데바란 로버틱스사에 출자. 소프트뱅크는 로봇 사업 참가를 공언하기 전부터, 몇 년에 걸쳐 로봇 사업에 수단을 강구해왔다.

페퍼가 성장해 가기 위해서는 세계에서 빅데이터를 모아야만 한다. 마침 클라우드나 통신이라는 기술의 진보와 스마트폰의 폭발적인 보급이 있자 '지금이 찬스'라는 듯이 발표한 것이다.

페퍼는 사람이 한 말이나 표정 등을 인터넷을 통해 클라우드에서 처리한다. 지금까지의 로봇은 본체만으로 영상과 음성을 인식·처리하고 있었기 때문에 상당한 처리 능력이 필요했다. 그러나 처리를 클라우드 측에 맡겨버리면, 로봇 자체의 능력은 작아도 된다.

게다가 페퍼가 보급되면 될수록, 클라우드 상에는 사용자로부터의 말과 표정이 보다 대량으로 그야말로 빅데이터로서 집적된다. 그것을 연구·활용하는 것으로 페퍼는 점점 똑똑해져 간다. 지금은 통신회선이 고속화되고, 클라우드를 사용한 서비스가 당연해졌기 때문에 이런 형태의 로봇이 실현 가능하게 된 것이다.

"로봇은 당연히 돈이 되지는 않는다. 사업가로서 사치스러운 일이지만, 사치를 할 수 있게 될 때 비로소 미래의 사업에 손을 댈 수 있게 된다. 마치, 전쟁 전의 도요타 자동차가 (당시의 인기 산업이었다) 방직기

회사에서 생겨난 것처럼."

분명 아직 사업으로서 채산이 맞지 않는다. 다만, 언뜻 보기에는 엉뚱한 도전처럼 보이는 로봇 사업도 풀어보면 앞으로 다가올 IoT시대에 반드시 필요하게 될 빅데이터 집적부터 연구·활용까지의 노하우 만들기와 통하고 있는 것이다.

=== **혼다기연(本田枝研)과의 제휴에서 볼 수 있는 스마트 로봇 시대**

암홀딩스의 칩이 빅데이터를 모으면 초지성이 만들어진다. IoT가 진화함에 따라, 페퍼도 진화해 간다. 그 앞에 보이는 것은 스마트 로봇의 등장이다.

"그 사람은 로봇같은 사람이다"라고 하면, 감정 없이 정해진 동작·말을 기계적으로 반복하는 이미지를 바꿀 시대가 오는 것이다.

"나는 로봇의 대명사가 된 정해진 동작, 프로그램된 어색한 움직임을 바꿔가고 싶다."

기계적인 단순 작업을 반복하는 것이 아니라, 정보로 무장한 인공지능을 최대한 활용한 스마트한 로봇의 탄생. 손정의는 그 꿈을 향해 나아가고 있다.

마이크로 컴퓨터를 탑재한 기기는 지금, 세계에서 연간 약 50억 개가 새롭게 출하되고 있다. 즉, 매년 세계의 인구에 가까운 수가 출하되고 있는 것이 된다. 이것들이 로봇으로 진화하여, 같은 속도로 만들어져 간다면……로봇의 수는 30년 후에 지구상의 인구를 초과할 것이라는 계산이 나온다.

"30년 후에는 로봇의 수가 지구상의 인구를 초과할 것이라고 생각합니다. 하늘을 나는 것도 있을 것이고, 사람의 모양을 한 것, 물에 잠수하는 로봇, 마이크로 로봇, 큰 로봇……, 30년 후에는 달리는 것은 전부 로봇이 되어 있지 않을까요?"

손정의는 오랜 기간에 걸쳐, 몇 번이나 이 미래상을 호소해 왔다.

지금은 자동운전도 당연한 것이 되었지만, 앞으로는 사고를 일으키지 않는 자동차, 그것이 로봇카이다. 자동차 메이커는 달리는 로봇을 만드는 메이커가 될 것이다.

'각종 사물' 중에서도 세계에서 매년 9,000만 대나 팔리는 자동차는 IoT 보급의 기폭제가 될 것이라는 기대가 크다. 자동 운전을 위해서는 상당수의 반도체 탑재가 필요하다. 그것을 예측한 듯 2016년 7월, 소프트뱅크는 혼다기연과 AI(인공지능) 기술 제휴를 했다.

그러고 보니, 손정의로부터 혼다 소이치로本田宗一郎와의 만남을 들은 적이 있다.

젊은 시절 손정의는, 혼다와 같은 치과에 다녔다고 들었다. 어떻게든 가까이 가고 싶다고 생각한 손정의는, 혼다의 생일 직후에 예약해 달라고 부탁했다.

치과에 다니고 있는데도, 달콤한 케이크를 들고 혼다 앞에 나타났다. 아직 이름이 알려지지 않은 손정의였지만, 열심히 퍼스널 컴퓨터용 소프트 도매에 대해서 이야기했다.

혼다는 손정의의 이야기를 열심히 듣더니 "우리 집에서 은어 낚시 파티가 있는데, 자네도 오게"라고 말했다. 11월의 이야기였다. 권유를 받은 손정의는 '그냥 한 말이겠지'하고 생각했다. 그러나 다음해 5월, 정말로 은어 낚시 초대장이 도착했다.

도쿄 니시오치아이西落合의 자택에서 혼다가 여는 항례의 은어 낚시 파티에 정재계의 중진이 모였다. 거기에 당시는 무명의 손정의가 참석했다. 혼다가 "그때의 자네인가!"라며 다가와서 "CPU(중앙 연산 처리 장치)란 뭔가?", "그게 진화하면 어떻게 되는가?"라고 묻고는 손정의의 대답에 열심히 귀를 기울였다. 그 정열에 응하듯이 손정의도 열심히 설명을 했다고 한다.

손정의는 혼다를 존경한다. 그러나 손정의와 혼다는 다른 점이 있다.

"자신이 애플이 아니어도, 자신이 스티브 잡스가 아니어도, 자신이 마크 저커버그가 아니어도, 그것들을 발명하지 않았더라도, 발명된 세계 최첨단의 기술, 이것을 발 빠르게(산다)!"

이것이 손정의의 지금까지의 입장이었다. 한편 혼다는 이런 연설을 했다.

"산 것은 어디까지나 산 것입니다. 아무리 고생을 해도 좋습니다. 진짜로 여러분이 스스로 생각해낸 것이야말로 소중한 것입니다."

손정의는 창업 이래, '시간을 산다'는 대형 M&A를 반복하여 성장해 왔다. 말하자면 다른 사람이 만든 비즈니스를 사서, 그것을 키운 수법이다.

스스로 생각해내는가, 있는 것을 가장 빨리 활용하는가. 손정의와 혼다의 차이는 거기에 있다.

어느 쪽이 옳다는 이야기가 아니다. 다만, 앞으로의 손정의2.0은, 보다 혼다의 생각에 다가갈 것이다.

"미래의 사회와 사람들에게 공헌할 수 있는 형태로 일을 이루고 싶다."

스티브 잡스처럼 혼다 소이치로처럼. 시대를 만들고 바꿔가는 것에 도전한다. 소프트뱅크와 혼다기연의 제휴는 단순한 사업 레벨이 아니라, 손정의가 그린 미래의 이미지가 들어 있는 것이다.

===== 최후의 허풍 '아시아 슈퍼 그리드'

2018년 크로스포인트에서 손정의가 상상하는 미래 이미지를 어느 정도 알게 되었을 것이다. 그러나 손정의에게는 실은 다른 분야에서 (전력 사업에서) 또 하나 상상하고 있는 미래 이미지가 있다.

2016년 4월 1일. 소프트뱅크 입사식에서 손정의가 말했다.

"매년 4월 1일에 저는 반드시 초심으로 돌아갑니다. 그렇다고 해도 저는 사회 첫발이 처음부터 사장이었지만……. 여러분은 오늘부터 회사원으로 인생의 새로운 문을 열게 되었습니다. 제가 가장 좋아하는 꽃은 벚꽃이에요. 벚꽃은 한 송이어도 예쁘지만, 많은 꽃이 서로 어우러져 피어, 힘을 합쳐 산 전체를 빛나게 할 수 있으니까요."

전 세계에 10만 명의 사원이 있는 소프트뱅크. 손정의 사장의 이야기를 직접 들을 수 있는 많지 않은 기회 중 하나가 입사식이다.

그리고 이야기가 전력 사업에 이르렀다. 일본은 전기요금이 아시아에서 가장 비싼 나라이다. 2016년 4월 1일은 전력 자유화가 시작된 날이다. 경쟁이 생기는 것으로 아시아에서 가장 비쌌던 전기요금은 앞으로 저렴해질 것이다. 동일본 대지진 후, 원자력 발전을 대신할 에너지를 생각했는데, 재생 가능 에너지라는 결론에 도달했다. 풍력, 수력, 태양광이라는 자연의 힘으로 에너지를 일으키면 좋지 않을까……

　　그리고, "아시아 슈퍼 그리드를 구상했습니다. 몽골의 바람으로 발전하고, 인도에서는 태양광으로 발전합니다. 이것을 일본으로 가지고 오면 좋지 않을까 하고 구상했습니다. 4년 전에는 사람들이 웃었습니다만, 그제, 일본, 한국, 러시아의 전력회사, 그리고 소프트뱅크그룹이 전력망에 관한 각서를 조인. 4년에 걸쳐 사업의 채산성을 조사하고 전력망을 연결할 것을 전제로 계획하겠다고 합의했습니다."

　　아시아슈퍼 그리드는, 세계에서 가장 바람이 많이 부는 중국·몽고의 국경에 있는 고비 사막에 풍력과 태양광의 발전 시설을 설치한 후 고비 사막에서 발전한 전력을 중국과 한국에 보내, 일본까지 전한다는 장대한 프로젝트이다.

　　발표 당시, '허풍', '실현 불가능'이라는 말을 들은 구상이다. 그것이 실현을 향해 움직였다. 입사식에서의 손정의의 이야기는 계속되었다.

　　"내가 여러분에게 하고 싶은 단 한 마디. 그것은, 강한 뜻을 갖는 것이 중요하다는 것입니다. 강하면 강할수록 좋습니다. 그 뜻이 자신의 욕망만을 충족시킬 정도의 것이라면 계속되지 않습니다. 많은 사람이 행복해졌으면 좋겠다, 괴로움을 완화시키고 싶다, 라는 생각이 있으면 다소의 곤란도 뛰어넘을 수 있을 것이라고 생각합니다."

아시아 슈퍼 그리드에 관한 화제는 이전부터 있었다. 2013년 8월, 손정의는 아사히 신문의 '경제 SHINWA, 손정의의 3·11'이라는 인터뷰에 응했다. 이하, 일부를 인용한다.

'마른 바람이 끝없는 고원을 지나간다. 도쿄에서 약 3,000킬로미터 떨어진 몽골 남부의 고비사막. 이 바람으로 전기를 일으켜 일본으로 보낸다는 장대한 구상이, 움직이기 시작했다. 2년 반 전 도쿄 전력 후쿠시마 제1원전 사고 후, 소프트뱅크 사장이 내세운 '아시아 슈퍼 그리드'이다.'

손정의는 이 아시아 슈퍼 그리드를 스스로 '라이프워크'라고 말하고 마지막 꿈으로 삼고 있다.

이 인터뷰에서 보도되지 않았던 발언이 있다.

"만약 인생이 두 번 있다면 (두 번째는) 전력을 본업으로 삼아 기존 전력 회사와 싸우는 데 인생을 바치고 싶다."

이 무렵 소프트뱅크가 전력 회사를 인수하는 것이 아니냐는 억측이 끊이지 않았다. 또, 실제로 사장실 스텝이 특명을 받고 조사하고 있었다.

"아시아 슈퍼 그리드만 하고 싶은 기분이다. 바라기는 누군가 비전을 공유하는 사람이 한 두 사람이라도 있으면, 부디 실현해 주었으면 하는 것이 나의 바람이다."

그 만큼 손정의는 아시아 슈퍼 그리드에 대해서 진지했던 것이다.

═══ 동아시아 공동체로 통하는 허풍의 길

아시아 슈퍼 그리드 실현에 있어서, 가장 중요하고 어려운 것은 중국이다, 라고 손정의와 나는 의견이 같았다.

장대한 구상이다. 시간도 걸린다. GE(제너럴 일렉트릭)의 제프리 이멜트에게 구상을 말했더니, 즉시 GE의 중국 책임자 등을 소개해 주었다.

"일본의 수상은 계속 바뀌니까, 이런 장기 구상은 실현이 어렵다. 그렇지만 나는 바뀌지 않는다. 그러니까 실현할 수 있다."

GE는 사장의 임기가 15년. 장기 사장이기 때문에, 다음 세대를 여는 커다란 구상도 실현할 수 있다.

손정의는 틀림없는 천재 경영자 중 한 명이다. 동물적인 직감을 중시함과 동시에 다면적으로 깊이 생각하여 모든 가능성을 생각한 끝에 '미래'를 찾아낸다.

다면적으로 깊이 생각한 것이기 때문에, 그 결과 찾아낸 미래는, 다른 사람은 생각도 못할 '허풍'이 된다. 그리고 찾아낸 미래를 향하여 맹진한다. 사장실의 실장이었던 나의 역할은 그 코스를 생각하여 가다듬거나 만들어 가는 것이었다. '일을 이룬다'에는 '비전을 제시한다', '길을 제시한다'라는 두 가지가 필요하다.

2012년, 중국 정부 내에서 '가재생능원可再生能源(재생가능 에너지)'에 대한 관심이 급속히 많아졌다. 중국은 원자력 발전소의 증설을 기본 노선으로 하고 있다. 그러나 도쿄 전력 후쿠시마 제1원전 사고 이후, 중국내륙부에서는 원전 가동에 반대하는 주민 운동이 빈발하기 시작했다.

그러한 중국에서 손정의가 전년 9월에 제창한 '아시아 슈퍼 그리드 구상'이 주목을 모으기 시작했다.

3월 23일, 북경. 하늘은 푸르고 맑았지만, 바람이 강해서 천안문 앞의 중국 국기가 심하게 펄럭이고 있었다.

인민대회다. "태양광과 풍력 등 자연 에너지 활용으로 중일이 협력할 수 있는 것이 많을 것이다." 하토야마 유키오 전 총리는 에너지 협력이라는 구체적인 사업을 통해서, 자신이 수상 시절에 내걸었던 '동아시아 공동체'를 실현할 수 있다고 말했다. 중국의 차기 최고 지도자로 내정되어 있는 시진핑 국가부주석은 고개를 끄덕이며 그 말을 듣고 있었다.

회담에는 나도 동석했다. 의원 시절 지도를 받았던 하토야마 전 총리에게 아시아 슈퍼 그리드를 설명했더니 이해했다.

닉슨 전 대통령의 저서 『20세기를 움직인 지도자들』에, '처칠은 절차만을 생각해서 결단이 늦은 말단을 건너뛰고 톱과 이야기하는 것을 좋아했다. 그 때문에 일부러 몇 번이나 문제를 일으켰다'는 부분이 있다. 나도 '톱을 노려라'가 기본 전술이다.

손정의가 바라는 '탈원전'을 향한 구체적인 계책이다. 여러 번 적었는데, 주장할 뿐 아니라 그것을 실현할 방법을 생각한다. 이 점이 대단하다.

사업 계획에 의하면, 고비 사막에서 자연 에너지를 이용하여 1년간 만들 수 있는 전력을 추산하면 원전 2,000기분이라고 한다. 일본 국내 원전은 약 50기이므로 허풍도 여기까지 오면 대단하다. 장거리 송전이라도 전력 손실이 5% 정도로 끝나는 고압 직류 송전 케이블을 사용하여, 고비 사막에서 중국→한국→일본 순으로 공급. 장래에는 타이와 싱가포르, 인도까지 송전망을 넓히면, 총연장거리 3만 6천 킬로미터가 된다.

"유럽 통합은 석탄과 철광을 둘러싼 협력에서 시작되었다. 한중일 3국은 앞으로 전력의 상호 융통에 의해 일체화를 진행해 가야 한다."

이런 아시아 슈퍼 그리드 구상에 대해서, 당시 전력 각사는 물론 일본 정부 내에서도 '손정의다운 장대한 망상이다', '뭔가 이권이 얽힌 사업이 분명하다'라는 싸늘한 반응이 많았다. 그 정도로 허풍스러운 이야기였던 것이다.

═══ **강요당한 '꿈'의 양자택일**

현재 일본의 전기사업법은 해외 송전망과의 접속을 상정하고 있지 않다. 국내에서의 지역 독점이 전제였기 때문이다. 따라서 아시아 슈퍼 그리드 실현을 위해서는 새롭게 법을 정비할 필요가 있다. 즉, 에너지 행정을 담당하는 경제산업성의 후원 없이는 실현 가능성이 없다.

"실현에 50년은 걸릴 거야."

표면상, 경제산업성은 소프트뱅크의 전력 수입 구상에 소극적인 자세를 취했다. 그러나, 내가 안을 살펴보니 부정적 의견만은 아니었다.

이전부터 경제산업성 내에는 사할린과 일본을 파이프라인 등으로 연결하고자 하는 구상이 있었다. 그 흐름은 지금도 사라지지 않았다.

어느 경제산업성 OB에 의하면, 일찍이 파이프라인 부설을 추진하고 있었던 곳은, 자원에너지청이라고 한다.

다만, 한 마디로 '경제산업성'이라고 해도, 누가 추진할지가 문제이다. 일개 과장이 말하는 것과 국장이 말하는 것은 영향력에 커다란 차이가 있다.

더욱이 국局은 있지만 성省이 없는 곳(성의 이익보다는 성 아래 국의 이익을 중시한다는 의미—역자 주)이 가스미가세키霞が関(도쿄도 치요다 구의 한 지역으로 관공서가 많아 관공서의 속칭으로 쓰인다—역자 주)의 실태이다. 에너지 안전 보장이 주목 받은 재해 이후는, 경제산업성 내의 다른 세력이 '파이프라인+송전망'의 세트로 러시아와 연결하는 구상을 다시 시작하고 있다.

이 무렵 소프트뱅크 비책으로서, 특기인 M&A의 타이밍을 노리고 있었다.

"모든 전력 회사의 시가총액과 경영 상태를 조사해줘."

손정의는 사장실 스텝에게 이렇게 명령한 적이 있다. 전력회사를 인수한다면 어디가 좋을까. 구체적인 가격 지정도 있어서, 사장실 스텝이 조사했다.

나온 답은 J파워였다.

J파워가 보유한 수력과 풍력 발전 설비는 국내 굴지이다. 도쿄 전력과 간사이関西 전력 등 지역 독점에 안주하는 전력 회사와 달리, 소매小売 부문이 없다. 결국은 전력이 소매 자유화될 경우, 소프트뱅크의 판매망과 조합하여 매우 저렴하게 전력을 팔 수 있는 '시너지 효과'도

있다. 더 나아가 J파워는 위기감이 강해서, 해외 전개를 진행하고 있었다. 미국이나 아시아에서 전력과 풍력에 손을 대, 해외에 370만 킬로와트의 설비를 이미 가지고 있었다.

이 J파워를 산하에 두면, 아시아에서의 전력 사업 기반이 손에 들어오기 때문에, 아시아 수퍼 그리드 구상에 있어서 확실히 순풍을 탈 수 있다. 당장은 어렵지만, 시간 축을 넣어 4차원적으로 생각하면, 여기서도 시너지 효과를 볼 수 있다.

J파워는 유일하게 홋카이도北海道와 혼슈本州(일본 열도의 주가 되는 가장 큰 섬—역자 주)를 연결하는 전력 해저 케이블(용량 60만 킬로와트)를 가지고 있다. 사할린—왓카나이稚內(일본 홋카이도 북쪽 끝에 있는 도시—역자 주)를 통해 러시아에서 전력 수입이 실현되면, 이 시설을 이용하여 혼슈에 전력을 끌어올 수 있는 것이다.

J파워의 시가총액은 당시, 약 4,000억 엔. 소프트뱅크에게 있어서 그다지 문제가 되는 금액은 아니었다.

그렇지만 스프린트 인수 안건이 급부상했다. 여기서 손정의는 선택을 강요당했다.

휴대폰 사업이냐, 아시아 수퍼 그리드냐.

임원회에서는 사외 임원들로부터 '본업인 통신 사업에 집중하라'라는 발언이 여러 번 나왔다.

그런 일도 있어서, 손정의가 선택한 것은 국내에서 돈벌이가 되는 휴대폰 사업이었다. 미국 3위였던 스프린트를 2백 16억 달러(약 1조 8,000억 엔)에 인수한 것이다.

이것으로, 전력 사업 인수는 어렵게 되었다.

전력 사업 인수는 물거품으로. 이것으로 아시아 슈퍼 그리드 실현의 길은 막히는 것처럼 보였다. 그렇지만, 또 다른 각도에서 이 장대한 꿈 이야기가 움직이기 시작했다.

2013년 2월 12일. 이 날은 어쩌면 섬나라 일본의 폐쇄된 전력 시장의 역사적 전환점이 되는 날로서 기록될지도 모른다. 손정의가 자주 사용하는 '역사적 관점'을 넣어 말하면 그렇게 된다.

"이 장대한 프로젝트를 반드시 실현시킵시다."

얼어붙은 러시아의 수도 모스크바, 러시아 정부계통 거대 전력 회사 인텔RAO의 본사 빌딩. 소프트뱅크, 미쓰이三#물산, 인텔RAO의 간부는 격양된 모습으로 악수를 나누고, 사업화 조사의 각서에 조인했다.

사업 규모 약 1조 엔. 일본과 러시아를 연결하는 송전관을 구축하여, 2016년 이후에도 러시아의 전력을 일본에 보낸다는 프로젝트이다. 실현되면, 일본은 최초로 해외와 전력망이 연결되어, 일본 에너지 안전 보장의 모습은 크게 변할 것이다. 푸틴 대통령이 제창한 에너지 브릿지 구상도 있어서 러시아 측이 소프트뱅크에 이야기를 꺼내, 이야기가 척척 진행됐다고 한다. 아시아 슈퍼 그리드 실현을 목표로 하는 손정의에게 있어서도 술 익자 체 장수 지나가는 이야기였다.

그러한 의욕을 보이려는 듯, 처음에는 손정의 자신이 조인에 임하려고 했다. 그러나 당시, 스프린트 인수로 바빴기 때문에, 최종적으로는 대리를 보냈다. 인텔RAO측은 넘버2의 임원이 조인했다. 러일 양측 모두 얼어붙은 모스크바와는 달리, 뜨거운 '진정성'을 보였다.

구상은 여전히 장대하다. 러시아 극동부의 수력발전소 등에서 사할 린 남단까지 송전망을 부설. 사할린에서 홋카이도의 북단까지를 해저 케이블로 연결한다. 홋카이도의 왓카나이와 사할린은 불과 50킬로미 터의 거리이다.

총비용은 1조 엔을 넘는다. 그러나 시베리아의 수력이 중심이기 때 문에 연료의 비용이 싸다. 우선 목표로 하는 것은 (원전 1기분의) 백만 킬로와트의 수입. 총 비용은 1 킬로와트시 당 10엔 정도이다. 액화 천 연가스LNG 화력을 밑돌고, 석탄 화력과 비슷한 비용 경쟁력이다.

사업화 조사팀이 조직되었다. 이름을 올린 회사는 소프트뱅크, 인텔 RAO, 미쓰이 물산의 3사이다. 거기에 GE의 이멜트가 소개해준 인연 도 있는 송전 인프라 회사 스위스의 중전 대기업 ABB가 참가했다.

그런데 손정의는 푸틴과 만난 적이 있다. 나도 자세히는 전해 듣지 는 못했는데, 푸틴이 대통령이 되기 전의 일이라고 한다.

"일본인 중에서 처음으로 푸틴 대통령과 만났어요."

손정의는 기쁜 듯이 그렇게 말했다.

그런 관계도 있어서, 중일 관계가 좋지 않은 가운데, 러시아 측이 먼 저 이야기를 꺼낸 것이다.

러시아에서의 진전에서 3년이 경과한 2016년 3월 30일, 중국 북경에서 국가전망電網공사 주최 국제회의가 개최되어 손정의가 스피치를 했다.

국가 전망은, 중국 넘버원의 송전회사이다. 나는 아시아 슈퍼 그리드를 추진하고 있을 때부터 국가전망과 손을 잡으면 좋을 것이라고 생각하고 있었다. 손정의의 전술은 아무리 어려워도 넘버원과 손을 잡는 것이다.

그 동안 스프린트 인수가 있었고 T모바일 인수 실패가 있었으며, 아로라가 소프트뱅크에 왔다. 소프트뱅크는 이 3년 동안, 보통 회사의 10년 이상에 필적할 변화를 경험했다.

"우리들은 몽골 및 인도에서 프로젝트를 진행하고 있지만, 국제연계망은 없습니다. 그런데 2개월 전, 기적이 일어났습니다. 국가전망의 류전야劉振亞 회장으로부터 아시아뿐만 아니라, 세계를 연결하자는 이야기가 있었습니다. 그의 비전에 귀를 기울이며, 나보다 큰 사람이군, 하며 진심으로 존경하는 마음을 갖게 되었습니다."

국가전망의 류 회장과는 커다란 비전으로 하나가 되었다고 한다. 측근에게 들으니, 여기서도 손정의는 감격한 나머지 눈물을 흘리는 듯했다고 한다.

재생 가능 에너지는 태양이 비치지 않거나, 바람이 불지 않거나 하는 자연 변화에 좌우되어 안정성이 부족하다.

그러나 세계의 어딘가는 태양이 비치고 세계의 어딘가는 바람이 분다. 직류 송전선 '그리드'로 세계를 연결하면, 영구히 발전하는 기기가 될 수 있다.

재생 가능 에너지는 깨끗하고 안전하기 때문에, 논의의 여지가 없다. 그러나 안정성이 부족하고 비용이 비싸면 많은 사람들로부터 지적을 받는다.

그러나 만약 세계를 그리드로 연결하면 거대한 축전지는 필요치 않게 된다. 그리드가 세계 규모의 가장 중요한 과제 해결책이 될 것이다.

"앞으로 50년, 100년에 걸친 해결책으로, 큰 그림은 그려졌습니다. 인류에게 있어서 가장 위대한 솔루션입니다. 허황된 이야기라는 말을 들었던 슈퍼 그리드 구상은 더욱 위대한 인물과 함께 지금 더욱 거대하고 터무니없는 비전이 되었습니다. 나는 사업가입니다. 꿈 이야기, 허황된 이야기로 끝내지 않고 이것을 실현시키고 싶습니다. 그래서 오늘, 러시아, 중국, 한국, 그리고 일본 4개국이 한 자리에 모여, 안전하고 깨끗하며 지속가능한 에너지 공급을 위하여 각서에 사인합니다."

성공의 요점은 성공할 때까지 계속하는 것에 있다. 손정의는 중국 최대 송전회사인 국가전망공사, 러시아의 송전회사 러시아 그리드, 한국전력공사와 국경을 넘어 송전망을 연결할 사업화 조사에 임할 것을 합의했다.

태양광이나 풍력 등 자연에너지로 만든 전기를 동아시아에서 서로 융통한다. 2020년 무렵 사업화를 목표로 한다. 여기서 마침내 완성될 연한이 제시되었다.

손정의의 허풍스러운 꿈이 크게 전진한 것이다.

일본, 중국, 한국, 러시아의 4사가 동아시아 전역을 대상으로 사업화 조사하기로 각서를 체결한 현재, 파일럿 프로젝트와 송전 루트를 검토하고 있다. 한동안 이 작업이 계속되고, 그 후는 사업성 평가와 각국 정부의 지원 체제를 확인하게 된다.

소프트뱅크는 이미 몽골 고비 사막에 도쿄도 정도 면적의 토지를 빌려, 2017년부터 풍력발전을 개시한다.

인도에서도 대규모 태양광 발전 사업을 시작한다. 그러나 현재 발전한 전기는 현지에서 소비할 수밖에 없다.

손정의는 이번의 합의가 사업화로 발전하면, 수천억 엔을 투자하여 한중일 간에 해저 케이블을 깔아서 전부터의 구상을 구체화할 생각이다. 해협을 넘어, 몽골에서의 풍력 발전에 의한 전기를 일본에서 싼 값에 판매할 수 있게 되는 것이다.

존경하는 벗인 아사히 신문의 오시카 야스아키大鹿靖明 기자가 손정의에게 단독 인터뷰한 것이 있기에 인용한다. 오시카 기자에게, 이 무렵 손정의는 상당히 지치고 나이 들어 보인다고 들었기 때문에, 조금 걱정하고 있었다.

그러나 인터뷰를 보면 의기가 드높다.

―장대한 상상입니다만.

"5년 전(2011년)에 아시아 슈퍼 그리드 구상이라는 허풍을 떨어, 여러분에게 '실현 불가능'이라는 비방을 들었지만, 허풍도 이치에 맞으면 진전합니다. 중국 국가전망의 류 회장이 비슷한 이야기를 꺼냈기 때문에, 올해 1월에 북경에서 만나 '기술적으로 가능하니, 꿈이야기로 끝내고 싶지 않다'고 의기투합했지요. 풍력 발전은 바람이 불지 않으면 안 되고, 태양광 발전은 밤에는 안 되기 때문에 '재생 에너지는 공급이 불안정'하다는 말을 듣지만, 해결을 위해 국제적으로 서로 융통하면 됩니다."

일본은 보텀업bottom up(상향식) 의사결정이 많다. 보텀업은 착실하지만 워프는 없다. 손정의와 류 회장은 톱다운이었기 때문에 이야기가 빨리 진행되었다.

―막대한 비용이 필요하지 않나요?

"대단한 것은 아니에요. 중국에서 한국, 한국에서 일본을 연결하는 해저 케이블에 수천억 엔 정도. 몽골의 풍력으로 일으킨 전기를 일본으로 보내도, 지금 일본 소비자가 지불하는 전기요금보다 훨씬 쌉니다. 구상을 처음 말했을 때는 일본에서 전력은 자유화되지 않았고, 기술도 확립되지 않아 채산이 맞지 않는 상황이었죠. 그렇지만 이제 곧 일본에서도 전력이 완전 자유화될 것이고, 풍력 발전 효율도 좋아졌습니다. 차차 시기가 무르익어 가고 있어요."

손정의의 구상은 언제나 5년 정도 빠르다. 2011년에 이 의견을 냈을 때에는, 전력을 수입해도, 기존 전력 회사밖에는 팔 수 없는데 어떻게 할 셈이냐는 말을 들었다. 그러나 5년이 지나자 현실적인 이야기가 되었다.

자주 사람들은 '경영자는 5년 앞, 10년 앞을 보고, 지금, 무엇을 할까를 생각해야 한다'고 말한다. 5년 앞을 말하면, 일반 사람들에게는 상당히 '허풍'처럼 들리는 모양이다.

─생각처럼 실현될까요?

"몽골의 전기는 중국이나 러시아를 경유하여 일본에 보내야만 합니다. 이번 합의로 양국의 기업이 참가하게 되었고, 양국의 루트로부터 전기를 가지고 올 수 있게 되면 한 쪽만을 의존하지 않게 됩니다. 보다 안전하죠. 여러 곳을 연결하면 더욱 안전해질 거예요."

손정의는 반론이 있을 것이라고 여겨지는 것을 먼저 생각해서 준비해 둔다. 아시아 슈퍼 그리드는 안전보장상 문제가 있다, 라는 의견에 대한 대책이다.

─구상은 언제쯤 실현될 것 같나요?

"빠르면 2020년 정도에 가능합니다."

'빠르면'이라는 단서가 붙었지만 2020년 완성. 마침내 목표에 시한이 들어갔다. 구체적 시책을 뺄셈 방식으로 역산해야만 하기 때문에, 스텝들은 힘들 것이다. 그러나 손정의는 분명 이렇게 생각하고 있을 것이다.

'대단한 허풍쟁이라는 것은, 뒤집어 말하면 커다란 비전을 가지고 있다는 것이다.'

═══ **최후의 꿈을 향해서**

후계자 후보였던 니케쉬 아로라가 퇴임하고 손정의가 사장직을 계속 하겠다고 선언했다. 아로라가 퇴임한 이유에 대해서 사람들은 여러 가지를 말하지만, 결국 아로라는 보통 사람이고 허풍이 심한 손정의라는 천재 경영자를 따라가지 못한 것이 최대의 이유라고 나는 생각한다.

손정의의 직감적인 투자를 '취미적'이라고 아로라는 말했지만, 피라미드, 베르사유 궁전, 노이슈반슈타인 성 등, 세계를 보면 취미적으로 만들어진 것이 역사를 넘어 남아 있다.

투자도 역사를 바꿀 정도의 투자는 천재의 취미적인 영역이어야 한다고 생각한다. 1990년대, 16명의 사원밖에 없었던 야후에 백억 엔을 투자하는 일은 손정의 외에 누가 할 수 있었겠는가.

앞에서 말한 아사히 신문이 독점 인터뷰할 무렵, 오시카 기자로부터 손정의가 피곤해 보인다고 들었다. 이유는 아로라가 아시아 슈퍼 그리드에 대해, 이것도 역시 '취미적'으로 평가했기 때문이라고 한다.

오랫동안 옆에 있던 나로서는 아시아 슈퍼 그리드의 진전은 오랜만의 손정의의 움직임이었기 때문에 기뻤다. 손정의와 아로라는 사이 좋아 보였지만, 실제는 '가면부부'가 아니었나 하는 생각이 들기도 한다.

결국 현시점에서 손정의의 후계자가 될 수 있는 사람은 손정의 본인뿐이다. 앞으로 10년, 손정의는 사장을 계속할 것이다. 하나는 IoT혁명으로, 또 하나는 아시아 슈퍼 그리드로 세계를 바꾸고, 라이프스타일을 바꿀 것이다. 그런 최후의 꿈을 실현하기 위한 길은 당연히 험난하다. 그러나 도달한 후의 이미지는 거기까지의 고생을 한순간에 잊게 할 정도로 눈부시게 빛나고 있다.

제5장

손정의1.0의 철학

지금까지 손정의2.0이 나아가고자 한 미래를 응시하며 적어왔다. 그러나, 당연한 말이지만 손정의는 손정의다. 목표로 하는 장소가 바뀌어도, 하고자 하는 일이 바뀌어도, 베이스는 바뀌지 않는다. 이 장에서는 과거를 돌아보는 것으로 손정의라는 인물의 베이스에 있는 것을 분명히 하겠다.

우선 말하고 싶은 것은 손정의는 예언자라는 것이다.

이번 암홀딩스 인수에 있어서도, "2018년 무렵 IoT혁명이 일어날 것이다"라고 예언하고 있는 것처럼, 예전부터 손정의는 미래를 분명히 예언해 왔다. 2006년 보다폰을 인수했을 무렵에 "앞으로는 모바일 인터넷"이라고 예언했다.

그리고 예언이 적중한 후, 결산 발표회 등에서 "나는 모바일 인터넷 시대가 올 것이라고 수 년 전부터 말해왔습니다"라고 자신 있게 말한다.

장래를 내다보는 위대한 비저너리(비전을 품은 사람—역자 주)인 손정의. 그의 프레젠테이션은, 손정의가 존경하는 스티브 잡스 같기도 하고, 케네디 대통령 같기도 하다.

나는 2005년부터 소프트뱅크 사장실 실장이 되었지만, 그 이전의 의원 시절부터 "모바일 인터넷 시대가 올 것이다"라고 손정의가 몇 번이고 말한 것이 인상에 남았다. 게다가 나의 기억이 맞다면 "2010년보다 전, 2008년 무렵에"라고 정확한 시기를 말한 것이다.

내가 손정의와 처음 만난 것은 1999년. 무대『헤이세이平成 · 에도막부 말기 사회개혁극 나와라 료마』에 출연했을 때이다. 출연했다고 해도, 나는 막부 관리의 모습을 하고 한 마디 외치는 역할. 같은 무대에 손정의는 사카모토 료마 역으로 출연했다.

당시 나는 중의원 의원. 극을 주도한 남부 야스유키南部靖之 파소나 그룹 대표, 사와다 히데오澤田秀雄 HIS사장, 그리고 손정의 소프트뱅크 사장은 그 무렵 '벤처 삼총사'라고 불렸다. 지금이라면 손정의는 "나는 벤처라고 생각한 적은 한 번도 없다"라고 말하겠지만.

실은 그 무렵, 나는 정계 제일의 IT통이라고 불리며 『PC라이프』라는 소프트뱅크가 출판하고 있던 잡지에 글을 연재하고 있었다. 손정의에게 분장실에서 그것에 대해서 말하자, "신세 지고 있습니다"라고 손정의가 정중하게 말했다. 무대와 다음 무대 사이에 심포지엄이 열렸다. 나는 손정의 옆자리에 앉았다. 거기서 내가 "선견지명이 있는 사람은 정의상 소수입니다. 다수는 정상, 소수는 비정상. 즉 선견지명이 있는 사람은 이상한 사람입니다"라고 말했을 때 손정의가 갑자기 "나, 이상한 사람 취급당했다"라고 말한 것을 지금도 기억하고 있다. 그때부터 교제가 시작되었다. 남부, 사와다 모두 훌륭한 경영자이다. 그러나, 이 무렵 아직 수천억 엔의 매출이었던 소프트뱅크는 그 후 8조 엔의 매출까지 성장하는 것을 목격하게 되어, 경영에 있어서 '시대를 타는' 중요성을 통감하게 되었다.

소프트뱅크 사장실 실장이 되고 나서도 해외 출장에서 돌아온 손정의로부터 자주 미래 비전 이야기를 들었다. 지금 생각해 보면 당시의 나는 손정의의 미래 비전을 반신반의하며 들었던 것 같다. 왜냐하면,

그 시점에서 손정의의 예언은 아직 적중한 적이 없었기 때문이다. 그러나 멋지게 예언을 적중시킨 손정의는 그 후 "말한 대로다!"라는 말을 빈번히 사용하게 되었다. 중요한 것은 '2008년 무렵'이라고 핀포인트(정확하게 한 부분이나 대상만을 겨냥하는 것)로 예언하는 것이다. '언젠가 모바일 인터넷 시대가 올 것이다'로는 사업 계획을 허락하지 않는다. '2008년 무렵'이라고 하는 것으로, 사업 계획이 허락되어 구체적인 행동이 가능하게 되는 것이다.

단, 핀포인트로 제시된 숫자에서 2~3년은 '오차'라는 것도 알아두어야만 한다. 실제로 손정의는 '오차'라는 말을 자주 사용한다. "인류 20만 년의 역사에서 생각하면, 2~3년은 오차." 과연이라고 생각하지만, 이 부분은 독특한 감각이라고 할 수 있다.

그러고 보니 어느 해의 사원대회의 일이다.

"1억 엔이나 2억 엔은 나에게 있어서, 오차"라고 손정의가 단언하여, 듣고 있던 사원들이 복잡한 감정이 담긴 웃음을 지은 적도 있었다. 한 번쯤 해보고 싶은 말이다.

=== **허풍떠는 장기 사장**

손정의가 로마 제국의 번영에 대해 연구하고 있다고 앞에서 말했다. 그리고 실제로 살펴보고 흥미로운 것을 알았다.

로마 제국이 가장 번영을 구가한 시대는 2세기=5현제賢帝 시대이다. 당시의 현제들의 재위 기간은 평균 20년. 그런데 위기에 직면한

3세기에는 평균 2년이 된다. 위기의 타개에 한 번에 듣는 묘약은 없다. 위기가 닥치면 톱을 바꿔서 타개하려고 하지만 좋은 효과가 나는 경우는 적다. 이 사실은 역사가 가르쳐주고 있다. 그야말로 '계속은 힘'인 것이다.

에디슨이 창시한 엑셀런트 컴퍼니로서 알려진 GE(제너럴일렉트릭). 그들도 로마 제국을 연구했는지 어땠는지 모르겠지만, 사장 임기는 평균 15년이다.

1878년의 창립자 에디슨부터 시작하여 현재의 제프리 이멜트 사장이 9대이다. 겨우 9대이다. 평균 15년의 임기라는 것은 사장이 40대에 지명된다는 것이다. 15년의 임기라면, 커다란 구조개혁에 착수할 수 있고, 장기적 성장도 실현할 수 있다.

현재의 CEO 이멜트는 1956년생으로 손정의보다 나이가 1살 많다. 2000년에 명경영자 잭 웰치로부터 CEO를 이어받았을 때 그는 44세였다.

GE의 리더에게 필요 요건은 4개의 E라고 한다.

Energy…스스로가 활력이 넘칠 것.
Energize…목표를 향하는 주위의 사람들의 기운을 북돋울 것.
Edge…어려운 문제에 대해서 결단할 수 있을 것.
Execute…말한 것을 끝까지 실행해 갈 것.

사장실 실장 시절, 이멜트와는 손정의와 함께 몇 번 만났다. 이멜트는 그야말로 4개의 E를 구현한 듯한 인물이었다. 이 4개의 E는 일본에서도 사장의 조건으로 통용된다.

처음 만났을 때, 재패니즈 스타일을 잘 알고 있어서, 명함 교환을 했다. 명함은 일본어로 쓰여 있었다. 나도 명함을 건넸다.

'Senior Vice-President of CEO Office(사장실 실장)'이라는 직함과 손사장의 얼굴을 비교해 보더니 빙긋 웃었다.

"이 사람 밑에서 사장실 실장을 하는 것은 힘들지요. 지금 몇 년째입니까?"

무척 고된 나날이기 때문에 오래는 못했을 것이라고 생각한 모양이다.

내가 대답하기 전에 손정의가 "3년 정도인 것 같아요"라고 대답했지만, 그때는 2011년, 이미 5년이 지난 시점이었다. 손정의는 그다지 과거의 일을 기억하고 있지 않는 듯하다.

내가 사장실 실장으로 날마다 접하고 있는 동안 익숙해졌지만, 초면이거나 만난 지 얼마 되지 않는 사람에게 있어서는 힘들지도 모른다. 신문보도에서 알리바바 주식을 파는 대신 알리바바의 일본 진출을 인정한다는 손정의의 발언에 대해서 아로라가 반대한다는 이야기가 나왔다. 그러나 정작 본인은 "그게 무슨 일이지?" 하고 완전히 잊고 있었다고 한다. 이처럼 손정의는 나쁜 뜻이 있는 것이 아니라 진짜로 과거의 일을 잊어버리는 일면이 있다. 전략적인 것도 아니고 일부러 그런 것도 아니다. 거짓말도 아니다. 미래밖에는 보고 있지 않기 때문일 것이다. 잊어버린다는 것은 좋은 일이기도 하다. 뭔가 나쁜 일이 있어도, 이것은 매몰 비용으로 생각하는 것이다. 그리고 보통의 경우라면 "그게 무슨 일이지?"로 끝나지 않을 일이 끝나 버린다. 그점은 손정의의 인망이라고 말할 수밖에 없다.

내가 이멜트와 처음 만났을 때의 의제는 아시아 전역을 송전선으로 연결하는 아시아 슈퍼 그리드 이야기였다. 대부분의 일본의 경영자라면 '굉장한 허풍'이라고 일소에 부칠 계획이다. 그 대단한 손정의도 "이건, 크레이지한 아이디어인데"라고 전제한 후 프레젠테이션을 한다.

그러나 이멜트는 혹해서 덤벼들었다.

"훌륭한 구상이야. 아시아 슈퍼 그리드의 KFS(성공의 열쇠)는 중국과 어떤 식으로 진행시킬까에 달렸네. GE의 중국책임자가 북경에 있으니 즉시 소개하지."

장소는 소프트뱅크 사장실 플로어에 있는 영빈관. 급전개에 손정의조차 놀랐다. 이멜트는 말을 이었다.

"ABB(스위스 전력기술회사)의 CEO도 GE출신이니, 그도 소개하지. 유럽은 해저 송신관도 있으니 보러 가면 좋을 것이오."

결국 나는 ABB에 안내되어, 유럽 시찰을 했다. 결과, 앞 장에서 썼듯이 아시아 슈퍼 그리드 구상은 진전하게 되었다.

일본에서는 대단한 허풍이라고 여겨지는 것도 세계적인 대CEO에게 있어서는 현실이고, 사업계획으로 잡을 수 있는 것이 되는 것이다.

"GE에서 일하면 역사를 만들 수 있다"고 이멜트는 말한다. 손정의도 말한다.

"일본의 총리는 최근 단기에 바뀐다. 그렇지만, 나는 바뀌지 않는다. 계속 사장이다. 때문에, 이 아시아 슈퍼 그리드는 실현할 수 있다.”

위업을 이루기 위해서는 굉장한 허풍을 떠는 장기 사장이 될 것. 장기 사장이기에 허풍을 떨 수 있다. 허풍을 떨 수 있기 때문에 장기 사장이 된다. 이 스케일감이 손정의의 사장 철학이다.

그런데 손정의는 전에 “나에게 아들이 있다면 3살 때부터 굉장한 허풍을 떠는 훈련을 시킬 것이다. 굉장한 허풍를 떠는 것은 의외로 어렵다”라고 말했다. 안타깝게도 손정의에게는 아들이 없기 때문에, 허풍을 떠는 훈련을 할 수 없다. 만일 실현되었다면, 분명 굉장한 인물이 되었을 텐데.

===== **허풍은 'BHAG'로 통한다**

2013년 11월 27일, 손정의와 나는 미국대사 관저에 있었다. 제2차 세계대전 종전 직후인 1945년 9월, GHQ의 더글라스 맥아더 원수와 쇼와 천황의 '역사적 만남'이 이루어진 유서 깊은 장소이다.

8일 전인 11월 19일, 케네디 대통령의 따님인 캐롤라인 케네디가 주일 대사로 임명받고, 황거궁전皇居宮殿(천황이 거처하는 곳—역자 주) '마쓰노마松の間'라는 이름이 붙은 방에서 신임장 봉정식에 참석했다.

그 케네디 대사와의 면회를 위해 미국대사 관저로 향했다.

그날은 마침 케네디 대사의 생일이었다. 손정의와 동갑이었다.

“만나 뵙게 되어 영광입니다. 그리고 생일 축하드립니다.”

"처음 뵙겠습니다. 미국에 매력을 느끼신다니 감사합니다."

케네디 대사는 스프린트 인수를 두고 '손정의가 미국에 매력을 느꼈다'라고 스마트하게 표현했다.

"미국은 정치에서도, 기업력, 경제력에서도 세계 넘버원입니다. 철도, 전기, 고속도로, 인터넷. 미국은 과거 100년 역사를 통틀어 모든 인프라 건설에 있어서 세계 넘버원이었습니다."

처음에 상대방에게 철저히 경의를 표한다. 이것이 손류 교섭술의 첫 번째 수이다.

"그러나 차세대 모바일 인터넷 정보 통신 인프라만은 세계 제일이 아닙니다. 페이스북, 아마존, 애플……미국은 혁신을 견인해 왔습니다. 그 미국이 모바일 인터넷 시대의 정보 인프라에서 세계 넘버원이 아니라는 것은 이상합니다. 그것은 앞으로 혁신을 만들어 내는 속도에도 영향을 줄 것입니다."

다음에 문제점을 분명히 하고 위기감을 조성한다.

"스프린트를 인수한 지금, 제가 미국 정보통신 인프라에 혁명을 일으키겠습니다. 정부에 원조라든가 공공투자를 해달라는 말은 하지 않겠습니다. 정부는 한 푼도 쓸 필요가 없습니다. 제가 리스크를 지고, 제 책임 하에 투자하여 이루어 보이겠습니다."

이 결의 표명에 케네디 대사는 "건전한 경쟁을 기대하겠습니다"라고 고상하게 대답했다. 그리고 몇 마디를 더 주고받은 후, 손정의가 조금 흥분한 기색으로 말했다.

"저는 아버님이신 케네디 대통령을 존경합니다. 10년 내에 인간을 달로 보낸다는 아폴로 계획에 가슴이 뛰었습니다."

손정의는 이럴 때 스토리텔러가 된다.

1961년 5월 25일, 케네디 대통령은 인류를 향해 선언했다.

"미국은 1960년대가 끝나기 전까지는 달에 사람을 착륙시키고 안전하게 지구로 귀환시킨다는 목표를 달성하겠다고 분명히 말한다."

달 탐사가 성공할 가능성은 낙관적으로 평가해서 50%. 전문가일수록 실현에 대해 비관적이었다. 그러나 케네디 대통령은 '명확하고 설득력 있는 목표'를 '기한을 정해' 선언했다. 유언실행으로 자신을 몰아붙인 것이다. 아폴로 계획도 그렇지만 이 '유언실행'의 도전 정신을 손정의는 존경했다.

국가와 기업 등 조직이 비약하는 과정에서, 밖에서 보기에는 무모해 보일 정도로 과감한 목표 설정이 필요한 일이 있다.

제1장에서 소개한 '비저너리 컴퍼니'로 유명한 미국 경영학자 제임스 콜린스는 이것을 'BHAG'라고 명명했다. 'Big Hairy Audacious Goul'의 머리글자를 딴 것으로 우리말로 바꾸면 '사운을 건 대담한 목표'가 될 것이다.

손정의뿐만 아니라 초일류 리더로 불리는 사람은, 자기 자신이 이끄는 기업에 BHAG를 부과하여 그것을 돌파한 경험을 갖고 있는 사람이 많다.

예를 들면 GE에서 BHAG는 '참가한 모든 시장에서 넘버원이나 넘버투가 되어, 작은 회사의 스피드와 기민함을 지닌 기업으로 변혁한다'이고, 도요타 에이지豊田英二는 '일본에 모터리제이션(자동차의 대중화

현상—역자 주)을 일으킨다'가 BHAG였다.

진정한 BHAG는 명확하고 설득력이 있으며 집단의 힘을 결집한다. 그리고 비저너리 컴퍼니로의 진보를 촉구한다. 그 구체적인 사례로서 손정의는 '아폴로 계획'을 예로 든 것이다.

물론 아폴로 계획이 비대해진 산군복합체産軍複合體의 생산력을 우주 개발로 돌려, 베트남 전쟁 종결 후를 대비한 것이라는 것도, 공산주의 소련과의 우주개발 전쟁에 승리하기 위해서도 어쩔 수 없는 일이었다는 것도 알아두어야만 하지만.

사장을 비롯한 리더는 어쩔 수 없이 해야만 하는 일도 자신의 의지로 한 것처럼 발언해야 한다. 이런 여러 조건을 넘어, 미국뿐 아니라, 인류 전체를 감동시킨 케네디 대통령의 목표 설정은 훌륭하다고 할 수 밖에 없다. 그리고 1969년 7월 20일, 세 명의 우주비행사를 태운 미국 우주선 아폴로 11호가 달 착륙에 성공하여 인류는 커다란 한 걸음을 내디뎠다.

손정의의 행동원리는 무엇보다도 먼저, 대사업에 도전하여, 일반적인 사장과는 다른 그릇이라는 것을 보여주는 것을 목표로 한다.

대사업에 도전하여 그것을 차례차례 성공시키면 사람들은 놀라서, 질투에서 비롯된 비판을 하지 않기 때문이다. 그리고 기대는 기대를 부르게 된다.

이러한 사장 철학은 손정의의 다음과 같은 말로 집약된다.

"하찮은 것을 말할 정도라면 사업가가 되지 않는 편이 좋습니다."

그런데 케네디 대사와 손정의는 다음과 같은 대화도 했다.

"도쿄에서 추천할 만한 식당이 있나요?"

"나중에 개인적으로 알려드리겠습니다."

그 자리에서 말하는 것이 아니라 '개인적'이라는 부분이 훌륭하다. 개인적인 핫라인이 생기기 때문이다. 이런 점에서도 빈틈이 없다.

═══ '고작 3조 엔'. 손정의는 10년에 한 번 승부한다

손정의는 10년에 1번 대승부를 한다.

매일의 경영은 COO(최고 집행 책임자)를 비롯한 다른 사람에게 맡기고 사장인 자신의 일은 대전략을 세우고 단행하는 것. 그것이 손정의의 철학이다.

"10년에 한 번, 커다란 패러다임 시프트가 있다고 한다면, 나는 그 입구에서 투자해왔습니다."

2016년 7월 18일, 소프트뱅크는 암홀딩스를 3.3조 엔에 인수했다.

"암홀딩스는 IoT 분야에서 리더다. 앞으로 올 패러다임 시프트의 초기 단계에서 투자할 수 있는 것에 흥분하고 있다. 커다란 가능성이 있다."

소프트뱅크에 있어서도 '창업 이래 최대의 투자'이다. 손정의는 이런 충격적인 투자에 대해 '고작 3조 엔'이라고 말해서 주목을 받았다.

손정의는 스티브 잡스의 말을 빌리면 '타야 할 말을 틀리지 않았다.' IT혁명을 예견하고, 1990년대 후반, 야후재팬을 시작했다. IT산업이라는 패러다임 시프트 중에서 비약적인 성장을 이루었다.

내가 소프트뱅크에 입사한 후 2006년, 모바일 인터넷 혁명을 예상한 휴대폰 사업에 참가. 지금은 매출액 9조 엔, 세계에 사원이 10만 명의 대기업이 되었다.

그리고 이번에는 IoT이다.

그동안 일본 경제는 GDP 5백조 엔인 채 정체하고 있다. 소프트뱅크가 예외적으로 비약적인 성장을 이룰 수 있는 최대의 원인은 그동안 사장이 바뀌지 않고 계속 손정의였기 때문이다. 장기 사장이기 때문에 허풍을 떨 수 있다. 즉, 대승부를 할 수 있다.

"사장 한 명의 임기가 너무 긴 것은 좋지 않다"라는 의견도 있다. 톱한 사람이 오래 군림하면, 조직이 정체하고, 경우에 따라서는 부패한다. 따라서 4~6년에 바뀌는 것이 바람직하다고 생각한다. 그러나 4~6년의 짧은 임기의 월급 사장은 '패러다임 시프트의 입구에서 투자한다'는 위험을 누구도 감수하지 않는다. 결과가 나오는 것은 임기 끝난 후가 되기 때문이다.

다만 대전략에 따라 결단한 후, 일을 맡게 된 COO를 비롯한 부하 직원들은 힘들다.

"나는 이것을 하기로 결정했다. 방법은 현장에 맡긴다. 그렇게 말하고 쾅하고 책상을 두드리는 것이 사장의 일."

이것이 손류인데, 사장실 실장으로서의 나의 일은 현장이 잘 진행되도록 환경과 길을 만드는 것이었다. 늘 좁은 길이었지만, '어떻게 해서든지, 손 사장의 생각을 실현시켜 주고 싶다'라는 마음으로 바삐 돌아다녔다.

'쾅 하고 책상을 두드린' 후, 실현을 위해 사원들이 최선을 다할 정도로 인간적인 매력이 있어야 하는 것도 사장의 조건이다.

=== **예견 가능한 투자는 찬성하지 않는다**

앞에서도 썼는데, 손정의의 '평소의' 금전 감각은 매우 평범하다. 평범하다기보다는 쇼핑을 할 때 자신이 돈을 지불하는 경우가 거의 없다. 비서과장 등이 대신 지불하기 때문이다. 그러고 보니 한 번 지열발전소 견학을 위해 후쿠시마에 갔을 때, 동행한 사장실 멤버에게 "늘 열심히 하니까 한 턱 쏠게"라고 말한 적이 있었다. 대체 뭘 사 주려나, 하고 기대했는데 역에서 파는 평범한 도시락이었다. 보통 지갑을 가지고 다니지 않기 때문에, 현금을 호주머니에서 직접 꺼내는 것이 인상적이었다. 세상 사람들이 보면, 손정의가 남아돌 정도로 많은 재산으로 대체 뭘 사는지 흥미가 있을지도 모르지만, 금전 감각이 정말 서민적이다. 다른 점은, 가지고 있는 카드가 '한도 무제한' 정도이다.

그런 건실한 금전 감각의 손정의가 대규모의 투자를 할 때가 되면 표변한다.

"커다란 투자를 할 때, 사내의 모든 사람들은 거의 반대를 합니다."

암홀딩스 인수 때의 기자회견에서 "사내에서 인수에 반대하는 사람은 없었습니까?"라는 질문에 이렇게 대답했다.

"간부 전원이 찬성하는 투자는 하지 않는다"라는 것이 손정의의 방침이다.

"내가 알리바바에 투자했을 때도 보다폰에 투자했을 때도, 말을 꺼낸 직후는 대부분의 사람들이 반대했습니다. 소프트뱅크의 과거 35년의 역사를 통틀어, 언제나 그렇습니다."

이것도 앞에서 말했는데, 선견지명이 있는 사람이란 정의상, 소수이다. 따라서 가능성이 있는 투자에 전원이 찬성할 리가 없다. 누군가 반대하는 것은, 거꾸로 '가능성이 있다'는 증거도 된다.

의외라고 생각하겠지만, 손정의는 자신의 의견을 반대를 무릅쓰고 밀고 나가거나 하지 않는다. 간부들도 손정의에게 예사롭게 이의를 제기한다. 말단 사원도 자유롭게 발언할 수 있는 분위기를 만드는 것이 사장의 일이라고 생각하고 있는 듯하다.

다만 처음에 손정의가 어디선가 투자안건을 가지고 서로 의견을 나눈 후, 인수를 시작할 때는 대부분의 사람이 찬성한다.

"그것은 내가 열심히 설명하기 때문에. 결과, 그럴 듯한 논리로 납득하는 경우도 있지만, '저렇게 저 사람이 시끄럽게 말하니 할 수 없군'이라며 마지못해 이해하는 경우 등 여러 케이스가 있습니다."

내가 봐온 한 "사장이 저렇게까지 말하니 할 수 없군" 하는 경우가 많은 듯 하지만……

소프트뱅크의 재무 전략은 '공격적인 재무'였다. 가장 중요한 것은 기회 손실을 피하는 것. 거액의 M&A 때, 재무 부문이 장애가 되어 타이밍을 놓치면 안 된다고 생각한다. 사지 않는 리스크도 있기 때문이다. 재무 책임자가 말했다.

"손 사장은 사람도 돈도 놀리지 않아요."

"경영권 프리미엄을 40%나 지불할 정도로 조금 이상한 경영자가 아니면 (암홀딩스는) 사지 않을 것입니다."

손정의는 이렇게 말했다.

'경영권 프리미엄'이란, 인수 기업(소프트뱅크)이 인수당하는 기업(암홀딩스)에 지불하는 가격이, 암홀딩스의 시장가격을 어느 정도 상회했는지를 나타내는 것이다.

2011년 8월에, 구글이 미국 통신회사 모토로라를 인수했을 때가 유명하다. 구글은 주식의 시장 가격 1주 25달러, 시장 가격 약 78억 달러였던 것을 1주 40달러, 시장 가격 125억 달러인 약 1.6배로 인수했다. 이 경우 경영권 프리미엄은 60%가 된다.

이것은 '구글이 모토로라를 인수하면 시장이 평가하고 있는 것보다 60% 이상 그 가치를 올릴 수 있다'고 선언하는 것을 의미한다.

즉, 손정의가 암홀딩스에 40%의 경영권 프리미엄을 매겼다는 것은 손정의가 경영하면 지금보다 40% 이상, 가치를 올릴 수 있다는 자신의 발로이다.

이렇게 생각하면, 손정의가 언제나 '경영권 프리미엄'을 많이 지불하는 의미를 알 수 있다. 손정의는 자신의 경영 능력에 자신이 있는 것이다.

손정의는 인수를 반복하고 있다. 인수에 관해서는 "나이브naive하지 않다"라고 교섭 상대에게 자주 말한다. 쌓인 경험이 많다는 의미일 것이다.

그러나 "솔직히, 실패인가라고 생각한 적도 있다"고 말한 적도 있다. 2004년에 인수한 고정전화회사, 일본텔레콤(나중에 소프트뱅크 텔레콤)에 대해서 한 말이다. 분명 장기 트렌드로서, 고정 전화는 감소하는 추세이다.

그러나 손정의는 실패하면 더욱 새롭고 커다란 인수를 하여 과거의 실패를 '상쇄'해 버린다. 일본텔레콤 때도 보다폰을 인수하여 소프트뱅크의 법인 고객에게 휴대폰을 파는 시너지를 이용하여 멋지게 상쇄했다.

인수한 스프린트의 재건이 잘 되고 있지 않다는 것이 요즘 소프트뱅크의 풍문이다. 그러나 암홀딩스 인수로 인해 매스컴 인터뷰 등으로 스프린트는 거론되지 않게 되었다. 이것도 상쇄해 버린 듯하다.

그런데 '좌뇌'형 인간인 나로서는 '경영자의 교만'이 경영권 프리미엄을 높이는 것도 지적하고 싶다.

과거에 인수 성공 경험이 있는 CEO가 거느린 기업은 그 후의 인수에서 높은 프리미엄을 지불하는 경향이 있다는 것이 캘리포니아 주립대학 도널드의 연구로 분명해졌다.

지금까지의 성공이 CEO의 교만을 낳아 '다음 인수에서도 높은 가치를 창출할 수 있을 것이다'라고 생각하게 하여 그만큼 높은 프리미엄을 지불하게 만든다는 것이다.

소프트뱅크의 경우 스프린트 인수에서는 보다폰 인수 때와 마찬가지로 턴어라운드 할 수 있을 것이라고 여겼는데, 상황이 달라 좀처럼 생각대로 되지 않았다. 그 결과 높은 가치를 창출할 정도까지는 이르지 못한 것이 현상이다.

또 하나, 프리미엄을 높이는 원인은, 경영자의 성장에 대한 '초조함'이다. 경영자에게 있어서 중요한 목표 중 하나가 '기업의 성장'인 것은 말할 필요도 없다. 특히, 손정의에게는 그 부분이 크다.

경영자에게 있어서 기업 규모를 재빨리 크게 할 수단 중 하나가 M&A이다. 실제로 소프트뱅크의 매출이 비약적으로 늘어난 것은 보다폰의 인수, 스프린트의 인수에 있다.

인수 기업의 과거 성장률이 낮으면 경영자의 '초조감'은 갑작스러운 인수로 이어져, 프리미엄을 높인다는 것이다. 지금 소프트뱅크는 스프린트의 재건이 생각대로 되지 않아 조금 '초조'한 상태가 아닌가 하고 '좌뇌' 인간인 나는 생각한다.

암홀딩스 인수에 관해서도 시너지 효과를 아직 찾아내지 못했다. 손정의가 지불한 40%라는 프리미엄이 많은 것인지 적은 것인지는, 손정의가 어느 정도의 '경영 능력'으로 가치를 창출하는가에 달렸다.

다만, 손정의가 '장기사장 선언'을 한 지금 상태에서, 나는 문제없을 것이라고 예상한다. 암홀딩스 인수 때, 손정의는 "나는 바둑으로 말하면 7수 앞을 내다봅니다. 바둑 초보자는 가까운 곳에 돌을 놓습니다. 바둑 고수는 멀리 포석합니다. 그래서 보통 사람들은 포석의 의미를 모르는 것입니다"라고 말했다. 참고로, 손정의가 바둑을 둔다는 말을 나는 들어본 적이 없다. 손정의가 좋아하는 게임은 '매니지먼트 게임'이라는 것이다. 일찍이 벤처 기업이었던 소니가 사내 연수용으로 만든 것으로 경영을 체험할 수 있다.

"실제 사회에서 회사를 말아 먹기 전에 매니지먼트 게임으로 체험했으면 한다. 20기期 이상 매니지먼트 게임을 체험하지 않은 사람은 이 회의에 참석해서는 안 된다."

이렇게 말하며 간부들을 매년 수강하게 했다.

매니지먼트 게임은 토요일이나 일요일에 실시한다. 소프트뱅크를 지탱하는 간부들은 6명씩 테이블별로 나뉘어 게임을 즐긴다. 즐긴다기보다는 진지한 승부로 손정의 자신도 참가한다. 손정의도 상당히 자신이 있지만, 테이블 내 멤버의 총 공격을 받고 고전하며 "앗!"이라든가 "당했다!" 등 큰 소리를 내기도 한다.

처음에 고전하지만, 사장의 특권으로 게임 종료 시간을 연장하는 경우가 자주 있다. 2시에 끝날 예정이던 게임이 5시까지 연장되어 마지막에 손정의가 세력을 차츰차츰 늘려가 결국 승리를 거둔다.

얘기가 옆길로 샜다. 결국 손정의는 장기전이라면 지지 않는다는 말을 하고 싶었다.

===== **영업은 과학이다**

손정의는 영업은 과학이라고 말한다.

소프트뱅크가 NTT나 KDDI와 비교해서 비교 우위를 갖는 것은 '영업 부대'이다. 3명의 전무가 인솔하는 각각의 영업 군단은 체육 동아리 분위기로 힘 있게 성과를 올리고 있다.

그런데 손정의는 "영업은 과학이다"라고 말한다. 결코 근성론根性論

이 아니다.

"우리 회사의 영업 전략 수립에는 다변량 해석(다종다양한 특성을 가진 다량의 데이터에서, 그 상호관련을 분석하여 특징을 요약한다든지 사상의 배후에 있는 요인을 찾아낸다든지 해서 예측이나 분류를 하는 방법의 총칭—역자 주)을 사용하고 있습니다"라고 말하며 내사한 면담 상대를 놀래키거나 한다.

"종합 통신 회사가 됐다느니 하는 말은 말아주세요. 내가 세운 뜻에서 보면 그것은 작은 것이니까요."

2006년 3월, 보다폰 인수 때 기자회견에서의 발언이다. 회견은 의기양양했지만 인수한 보다폰의 상황은 그럴 때가 아니었다. 이익은 거꾸로 그것도 가속도가 붙어 떨어지고 있었다. 이대로 가다가는 1년 후에는 적자 전환이라는 벼랑 끝으로 몰리게 된다.

물론 아무 전략도 없이 보다폰을 인수한 것은 아니다. 당시의 휴대폰은 통신회사를 바꾸면 전화번호도 바뀌었다. 이것이 시장 점유율 고정화를 낳았다. 지금은 당연한 것이 되었는데, 통신회사가 바뀌어도 전화번호가 바뀌지 않는 번호이동성 제도가 2006년 10월부터 시작될 예정이었던 것이다.

이것은 신규 참가한 소프트뱅크에게 기회였다. 물은 높은 곳에서 낮은 곳으로 흐른다. 번호이동성 제도가 시작되면 시잠 점유율 1위인 NTT에서 보다폰으로 고객이 흘러, 평균화될 것이다. 일본에서 저명한 컨설턴트도 이런 해설을 하기도 해서, 손정의를 포함하여 모두 낙관적으로 생각하고 있었다.

그러나 '영업은 과학이다'라는 손정의의 방침으로 조사하게 되었다.

실은 이때의 조사는 '좋은 숫자가 나오겠지' 하는 기대를 증명하기 위한 조사였다.

그러나 기대는 배신당했다. 보다폰으로 옮겨오기는커녕 고객 3명 중에 1명, 즉 30% 이상이 빠져나간다는 결과였다. 너무도 충격적인 숫자에 이 조사 결과는 일급비밀이 되었다.

이유를 물어 보니 첫째 전화 연결이 잘 되지 않는다. 단말기가 무겁고 투박하다. 고객 만족도가 낮다. 브랜드 이름이 유명하지 않다 등이었다. 아주 엉망이었다.

아무리 그래도 3분의 1의 고객이 사라진다는 것은 너무하다. 잘못된 것이 아닌가 싶어 조사를 다시 했다. 그랬더니 결과는 전보다 훨씬 형편없었다.

그 대단한 손정의도 '앗!' 하고 생각했다. 위기였다. 이 위기감이 '앉아서 죽음을 기다리는 것보다'라며 '화이트 플랜', '화이트 학생 할인', '화이트 가족' 등 가격 경쟁에 도전하는 결단을 내리게 한 것이다.

'영업은 과학이다'라는 손정의의 사장 철학에 따르지 않고 낙관론에 지배당한 채 시책을 강구하지 않았다면 지금의 소프트뱅크는 없었을 것이다.

===== 우선 자신이 전문가가 된다

손정의는 집중 모드에 들어가면 '회의에 나오지 않고 요인과의 약속도 갑자기 취소'한다. 그러는 동안 손정의는 사장실에 전문가를 불러 공부를 한다.

"현장의 일은 현장 사람들이 가장 잘 알고 있다"라며 현장 과장들을 불러 의견을 듣는 것이다.

"새로운 사업을 시작할 때에는, 먼저 반드시 내가 그룹 내에서 가장 전문가가 되는 시간이 있다."

마쓰시타 고노스케가 말하는 '일을 부하에게 맡기는 일은 중요하다. 그러나 그 일을 자신이 알고 나서 맡겨야 한다. 그렇지 않으면 부하에게 무시당한다'를 몸소 실현하고 있다.

앞에서 조금 언급했는데, 손정의는 정보를 수집할 때 현장 사람은 물론, 직접 해외 CEO와 이야기한다. 보통이라면 쉽게 이야기를 듣기 어려운 상대들뿐이다. 손정의 자신도 강력한 정보 발신력을 가지고 있다. 때문에 해외 CEO도 손정의를 만나고 싶어 한다. 자신의 입장을 최대한 활용하고 있는 것이다.

그런 CEO 동료 중 한 사람이 GE의 제프리 이멜트다. 앞에서도 적었지만 GE는 1878년 창업한 에디슨 전기조명회사를 모태로 한 미국 콘네티컷주에 본사를 둔 다국적 복합 기업이다.

소프트뱅크와 GE는 비즈니스로서의 교류는 그렇게 많지 않다. 그러나 이멜트가 일본에 오면 제일 먼저 손정의를 만난다. 오오테마치大手町의 경단련(일본경제단체연합회) 기업에 가기 전에, 손정의와 비즈니스를 겸한 점심을 함께 한다. 임기 4~6년의 월급 사장과는 달리 서로 장기 사장으로 이야기를 나누면 마음이 통하는 모양이다.

지금까지 많은 새로운 사업에 도전하여 성공시켜 온 이멜트가 새로운 사업에 몰두할 때의 마음가짐에 대해서 이야기한다.

"급변하는 세계 속에서 성공을 좌우하는 것은 무엇을 아는가가 아니라 얼마나 빨리 배우는가이다."

손정의 및 소프트뱅크가 '휴대폰 사업은 모른다'라는 비판을 받았을 때, 나는 손정의의 이 말을 듣고 지금까지 몰랐던 일을 갑자기 깨달았다. 휴대폰 사업을 재빨리 배우면 되는 것이다.

그리고 손정의는 휴대폰 사업에 대해서 맹렬히 공부했다. 하여간 많은 전문가의 이야기에 겸허하게 귀를 기울였다. 더 나아가 인수한 보다폰의 현장 과장들에게도 자주 이야기를 듣고 질문을 했다. 최신 정보는 현장이 잘 알고 있기 때문에 당연했다. 그렇지만 잘 생각해 보면, 임원 보고가 아니라 직접 현장에서 이야기를 듣는 모습은 사장으로서는 드물다고 할 수 있을지도 모른다. 보통 사원에게 사장은 멀리 있는 존재이다. 내사할 때도 비서과장이 선두에 서서 시큐리티 카드를 이용하여 전용 엘리베이터를 타고 올라간다. 사원은 그 모습을 멀찍이서 보고 있을 뿐이다. 그만큼 고독한 존재임에도 불구하고 공부할 때는 현장의 이야기를 직접 듣고자 하는 것이다.

"제일 먼저, 내가 사내에서 가장 전문가가 된다. 언제나 그렇다. 그렇지만 사원도 필사적으로 나를 따라 공부한다. 사업화가 본격화되어 나 혼자만의 지식으로 부족하게 되면, 나보다 더 많은 지식을 가진 사원이 나온다. 더 나아가 전문적인 인재가 모여든다. 이렇게 새로운 사업을 수행하는, 이길 수 있는 진용이 만들어지는 것이 언제나의 패턴이다."

덧붙여서 말하면 이멜트와 손정의는 골프 친구이기도 한다. 장소는 경비 문제가 있어서 말하지 못하지만, 손정의는 취미인 골프를 치면서 정보 수집을 하는 것이다. 자택에 골프연습장이 있고, 게임센터에 있는 골프 게임 특허도 몇 개인가 가지고 있을 정도로 손정의는 골프에 관심이 많다.

"시마 씨도 골프를 하지 그래."

나에게도 권했지만, 나는 정치가 골프로 백이 될까말까. 시구식에서만 잘 치는 실력이다. 손정의는 69타 싱글. 리듬을 깨면 미안하기 때문에, 세 번 거절했더니 더 이상 같이 하자고 권하지 않게 되었다.

손정의의 골프 향상법은 스마트하다.

- 세계 1위 선수의 스윙하는 모습을 반년간 계속 본다.
- 반년 후부터 스윙을 이미지로 연습한다.
- 1년 내에 90대, 2년 내에 80대, 3년 내에 파 플레이를 목표로 한다.

이 골프 향상법에도 '가장 먼저 배우는' 철학을 비롯해, 손정의의 비즈니스 수법과 통하는 점이 대거 포함되어 있는 것처럼 느끼는 사람은 나뿐일까.

===== **집중의 대단함은 화장실에 깃든다?**

지금 생각하면 농담 같지만 전에 "손정의는 인터넷이라면 알지만, 휴대폰 전화 사업은 모른다"는 비판이 많은 경제지에 실린 적이 있다. 비판만이라면 괜찮지만, 주가도 영향을 받아, 인수 때보다 60%나 떨어졌다. 휴대폰 사업 참가 직후 무렵의 이야기이다.

마찬가지로 ADSL에 참가했을 때도 동일본대지진 후의 재생 에너지 사업 참가 때도, "아마추어가 뭘 할 수 있겠어"라는 말을 들으면서도 도전을 계속해 왔다.

손정의에게 있어서 처음에는 어느 것도 신규 사업이므로 '아마추어'인 것이 당연하다. 그럼에도 쏟아지는 비판을 극복할 수 있었던 것은 '집중력'이다.

손정의의 집중력은 역시 보통이 아니다.

"미국 유학시절, 식사 중에도 화장실에서도 목욕 중에도 길을 걸을 때도 공부했습니다. 운전 중에도 헤드폰으로 강의를 들었습니다."

그 맹렬한 공부를 지탱한 집중력은 지금도 변함이 없다.

집중이란 '무엇을 하지 않을까'를 정하는 것이다.

손정의의 경우, 전문가가 되기 위한 공부에 집중하면, 사내 회의나 중요한 사람과의 약속도 갑자기 취소하는 경우가 많아진다. 비서가 몹시 난감해한다. 그 뒷수습은 사장실 실장인 내 일이 되었다.

학생 시절에는 화장실에서도 공부를 했다고 하는데, 실은 손정의에게 있어서 화장실은 중요하다. 회의에서 결론이 나지 않고 정체되면 손정의는 "잠깐, 화장실 휴식"이라고 말하고 갑자기 자리에서 일어난다.

화장실은 임원 회의실과 사장 회의실에 하나씩 있다. 두 회의실 사이에는 복도가 있는데, 손정의는 두 회의실을 오가며 회의를 한다. 평소, 임원들은 임원회의실 쪽의 넓은 화장실을 사용한다. 사용하면 안 된다는 규칙은 없지만 어느 틈에 사장 회의실의 화장실은 손정의 전용이 되었다.

그리고 화장실에서 돌아오면 "생각났다! 이건 어때"라고 새로운 아이디어를 제시한다. 나도 함께 화장실에 가는 경우가 있지만, 집중해서 생각하고 있겠거니 싶어 그때는 말을 걸지 않는다. 화장실 안에서 손정의의 눈은 웃지 않고 조금 아래를 향하고 가만히 생각하고 있다. 그리고 5분 이내에 "생각났다!"고 말하는 것이다.

심리학적으로 말하면 인간은 문제해결을 할 때 지금까지의 경험에서 익숙한 방법에 사로잡혀, 정체된다고 한다. 그럴 때 '화장실에 간다', '물을 마신다' 등 환경을 바꿔 기분전환을 하면 새로운 발상, 해결 수법을 생각해 내기 쉽다고 한다.

손정의의 경우, 화장실에 다녀온 후 좋은 아이디어가 나오기 때문에 '뭔가 숨기고 있는 기술이 있는 것은 아닌가' 하고 생각한 전무가 손정의에게 물은 적이 있다.

"고민하고 있을 때는, 세부에 눈이 가 있다. 세부에 눈이 가면 생각이 훨씬 복잡해져 버려, 해결의 길이 점점 막혀 간다. 그럴 때는 '주문'을 외우면 좋다. 간단하다. 간단하다, 라고 말하면 된다."

손정의에게 있어서 화장실은 주문을 외워 문제 해결의 단서를 발견하는 성스러운 장소인지도 모른다.

휴대폰 전화 사업에 참가한 지 얼마 안 된 2006년 9월 3일. 오카야마 현岡山県 니이미 시新見市에 초대받은 손정의를 수행했다. 오카야마 공항에서 니이미시까지는 고속도로를 타면 1시간 반 정도 걸린다. 날씨가 좋기로 유명한 오카야마는 그 날도 날씨가 좋았던 것으로 기억한다.

손정의는 차가 출발하자 즉시 휴대폰으로 전화를 걸었다. 그런데 연결되지 않았다. 진지한 얼굴로 전화번호를 바꿔서 다시 걸었다. 몇 번 시도한 끝에 겨우 연결되었다.

"여보세요. 지금, 시마 씨와 오카야마에 왔는데, 오카야마 공항으로부터 이어지는 고속도로에서 휴대폰 전화가 연결되지 않아. 이런 장소는 즉시 대처하도록."

상대는 네트워트 담당을 하는 임원. 덧붙여 말하면 이 날은 일요일이었다.

이런 대화를 주고받은 뒤 길을 가면서, 손 사장은 열심히 공부한 휴대폰 사업에 관해서, 그것이 무엇인지를 나에게 강의해주었다.

"휴대폰 사업은 하이테크higt tech(고도로 발달된 첨단 과학 기술을 통틀어 이르는 말—역자 주)도 물론 중요하지만, 더 중요한 것은 네트워크로 구체적으로는 기지국이라고 불리는 철탑의 건설입니다. 저 산 위에 보이죠. 때문에 일반 상식과 다르게 90%는 로테크low tech(기술 수준이 낮은 것—역자 주)의 토목사업이에요."

휴대폰 사업의 KFS(성공의 열쇠)는 '쉽게 연결되는 것'이고 '휴대폰 사업의 본질은 기지국을 만드는 토목 사업.' 본질을 간파한 손정의의 구심력은 그 후 필연적으로 높아지게 되는 것이다.

실제로 보다폰은 전파력 커버율이 충분하지 않아, 연결되지 않는 등의 이유로 해약이 많았다. 손정의는 아마추어였기에 대담하게 생각한다. "한 번에 해결하겠습니다"라며 2만 개 정도밖에 없는 기지국을 4만 6,000개로 늘리겠다고 발표했다. 프로가 "3년은 걸린다"고 하는 것을 예정을 앞당겨 "일 년 내에 하겠다"고 발표하고 실현해 버렸다. 러일 전쟁 때 참모 고다마 겐타로가 "제군은 어제의 전문가일지도 모르지만, 오늘의 전문가는 아니다"라고 했던 말이 떠올랐다.

이야기를 되돌리겠다. 니이미시의 심포지엄에서는 이시가키 마사오石垣正夫 니이미시 시장으로부터 "휴대폰이 연결되지 않으면, 젊은 사람은 '비사교적인 녀석'이라는 말을 듣는다. 그게 싫어서 오카야마를 떠난다. 그러니 전화가 연결되지 않는 지역을 없애주셨으면 한다"라는 말을 들었다. 손정의가 대답했다.

"모처럼 니이미시를 방문했으니 여러분께 하나 약속하겠습니다. 니이미시의 산지 등 전지역을 커버하는 것은 무리입니다. 무리한 약속은 할 수 없습니다. 다만 니이미시의 여러분이 가장 불만스럽게 생각하는 곳이 자택이지요. 자택이라면 100% 휴대폰이 연결되도록 정비할 것을 약속합니다. 그것도 내년 중에 실현할 것을 약속합니다."

여기서도 '언제까지'라고 시한을 정했다. 회장이 박수로 가득 찬 가운데, 말을 이었다.

"다만, 99% 연결됐어도, 남은 1%인 한 두 집이 전파 연결이 어려워,

좀처럼 연결되지 않는 집이 나올지도 모릅니다."

뜸을 들이고 관객을 돌아보았다. 왼손에 마이크를 들고, 오른손을 들어 올리며 말했다.

"그럴 때라도 아무리 힘이 들어도, 변명하지 않고, 골짜기의 밑바닥을 파서라도 반드시 연결하겠습니다. 이것은 공약으로 분명히 약속하겠습니다."

우레와 같은 박수라는 것이 이런 것이구나, 싶은 커다란 박수가 터져 나왔다.

휴대폰 사업의 KFS, 그 본질을 간파했기 때문에 할 수 있는 공약이었다. 네트워크 담당부대의 '골짜기의 밑바닥을 파서라도'의 정신으로 이 공약을 지키게 된다.

=== **이기기 쉬운 데서 이긴다 ─최단 루트와 진정한 키맨 확보**

"조사해 보니 우리 선조는 중국의 장군이에요!"라고 손정의는 자주 말했다. 그 뒤에 "장군은 많이 있어요"라고 덧붙이는 것을 잊지 않았지만.

그런 사정도 있어서인지, 『손자』를 좋아한다. 신사업의 프레젠테이션을 하는 자회사 사장에게 "이래서는 이길 수 없어. 쉽게 이기는 체제를 만들어"라고 자주 말한다.

손정의의 사고방식은 스마트하다. 목적달성에 도달하는 최단 루트를 생각하고, 진정한 키맨을 잡는 것이다.

"어려워도 넘버원과 손을 잡으면, 자연스럽게 결과가 따라온다."

보다폰 인수 전에 스티브 잡스를 만나러 갔다는 '전설'은 지금은 유명한 에피소드가 되었다.

"모바일 비즈니스에 참가한다면 아무래도 무기가 필요했다. 세계 최고의 무기를 만드는 사람이 누구인가를 생각했다. 그런 사람은 단 한 명, 스티브 잡스라는 결론을 내렸다."

물론 극비 사항이었기 때문에 누구에게도 말하지 않았다. 이 이야기를 하게 된 것은 2014년 3월 14일, 손 사장이 미국 텔레비전 프로그램에 출연하여 찰리 로즈의 질문에 대답한 후이다. 모르는 사람을 위해서 그때의 대화를 재현하겠다.

> **로즈** "잡스가 일본에서 아이폰을 취급할 회사를 찾을 때, 당신은 '내가 (하겠다)!'고 손을 들었다?"
>
> **손** "잡스가 아이폰을 발표하기 2년 전의 일이었습니다. 만약 내가 모바일 비즈니스에 참가하게 되면 무기가 필요했습니다. 세계 최강의 무기를 만드는 것은 누구인가? 그런 사람은 단 한 명, 스티브 잡스뿐이었습니다."

아이폰 발표 2년 전이라면 2005년. 내가 아직 사장실 실장이 되기 전이었다. 따라서 안타깝게도 그 자리에 동석하지 못했다. 그 무렵 소프트뱅크는 매년 적자 1,000억 엔 가까이 나고 있는 상황이었다. 처음 이야기를 들었을 때, 용케 만났네, 하고 생각했다.

로즈 "그래서 당신은 전화를 걸었나요? 아니면 실제로 그를 만나러 갔나요?"

손 "그에게 전화를 걸고 만나러 갔습니다. 모바일 기능을 더한 아이팟의 간단한 스케치를 들고 가서 잡스에게 건넸습니다. 그러자 잡스가 '자네의 스케치 따위 주지 않아도 괜찮아. 나에게는 나의 것이 있으니까. 그런 서툰 그림은 필요 없어'라고." (웃음)

여기는 내가 손정의로부터 들은 이야기와 조금 다르다. 스케치를 보여줬더니 "빙긋 웃으며 지금 생각하고 있어"라고 말했다고 했다.

손 "나는 '나의 서툰 그림 따위 건넬 필요 없지만, 자네의 제품이 완성되면 일본용으로 나에게 줘'라고 말했습니다."

이것은 말했을 것이라고 생각한다. 즉시 파고드는 것이 손류 교섭 기술이기 때문이다.

손 "그러자 그는 '자네는 미치광이야. 아직 아무에게도 말 안 했는데, 자네가 처음으로 만나러 왔어. 그러니 자네에게 주지'라고"

실은 처음 이 이야기를 들었을 때 '진짜?'하고 생각했다.

스티브 잡스도 애플도 초극비주의. 과연 "자네에게 주지"라고 말을 할까, 라고 '좌뇌' 인간인 나는 생각하게 되는 것이다.

약 8년, 손정의 사장실 실장으로 일한 지금에 와서야 알게 된 것이 있다. 손정의는 잡스가 '자네에게 주지'라고 말한 것처럼 '들렸다'가 맞을 것이다.

손정의는 회의에서도 좋은 말밖에는 하지 않는다.

잡스가 "자네에게 주지"라고 말한 것처럼 들린 순간, 손정의의 우뇌에는 대성공의 이미지가 떠오른 것이 아닐까.

모바일 인터넷 혁명을 상징하는 신제품=아이폰을 소프트뱅크가 독점판매하고 NTT도코모를 점점 뒤쫓아 간다. 아니, NTT도코모가 이렇다 저렇다 하기에는 '조금, 포부가 작다.'

라이프스타일을 바꿔 모바일 인터넷 혁명을 일본에 일으키겠다고 굳게 믿어버린 것은 아닐까.

손   "네, 아직 보다폰 재팬을 인수하기 전이었지만. 만약 일본 시장에서의 독점적 판매권을 얻을 수 있다면 이보다 더 멋진 일은 없을 것이다, 라고 그에게 말했습니다. 그리고 말했어요. '확실히 종이에 적어서, 서명해 주게'라고."

이것도 했을 것이라고 생각한다.

하여간 점점 파고드는 것이 손류 교섭 방식이기 때문이다.

손 "스티브는 '서명은 할 수 없어. 왜냐하면 자네는 아직 휴대폰 회사조차 가지고 있지 않잖아'(웃음)라고. 그래서 이렇게 대답했습니다. '좋아, 스티브. 자네가 약속을 지키면 나도 일본에서 휴대폰 회사를 시작하겠네'라고."

로즈 "그래서 당신은 실행했다?"

손 "네, 그렇습니다. 2백억 달러를 들여서요."

최강의 NTT도코모와 승부하여, 천하를 손에 넣기 위해서는 어떻게 하면 좋을까? 오다 노부나가가 최강의 다케다武田 기마군단에게 철포로 승리한 것처럼, 신병기가 필요했다. 그렇게 하면 '쉽게 이기는 체제'가 만들어진다.

"가슴 속에 간직한 새로운 무기가 있었기 때문에, 1조 엔의 승부를 할 수 있었습니다."

손정의가 2015년 소프트뱅크 월드에서 한 말이다.

===== **2006년의 인수는 2008년부터의 뺄셈**

반복해서 말하지만, "장대한 계획을 세워서 거기서 뺄셈을 합니다. 덧셈은 안돼요"라는 것이 손정의의 사장철학이다.

"IoT혁명이 2018년에 일어난다"라고 예언했을 때와 마찬가지로 "스마트폰 혁명이 2008년 무렵 일어난다"라고 예언했을 때도 손정의는 이 철학에 바탕을 두었다.

2006년 손정의는 다음과 같이 생각한 것이다.

스마트폰 혁명이라는 패러다임 전환의 입구에서 투자하여 소프트뱅크를 비약시킨다. 그러니 무엇보다 먼저 휴대폰 사업에 참가해야 한다.

휴대폰 사업 참가의 길은 인수만 있는 것은 아니었다. 후지산을 서쪽에서도 동쪽에서도 올라갈 수 있는 것처럼 길은 여러 개 있는 것이다.

첫 번째 길은 자기 비용으로 제로부터 시작하는 것. 당시 총무성은 1.7기가헤르츠 대를 신규 참가 사업자에게 주어 NTT도코모, KDDI, 보다폰에 이은 네 번째, 다섯 번째의 휴대폰 사업자를 육성하고자 했다. 경쟁을 촉진하여, 휴대폰 요금을 내리고자 하는 정책 목표가 있었던 것이다. 슘페터는 5가지 혁신 중에서 '독점 타파'라는 것을 들고 있다. 이것은 손정의가 잘하는 것이다. 즉, 규제에 보호받으며, 방만 경영에 안주하고 있는 분야를 공격하는 것이다.

소프트뱅크도 1.7기가헤르츠 대의 허인가를 받았다. 당시의 총무대신은 다케나카 헤이조竹中平蔵. 처음부터 휴대폰 사업을 시작한다는 사업 계획에서는 5년 후나 10년 후에 손익 분기점을 돌파할 수 있다는 전망이었다. 이래서는 손정의가 생각하는 2008년 무렵에 시작될 스마트폰 혁명에 늦어지는 것이다.

두 번째 길은, MVNO이다. 'MVNO'란 'Mobile Virtual Network Operator'의 약자로, '가상 이동체 통신 사업자'라고 한다. 저렴한 스마트폰 '라쿠텐楽天모바일', 'UQmobile'이라는 회사가 MVNO이다.

조금 더 해설하면 MVNO의 대의어에는 'MNO'가 있다. 'MNO'란

'Mobile Network Operator'의 약자로 '이동체 통신 사업자'라고 한다. 'NTT도코모', 'KDDI'라는 회사가 MNO이다. 이 MNO를 '캐리어'라고 부른다.

MVNO는 캐리어와 달리 '가상'이라는 단어가 붙는다. 캐리어가 통신 서비스를 제공하는 데 있어서 기지국 등 자가 비용을 들인 설비를 보유하고 있는 것에 대해, MVNO는 자기 비용을 들인 설비를 일체 보유하고 있지 않다. MVNO는 캐리어에 돈을 지불하고 회선을 빌려, 서비스 제공을 하는 것이다. 손정의도 이 길을 생각했다. 타도를 목표로 하는 NTT도코모가 빌려줄 리 만무했기 때문에, 보다폰의 통신 인프라를 빌려서 휴대폰 사업을 시작하기로 한 것이다.

실은 보다폰과 MVNO로 거의 교섭이 끝난 상황이었다. 그러나 손정의가 언제나처럼 '뺄셈식'으로 생각한 결과 MVNO로는 2008년부터 시작되는 스마트폰 혁명의 '패러다임 시프트'에 늦는다는 결론이 나왔다.

그리고 제3의 길이 '인수'였다.

2005년 12월. 내가 소프트뱅크에 입사한 지 2개월 됐을 때이다. 사장회의실. 손 사장이 한 가운데 의장석에 앉았다. 최대 30명이 앉을 수 있는 커다란 테이블에 15명 정도의 간부가 앉았다.

"지금 보다폰의 모로(대표이사)와 이야기를 했는데…."

잠시 말을 끊었다. 모두의 주목을 자신에게 모을 때는 반드시 이렇게 한다.

"그렇게까지 말한다면, 사라는 말을 들었어."

진지한 얼굴을 하지 않고 생글생글 웃고 있다. 모두 흥분했다.

2008년의 대승부에 늦지 않기 위해 '시간을 사야 한다.' 그렇게 생각한 손정의는 리스크가 있지만 제3의 길을 선택하여 보다폰을 약 2조 엔에 인수했다. 당시 소프트뱅크의 매출액은 1조 1,000억 엔. 전년까지의 적자 1,000억 엔. 인수 상대의 자산을 담보로 하는 LBOLeveraged Buy Out라는 방식을 취했다. 소가 대를 삼키는 인수였다.

중요한 현금이 수중에 없어도, 아무리 거액의 빚을 지고 있어도 "나는 아무렇지 않는데요"이라고 말하는 부채왕 손정의. 부채로 보다폰을 인수했다. 그 금액은 2조 엔.

이 정도 금액의 현금에 의한 인수는, 일본 경제사상 과거 최대. 구미를 포함해도 과거 2번 째. 손정의가 아무리 '일본 1위', '세계 1위'를 좋아한다고는 하나, 상당한 리스크테이킹Risk taking(위험감수)이 필요했을 것이다. 그러나 그럼에도 결단하고 행동에 옮긴 것은 '패러다임 시프트의 입구에서 투자한다'라고 하는 흔들리지 않는 신념이 있었기 때문이다.

===== **현대는 '이긴 후, 양도하지 않는 것'이 성공의 법칙**

로마 제국이 세력을 넓히고, 점령지역의 통치에 성공한 원인은 '이긴 후, 양도' 정신이 있었기 때문이다.

손정의도 그것을 알고 있는지 모르는지, 인수기업의 경영과 룰을 존중한다. 상대를 존중하면서 턴어라운드를 꾀하는 수법을 취해 왔다.

대금을 투자하여 인수해도 인수 당한 기업이 쌓아온 노하우나 룰, 경영, 한 사람 한 사람을 존중하지 않으면 가치가 순식간에 훼손되기 때문이다.

"사원이 등을 돌리고 나가버린다는 것은, 레스토랑으로 말하면 맛이 변하는 것. 일류 레스토랑과 그렇지 않은 레스토랑의 차이를 아나요? 매일, 매끼, 같은 맛을 내는 것이 일류입니다."

내가 입사했을 당시 일본 텔레콤(나중에 소프트뱅크 텔레콤), 그리고 스트린트. 손정의는 상대를 존중하여 경영진을 남기는 방법을 취했다. 그런데 실은 두 개 회사 모두 성공했다고는 하지 못한다.

일본에서는 부하를 신뢰하여 모든 것을 맡기는 리더가 좋은 리더라고 여겨진다. 그것이 지금까지의 사장학이었다. 뒤로 물러나 '생각대로 조치하게'라고 덕으로서 다스리는 것이 최선이라고 말해져 왔다. 로마 제국의 '이긴 후, 양도' 정신이다.

손정의도 이 정신을 기본적으로는 가지고 있다. 그러나 로마 제국 시대가 아니라 글로벌 사회가 되어 경쟁이 심해진 현대에서는 단연코 솔선수범, '나를 따르라 형型'이 아니면 안 된다. 즉 '이긴 후, 양도하지 않는다' 정신이 요구된다. 그것이 나의 개인적인 생각이다.

실제로 처음부터 진두지휘를 한 보다폰을 성공 예로 볼 수 있다. 보다폰을 인수했을 때, 보다폰의 방식은 '결과를 내지 않았기 때문에' 모든 것을 제로부터 다시 생각했다.

"더 이상, 타협하지 않고, 과거의 관례도 경영도 일체 존중하지 않는다는 그야말로 불퇴전의 각오로 임했다. 옳다고 생각하는 것 이외는 하지 않는다. 옳다고 여기는 판단 이외는 하지 않는다. 사이좋은 동아리처럼 경영하지 않는 것이, 경영에 대한 책임감을 나타내는 것이다."

당시 손정의의 마음가짐이다. 타협 없음. 기탄 없음. 보통의 회사라면 과장 이하밖에 참석하지 않는 회의까지도 출석하고, 자신이 현장에서 진두지휘를 했다.

사장학으로 생각할 경우, 이러한 리더를 어떻게 육성하느냐도 중요하다. 미육군의 인사교육방침은 미래의 원수·대장 후보는 반드시 제1선에 내보내 수장, 단장 등을 경험시킨다. 현장을 경험시키고 여기에 더해 혹시 기회가 되면 위기적 상황인 실전을 경험시킨다. 참모 등 스텝으로서가 아니라 실전의 리더를 경험시키는 것이다. 거기서 얼마나 솔선수범='팔로우 미'가 중요한지를 배우게 하는 것이다.

단, 실제로 해보면 매우 힘들다.

보다폰에서 진두지휘를 할 때는 손정의는 현장 레벨의 경영회의에도 참석했다.

"아침부터 밤까지 휴대폰 일에 집중하여 머리가 휴대폰 일로 가득합니다"라는 상황이었다. 간부에게도 심야든 토요일 일요일이든 상관하지 않고 전화하여, '전략은 세부에 깃든다'라며 세세한 부분까지 지시를 내렸다.

이런 방식은 영국식 경영에 익숙한 보다폰의 옛 간부들의 마음에 들지 않았다. 게다가 그들에게는 20년 해왔다는 자부심이 있다. 손정의는 휴대폰 상식에서 보면 상식 외의 말만 한다. "아마추어가 무슨 말을 하는 거야"라며 부아가 치밀었을 것이다.

결과 간부들이 차례로 그만 두었다. 손정의의 말을 빌리면 "고객이 3분의 1 떨어져 나가기 전에, 간부가 3분의 1 떨어져 나갔다"라는 상황이다.

단, 좋은 일도 있었다. 간부들이 차례차례 그만 두었기 때문에 과장이 부장으로, 부장이 총괄부장이 되었다. 그렇게 해야만 하는 상황이었지만, 승진은 기쁜 것이다. 게다가 손정의로부터 직접 지시를 받으며 함께 일을 할 수 있다. 이것으로 활기를 띤, 소프트뱅크는 비약해 갔다.

반대로 암홀딩스는 어땠는가? 인터넷 관계에 대한 투자 IRR(내부수익률) 45%를 자랑하는 손정의지만 실은 실패도 많았던 것을 나도 알고 있다. 야후, 보다폰 등 손정의가 진두지휘하여 직접 경영에 참가한 사업은 성공했다. 한편, 일본 텔레콤, 스프린트 등 처음에는 구경영진에게 맡긴 사업은 고전했다.

즉, 성공의 필요조건은 손정의가 처음부터 경영에 참가하는 것이다.

당초, 손정의는 새로운 회사인 암홀딩스를 구경영진에 맡긴다는 방침이었다. 그러나 최근에 와서 방침을 변경했다.

"지금까지 반 정도의 시간을 스프린트에 사용하고, 나머지는 다른 일을 했다. 앞으로는 45% 정도를 스프린트, 45%는 암홀딩스 관계에 사용하겠다."

이렇게 한다면 손정의가 처음부터 관여하는 '성공의 방정식'에 가깝기 때문에 안심이 된다.

═══ **남동생이 말하는 '형의 방식'**

손정의의 동생 손태장은, 스마트폰용 게임 어플 '퍼즐 앤 드래곤'으로 유명한 경호온라인엔터테인먼트 회장도 역임한 매우 우수한 경영자이자 겸손한 사람이다. 소프트뱅크 본사에서 만나면 언제나 정중하게 인사를 한다.

몇 년인가 전의 일인데, 손정의와 손태장이 사장실 플로어에 있는 영빈관에서 이야기를 하고 있었다. 내가 옆에 있었는데, 손정의를 '형'이라고 부르는 것이 인상적이었다.

그때 마침 영빈관에 장식할 병풍을 고르고 있었다. 손태장이 말했다.

"어차피 산다면 창포가 좋아."

손정의가 의아한 표정을 지었기 때문에 좌뇌 인간인 내가 말했다.

"오가타 고린尾形光琳(일본 에도 시대 중엽의 도예가·화가—역자 주)의 연자화 병풍 말씀입니까. 네즈根津 미술관에 있는."

"그래, 그거. 그게 갖고 싶어요."

이 두 사람이라면 연자화 병풍이어도 손에 넣을지도 몰라…라는 생각이 들게 한 대화였다.

손태장이 소프트뱅크와의 자본 관계가 없어진 것을 계기로 '손정의론' 비슷한 것을 말하며 형의 방식에 대해 적었다.

① 우선 캐쉬 카우(돈이 되는 나무)가 되는 자신의 핵심 사업을 만들어 낸 다음,

② 그 핵심 사업의 자체 성장 '오가닉 그로스organic growth'를 뛰어넘는 사업 목표와 전략을 수립(거기에 실현 가능성을 고려하는 논리는 없고, 하여간 '언제까지, 이만큼' 이라고 큰 목표를 세운다).

③ 그 전략에 자본을 댄다. 즉, 인수 후보를 찾아 계속적으로 커뮤니케이션을 꾀하며

④ 피 인수처의 M&A 검토 가능성이 보이면, 쌓아온 신용을 최대한 활용하여 끌어낸 융자로 인수하여

⑤ 연결을 통해 전략 수행 스피드를 가속화한다.

라는 방식이다.

과연 포인트를 잘 짚었다. 손정의1.0 시대의 경영 전략은 이 5개로 집약된다.

2006년 내가 소프트뱅크에 입사한 거의 같은 시기에 보다폰을 인수. 국내 휴대폰 사업에 참가했다. 총무성과 NTT라는 체재 측에 저항하는 이노베이터로서 입후보한 것이다. 나도 사장실 실장으로 열심히 일했다. 그리고 아이폰의 독점판매권을 얻어 비약적으로 성장했다.

보다폰 인수로부터 10년. 재무적인 국내 통신 사업은 소프트뱅크 그룹 경영의 요소가 되었다. 안정된 고객 기반에 더해 네트워크 대형 설비 투자도 보급되었다. 연 5,000억 엔 규모의 프리 캐쉬 플로우Free Cash Flow(잉어현금흐름)를 번다. 그야말로 핵심 사업으로서의 '돈이 되는 나무'가 완성된 것이다.

자기 자본의 5배에 해당하는 12조 엔의 유이자 부채를 안고 앞으로

반도체 사업이라는 새로운 영역에 도전할 수 있는 것은 '돈이 되는 나무', 국내 통신 사업이 벌어들이는 캐쉬가 뒷받침하고 있기 때문이다. 국내 통신 사업의 캐쉬 플로우가 없었다면, 이번 암홀딩스 인수는 이루지 못할 꿈이 되었을 것이다. 이하, 손태장의 '손정의의 방법'을 참고하면서 손정의1.0 시대를 뒤돌아보겠다.

<hr />

우선 커다란 목표를 세우고, 그 후 인수분해한다

"10년 이내에 NTT도코모를 앞지르겠습니다."

2006년 5월, 도쿄. 유언실행을 목표로 하는 손정의가 선언했다.

동생, 손태장에 의한 '②핵심 사업의 자체 성장 오가닉 그로스 organic growth'를 뛰어넘는 사업 목표와 전략을 수립(거기에 실현 가능성을 고려하는 논리는 없고, 하여간 '언제까지, 이만큼'이라고 큰 목표를 세운다)'의 전형적인 예이다.

"보다폰에는 여러분이 알고 계시듯이 많은 과제가 있습니다. 1~2년 안에 개선할 수 있을 정도로 간단한 문제는 아니지만, 10년 걸려도 할 수 없을 만큼 어려운 테마는 아니라고 생각합니다. 쉬운 싸움은 아니겠지만, 10년이라는 단위로 보면 충분히 이길 수 있습니다."

인생을 하나의 무대라고 한다면 이 위기적 상황 속에서 신뢰할 수 있는 리더의 역할을 확실히 연기했다.

란체스터 전략에 의하면, 단위가 압도적으로 유리하게 되어 1위로 독주하기 위한 조건이 41.7%라고 한다. 당시 NTT도코모의 시장 점유율은 55%, 안정 목표치를 훨씬 넘은 강자에게 시장 점유율 16%의 소프트뱅크(보다폰)가 도전하여 앞지르겠다고 선언한 것이다. 반복하지만, 거기에는 '실현 가능성을 고려하는 논리'는 없다.

소프트뱅크의 간부들조차 "손 사장이 또 굉장한 허풍을 떨고 있군"이라며 아무도 믿지 않았다. 영업 담당 간부 등은 더 심했다. '또, 허풍이군'이라고 생각했다고 한다.

다만 나는 'NTT도코모를 10년 내에 앞지른다'라는 목표를 듣고, 손정의로서는 '장기'의 목표로군, 하고 생각했다.

손정의는 회의 등에서 자주 "인수분해 하라!"라고 말한다.

예를 들어 휴대폰 사업의 매출을 늘리기 위한 생각을 할 때, P(가격)×C(소비자)×T(타임=통화시간)이 매출의 인수가 된다. 이 가운데 어디에 착목하여 대책을 세울까를 생각한다. 이처럼 인수분해 해가면 무엇이 문제인지, 세부사항이 명확하게 된다.

피터 드레커는 '목표란 사업의 기본 전략이다'라고 말하며 구체 목표가 갖추어야 할 조건을 다음과 같이 설명했다.

① 구체 목표는 행동을 위한 것이다.
② 구체 목표는 자원과 행동을 집중시키기 위한 것이다.
③ 구체 목표는 하나가 아니라 여러 개여야 한다.

손정의는 "10년 이내에 도코모를 앞지르겠다"라는 말을 인수분해하여, 드레커가 말하는 구체 목표로서 4가지 약속을 끌어냈다.

첫째는 네트워크의 강화이다.

"아무리 비용이 들어도 아무리 고생스러워도 고객에게 잘 터지는 휴대폰 서비스를 제공하겠습니다."

이 무렵 소프트뱅크 휴대폰은 잘 터지지 않기로 유명했다. 변명하자면 휴대폰에 가장 적합한 '플라티나 밴드'라고 불리는 주파수대 700~900메가헤르츠를 NTT와 KDDI는 가지고 있었지만 소프트뱅크만은 가지고 있지 않았기 때문이다.

둘째는 단말기의 충실화이다.

보다폰은 영국에 본사를 두고 세계로 전개해 나갔다. 단말기는 개발도상국에서도 사용할 수 있도록 두껍고 무겁게 설계되어 있었다. 손정의는 무엇이든 1등을 좋아한다.

"멋있는 것으로 1등, 사용하기 편리함으로 1등, 기종의 다양함으로 1등인 단말기로 차별화해야 합니다"라고 또 선언했다. '조금 멋있는 것', '조금 사용하기 쉬운 것'으로는 실격이다. '내가 하고 싶은 것은 개선이 아니라, 혁명'이다.

셋째는 서비스, 콘텐츠의 강화.

야후와 연계하여, 뉴스, 일기 예보, 맛집 등, 대부분의 콘텐츠를 무료로 제공하기로 한 것이다.

"지금까지의 비즈니스 모델을 뒤집을 것입니다. 우리들이 단숨에 바꿔가겠습니다."

당시는 일기 예보, 뉴스 등 콘텐츠 메뉴 하나에 월 300엔 정도 지불했기 때문에, 분명 기존의 비즈니스 모델을 뒤집는 것이 된다. 매력적인 콘텐츠가 미디어의 가치를 올리고, 더욱 매력적인 콘텐츠 창출에 연결된다고 생각하는 것이다.

넷째는 브랜딩의 강화이다.

'보다폰'을 '소프트뱅크'로 변경하여 CM에도 힘을 쏟는다. 손정의는 여기에서도 "싸움에 임하기 전의 권투 선수 같은 심경입니다"라고 각오를 보였다.

"NTT도코모를 10년 내에 앞지르겠습니다"라고 말만으로 끝나면 사장 실격이다. 그렇다면 어떻게 반신반의하는 패거리를 '할 수 있다'고 생각하게 했는가?

"메밀국수집은 몇만 곳이나 있어. 휴대폰 회사는 NTT도코모, KDDI, 보다폰 세 곳밖에 없다. 몇 만 개나 있는 시장과 셋밖에 없는 시장에서 어느 쪽이 1등이 되기 싫다고 생각해? 당연히 셋밖에 없는 시장이지."

손정의의 말은 결코 어렵지 않다. 그러나 이것으로 설득이 어려운 상대를 설득해 버린다. 이것이 손정의의 힘이다. 자신도 모르게 고개를 끄덕이는 사람은 나만이 아닐 것이다.

=== **하나를 달성하면 다른 풍경이 보인다**

"키가 작으면 높은 구두를 신어. 지붕에 닿지 않으면 사다리를 가져와. 총이든 뭐든 다 괜찮아. 어쨌거나, 목표를 달성한다."

손정의는 그렇게 키가 크지 않다. 신장 183센티미터인 나는 아무리

해도 내려다보게 되는 상황이 된다. 사장실 실장으로 그렇게 하기가 쉽지 않다.

알리바바의 회장 마윈도 키가 크지 않다. 둘이서 "작은 편이 좋다"라고 내 옆에서 말한 적도 있다. 때문에 "키가 작으면 높은 구두를 신어"가 된다.

보다폰을 인수하여 아이폰의 독점판매권을 손에 넣어 실질적인 증가 1위를 계속하고 있다. 이대로 간다면 언젠가 NTT도코모를 앞지를 것이다. 소프트뱅크는 이 노선을 순조롭게 지나온 듯 보였다. 소프트뱅크의 시장 점유율은 당초 16%에서 약 30%로 성장했다.

그러나 NTT도코모의 시장 점유율은 여전히 40%, '제대로된 생각'으로는 '10년 내에 NTT도코모를 앞지르겠습니다'라는 목표는 달성할 수 없다.

여기서 손정의가 강구한 수단이 스프린트 인수이다.

2012년의 스프린트 인수 직후, 소프트뱅크의 주가는 일순 하락했지만 그 후 부활하여 상승. 2013년의 도쿄 주식 시장에서 소프트뱅크 주의 시가총액이 9조 엔을 넘어 미쓰비시三菱 UFJ 파이낸셜그룹을 제치고 도요타자동차(21조 엔)에 이은 도쿄증권거래소 2위로 부상했다.

미국교직원연금이 '스프린트의 인수 등으로 수익 기반을 적극적으로 넓혀 새로운 서비스를 소비자에게 지속적으로 제공하고 있다'고 평가한 것처럼, 시장에서는 인수 전략을 통해 미국 시장에서의 성장력을 평가하는 목소리가 많았다. 주가는 2013년에 들어와 2배 이상 상승. 시가총액이 9조 엔을 넘은 것은 13년 만이었다.

그리고 2014년 5월 7일. NHK뉴스가 '소프트뱅크, 과거 최고 이익. 매상, 영업 이익, 최종이익 과거 최고. 처음으로 NTT도코모를 상회하다'라고 보도했다.

"보다폰을 인수했을 때 10년 이내에 도코모를 앞지르겠다고 공언해 왔지만, 그 당시는 우리 사원들조차 웃었다. '있을 수 없다', '또 꿈같은 허풍을 늘어놓고 있군'이라며⋯⋯."

영업 이익이 점점 떨어지고 있던 보다폰을 인수했으니 그럴 만도 하다. 1년 더 지나면 주가는 더욱 떨어지는 것이 아니냐는 의견도 있었다. 그러나, 싸게 사는 것이 목적이 아니었다. 모바일 인터넷의 여명인 2008년부터 역산하면 시간을 살 수밖에 없었기 때문에 재빨리 인수한 것이다.

이 일련의 흐름을 손태장의 '손정의의 방법'에 비추어 보면 보다폰 인수에 의한 휴대폰 사업 참가와 '10년 이내에 NTT도코모를 앞지르겠습니다'라는 선언이 ① 돈이 되는 나무 육성과 ② 자체 성장을 뛰어넘는 사업목표와 전략을 수립한다. 그리고 ③ '그 전략에 자본을 댄다'라는 것이 스프린트라는 인수 후보를 찾아 계속적으로 커뮤니케이션을 꾀하는 것. 스프린트의 CEO 댄 헤세는 나조차도 올려다보는 장신인데 손정의와는 이전부터 아는 사이였다고 한다. 그리고 ④ '쌓아온 신용을 최대한 활용하여 끌어낸 융자로 인수'는 보다폰의 턴어라운드 성공의 신용도 있어서, 스프린트의 인수비용 약 2백억 달러를, 금리 1% 대로 조달하여 실현한다. 결과, ⑤ '연결을 통해 전략 수행의 가속'에 도달한다. 고객수가 미국 약 6,000만, 일본 약 4,000만으로 합계

1억이 되어 세계 마켓에서 NTT도코모를 단숨에 제쳤다.

그러나 이 시점에 있어서도 일본시장에서의 시장 점유율은 NTT도코모가 40%, 소프트뱅크 30%로 NTT도코모의 뒤를 따르고 있다. 그러나 손정의는 개의치 않았다.

"'뭐야, 도코모를 상회한다고 해도, 다른 수를 쓴 거잖아. 그걸로 괜찮은 거야'라는 말이 들려올 듯하지만 '그걸로 괜찮아'가 나의 대답입니다. 다른 수든 뭐든 괜찮습니다. 요는 앞지르면 되는 겁니다. 물론 법을 어겨서는 안 되지만, 온갖 지혜를 동원해서 모든 각도에서 수를 사용합니다."

무슨 수를 써서라도 2층에 올라가고 싶다, 어떻게 해서든지 2층에 올라가자. 이 열의가 사다리를 고안하게 하고, 계단을 만들게 했다. 열의가 없는 사람의 머리에서는 사다리가 나오지 않는다. 무슨 수를 써서라도 목적 달성을 하겠다, 라는 강한 생각이 '스프린트 인수'라는 평범치 않은 '수'를 생각해낸 것이다. 그리고 연결하는 것을 통해 전략을 수행한 것이다.

"하나를 달성하면 다른 풍경이 보인다"라고 손정의가 말한 적이 있다. 세계3위가 된 것으로 다음에 목표로 하는 것이 보인다.

1996년 야후 인수. 2006년, 보다폰 인수. 2016년 암홀딩스 인수. '10년에 한 번, 플랫폼의 입구에서 투자해 온' 손정의는 자신의 사장철학을 융화시키면서, 멋지게 10년에 1번 승부를 한다. 그리고 지금. 손정의2.0의 눈에는 또 지금까지와는 다른 완전히 새로운 풍경이 비치고 있다.

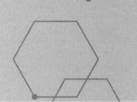

제6장

투자가 · 손정의의 실력

===== **손류 투자와 아로라류 투자의 차이**

지금까지의 설명으로 손정의의 경영철학에 독특한 신념이 깃든 것을 알았을 것이다. 그러나 손정의의 독특한 관념은 투자 면에서도 두드러지게 눈에 띈다. 이 장에서는 '손정의의 투자'에 주목하겠다.

니케쉬 아로라가 후계자 후보로 지명되었으면서도 퇴임했다는 시의적절한 사건은 손정의의 투자술을 새삼스레 두드러지게 했다.

손정의는 한번 투자하면, 장기 관계를 중시하여 계속 가지고 있는 바이 앤 홀드buy&hold형.

"3개월 뒤의 주가는 몰라도 10년 뒤라면 안다"가 입버릇.

이에 대해 후계자 후보로 지명된 아로라는 트럼프를 섞듯이 사고팔고 한다.

"10년 후는 모르지만, 눈앞의 주식이라면 안다"일 것이다. 소프트뱅크 투자방침은 아로라가 오고 나서 상당히 변했다.

아로라는 인도에서 스타였다. 그도 그럴 것이다. 손정의의 후계자로 지명되어 165억 엔의 연봉을 받는다. 아내는 재벌의 딸이자 여배우. 그리고 소프트뱅크의 투자를 인도의 스타트업 기업(신생 창업기업. 보통 혁신적인 기술과 아이디어를 보유하고 있지만 자금력이 부족한 경우가 많고, 기술과 인터넷 기반의 회사로 고위험, 고수익, 고성장의 가능성을 지니고 있다—역자주)에 뿌리는 사람이었기 때문이다.

예를 들면, 인도에서 급성장한 저렴한 호텔 전문 예약 웹사이트 운영회사 오요 룸즈라는 것이 있다. 투자처로서 동료에게 추천받은 아로라는 뉴델리 교외에 있는 자택에 당시 21세의 리테쉬 아가르

왈 CEO를 불러, 직접 무릎을 맞대고 담판을 했다. 결과 '마음에 들었다'며 즉시 투자를 결정했다.

손정의는 자신이 리스트를 지고 소프트뱅크를 일으키고 야후 등의 상장으로 투자여력을 얻기도 하고, 턴어라운드 실적으로 신용을 얻은 후에 비로소 큰 투자를 했다. 즉, 자신이 불린 돈이다. 아로라는 다르다. 단순히 후계자 지명을 받았을 뿐이다. 진정한 감정사인지 어떤지도 잘 모른다. "괜찮을까?" 이런 소리가 소프트뱅크 사내에서 들려왔다.

아로라는 '팀 니케쉬'라고 불리는 신용할 수 있는 부하를 한 사람 또한 사람 소프트뱅크에 입사시켰다. 모두, 일반사원 입장에서 보면 터무니없이 높은 급료였다. 소프트뱅크의 고참 투자 담당자는 소외감을 느끼고 있었다. 일주일에 한 번 있는 '위클리 콜'이라고 불리는 전화회의. 도쿄와 런던, 인도, 미국 서해안 등을 연결하여 투자 안건에 대해서 검토한다. 아로라가 손정의를 대신해서 중심 자리를 차지했다. 2시간 정도 계속되는 회의에서 세계 중에 흩어져 있는 부하로부터 정보를 얻는다. 어떤 의미에서는 조직적이다.

소프트뱅크의 투자 전략은 손정의의 '직감'에 의존하는 투자였다. 인도의 전자상거래 회사, 스냅딜에 투자했을 때의 일이다. 소프트뱅크 아카데미아에서의 공개 토의에서 다음과 같은 말을 주고받았다.

"기억하나요? 내가 '니케쉬! 즉시 출자하러 가자!'라고 했을 때, 니케쉬의 첫 반응은 '독일은행 등을 통해서, 확실히 조사할 필요가 있습니다'라는 것이었어요. 그래서 내가 말했어요. '그들은 이해할 수 없으니, 직감을 믿어. 조사 따위 필요 없어'라고."

이때 손정의는 상당히 조바심이 났을 것이다.

"독일 은행 녀석들이 알 리가 없잖아, 바보"라고 평소라면 말할 것 같다. 아로라는 "그 방법으로 하면 많은 경우 잘 되지만, 항상 그렇지는 않습니다"라고 대답했다. 직감을 의지하는 소프트뱅크의 투자 스타일을 아로라는 '팀 니케쉬'로 바꿔갔다. 그 점에서 보면 아로라는 대단한 사람이다. 손정의의 발언에 이의를 제기하는 사람은 소프트뱅크 그룹 안에는 거의 없기 때문이다.

손정의는 아로라를 "프로페셔널한 분석과 교섭, 경영을 도입했다"고 높게 평가하는 발언을 했다. 나는 본심은 아닐 것이라고 생각했다.

'팀 니케쉬'가 행한 해외투자는 '급성장하고 있다'고 홍보차원에서 말했다. 그러나 손정의의 직감에 의해 달성한 IRR 45%에는 미치지 못할 것이다.

아로라가 소프트뱅크를 주도한 2년 정도의 투자처를 보면, 인터넷 통신판매 회사가 두드러진다. 2020년, 아시아 전자 상거래 시장이 1,000조 엔이 될 것이라는 커다란 흐름이 있기 때문일 것이다.

인도의 스냅딜. 인도네시아의 토코페디아. 그리고 중국의 알리바바. 인도의 인구 13억 명. 인도네시아의 인구 2.5억 명. 중국의 인구 14억 명. 이것으로 약 29억 명. 일본의 1억 명을 더하면 대강 30억 명. 손정의는 30억 명의 전자상거래 시장을 만들 생각인 것 같다. 스냅딜이 '제2의 알리바바'가 될 것이라는 관측이 있는데, 과연 어떨까?

거꾸로 매각도 두드러진다. 아로라는 손정의가 장기보유를 방침으로 삼고 있던 알리바바의 주식도 주저 않고 팔았다. 핀란드의 게임회사 슈퍼셀도 매각했다. 결과 불과 1달 만에 총액 2조 엔 가까이를 손에 쥐었다. 그것이 암홀딩스 인수의 '군자금'이 된 것은 다행이다.

2016년 아로라는 부사장을 퇴임하고 소프트뱅크를 떠났다. 조금 '다른 곳'을 들렀다가 소프트뱅크의 투자 전략은 다시 손정의의 '직감에 의한 것'으로 돌아왔다. 앞으로, 손정의는 암홀딩스를 장기 보유할 것이다. 그 결과는 아마 소프트뱅크에게 좋을 것이다. 손정의의 '직감력'은 알리바바의 예에서도 보듯이 신들렀다고밖에는 생각할 수 없기 때문이다.

"IRR 45%. 이 규모에서 이런 수익률을 올리고 있는 펀드는 달리 없다"라고 말하는 모습이 눈으로 본 듯이 떠오른다.

===== **버핏도 놀란 IRR 45%**

IRR(내부수익률) 45%. 이 숫자 때문에 손정의는 '아시아의 워렌 버핏'이라고 불린 적도 있다.

"버크셔 해더웨이의 버핏 씨와 직접 개인적으로 만난 적이 있습니다. 그때 그가 '오래간만이야. 어때?'라고 물었습니다. 그와 빌 게이츠 씨와 나는 셋이 골프를 치던 사이니까요. 그래서 우리의 업적을 보고했어요. '(IRR이) 45%이다'라고 말했더니, '뭐! 그거 대단한대'라며 놀랄 정도였기 때문에, 매우 기뻤습니다."

손정의의 사장실에는 빌 게이츠와 함께 골프를 칠 때의 사진이 걸려 있다. 카트를 운전하는 사람은 빌 게이츠. "세계에서 가장 시급이 비싼 운전사입니다"라고 자주 농담처럼 말한다. 어쩌면 이때 버핏도 함께였는지 모른다.

손정의 자신은 사업가, 신사장으로서는 스티브 잡스, 투자가로서는 버핏을 롤모델로 삼고 있을 것이라고 생각한다. 물론 최종적으로는 투자가로서 '세계의 손정의'를 목표로 하고 있을 것이다.

스티브 잡스도 "20세 정도에, 동경하는 롤모델은 인텔의 앤디 그로브와 휴렛팩커드HP의 창업자 윌리엄 휴렛과 데이비드 팩커드였다"고 말했다.

기존의 대기업이 뇌물, 권력 남용 등으로 빛을 잃어가고 있었다. 여기에 대해 당시 신흥 기업이었던 인텔이나 HP가 빛을 발한 것이다. 창업자들은 돈을 버는 일이 아니라 '세상을 바꾸는 일', '라이프스타일을 바꾸는 일'에 인생을 걸었다.

롤모델이란 "이런 사람이 되고 싶다"라고 강하게 마음에 그리는 존재이다. 예술가적인 센스를 가진 잡스는 밥 딜런과 피카소 같은 아티스트도 롤모델로 삼았다. 마찬가지로 '그림이 팔리지 않는 화가'가 되고 싶다고 말한 손정의도 아티스트를 동경하는 부분이 있다.

롤모델로 삼고 있는 장본인 버핏도 '대단하다'며 놀란 IRR 45%. 손정의가 감정하여 인터넷 관련 사업에서 이 10년간 투자한 금액은 누계 약 3,800억 엔. 그 3,800억 엔이 11조 7,000억 엔, 약 30배가 되었다.

"여러분 은행에 예금하여 혹은 다른 주식투자를 하여, 10년 동안 매

년 한결같이 45% 이익을 얻는다, 이런 벤처캐피털리스트(기술력 사업전
망 최고경영자의 자질 등을 갖춘 유망 벤처기업을 발굴, 벤처 캐피털 회사로부터 지
분투자나 자금 지원을 이끌어 내고 이들을 상장기업까지 키워내는 벤처 투자전문가
—역자 주)를 본 적이 있습니까?"

주주 총회에서의 발언이다. 타인의 돈을 운용하여 수수료를 받는 벤
처캐피털(장래성 있는 벤처기업에 투자하는 투자전문회사 또는 그 자본—역자 주)
모델을 말하는 것이 아니다. 소프트뱅크의 돈을 투자한 것이지만, "리
턴은 100% 소프트뱅크 주주의 것이 되었다"고 강조한다.

손정의의 정보 발신력은 상당한 것으로 배울 가치가 있다. 상대에
따라 적절한 말을 한다. 소프트뱅크에 입사하고자 하는 젊은이에게
라면 거기에 맞게. 법인 고객이라면 거기에 맞게. 각각 청중이 누구인
가를 분명히 고려하여 손정의는 말한다. 결산 발표회에서는 "내일 조
간의 표제가 무엇인지 생각해 보고 이야기하라"라고 말한다. 또 정부
심의회에서는 "앞에 나란히 앉아 있는 심의회원의 높은 분들을 향해
서 말해서는 안 돼. 뒤에서 메모하고 있는 매스컴을 향해서 말하라"라
고도 말한다. '세계 최초'라든가 '일본에서 최초'라는 말을 자주 사용
하는 것도 최초의 일밖에 '뉴스'로서 기록되지 않는다는 것을 잘 알고
있기 때문일 것이다.

이때도 그렇다. IRR 45%라는 성과가 주주의 성과가 되었다고 주주
들 앞에서 보고한다. 이 일로 주주들의 마음에는 'IRR 45%'라는 숫자
가 강렬하게 새겨진다. 그리고 손정의는 전설을 또 하나 더하는 것이
다.

최대의 투자 성과라는 말을 듣는 알리바바는 약 80%의 IRR이었다. 최초 20억 엔을 들여, 약 35%의 주식을 샀다. 그 후, 0.1%, 0.5% 등 조금씩 추가하여 누계 약 100억 엔의 투자를 했다. 알리바바는 2014년 상장하여 시가총액 약 25조 엔이 되었다. 그 35%를 소프트뱅크가 보유하고 있기 때문에 차지할 몫은 약 8조 7,500억 엔. 결과, IRR 80%. 연간 80%씩 복리로 늘려간 것이 된다.

"복리의 대단함을 알라"라고 손정의가 강조하는 것도 수긍이 간다.

"아마도 세계 중의 벤처캐피털리스트의 실적 중에서, 어쩌면 소프트뱅크가 압도적인 1위일지도 모른다."

손정의는 많은 M&A를 실시하고 있다. 그중에서 실패도 있지만, 장래가 촉망되는 벤처 기업을 식별하는 후각이 대단하다.

M&A의 검토 방법은 독특하다. 보통 회사라면 투자기획과 경영기획 담당부문에 안건을 가지고 와서 거기서 조사하고, 투자담당 부장, 투자담당 임원 그리고 마지막으로 사장 순으로 가는 것이 보통이다.

소프트뱅크는 거꾸로이다. 톱다운이다. 사장인 손정의에게 직접 안건을 가지고 간다. 사장이 이야기를 듣고 재미있을 것 같다고 생각하면 자신이 상대를 만나러 가는 것이다.

"이야기하고 왔다. 어떻게 생각해? 나는 반드시 할 거야."

이렇게 되면 스텝을 모아, 숫자의 확인이나 법무적인 문제를 여러 가지 확인하고 나서 비로소 자금 조달 이야기를 한다.

"그런데 나, 지금 얼마 사용할 수 있지?"

늘어서 있던 스텝들의 긴장이 풀리면서 웃음이 터진다.

여러 번 말하지만 소프트뱅크의 재무는 '공격적인 재무'이다. 재무가 고장 나서는 안 되므로, 경영 의사결정에 따라 자금 조달을 검토하게 된다.

M&A 때, 손정의는 그야말로 슈퍼 플레잉 매니저로 변한다. 시간의 사용법도 최우선 사항이 된다. 모은 스텝 중 한 명이 "언제 끝나요?"라고 조심스럽게 물으면 "예정이 없으면 엔드리스!"라는 짧은 대답이 돌아온다. 물론 소프트뱅크 사원에게 있어서 손정의와의 미팅 이상 중요한 예정은 없다. '네버엔딩 스토리'의 시작이다. 특히 금요일이 위험하다. 때문에 시오도메汐留에 있는 소프트뱅크 본사는 택시 운전사에게 심야 장거리 손님을 태울 수 있는 최고의 장소가 되었다.

===== **시기를 놓치지 않게 되는 '성공률 70%'의 법칙**

손정의는 7할의 성공률을 확신한 시점에서 투자한다.

"5할의 확률에서 하는 것은 어리석다. 9할의 성공률이 기대되는 것은 이미 시기를 놓친 것이다. 7할의 성공률을 예견할 수 있는 투자를 해야 한다."

이 점은 월급 사장이 많은 일본 기업은 아무래도 9할이 되는 것을 기다리게 된다. 그래서 대승부를 할 수 없다. 더 나아가 자신의 사장 임기가 4~6년으로 짧기 때문에, 그동안만 무사히 지내면 된다는 수비적 발상을 더더욱 하게 된다.

IT업계처럼 스피드가 빠른 업계에서는 9할 기다리면, 거의 시기를 놓친 것이다.

물론 '쉽게 이기는' 체제가 만들어져서 단기간에 9할의 확률을 얻을 수 있으면 가장 좋지만 실제는 망설이고 있는 동안에 시간이 지나간다. '조금 더 조사해 보고 나서' 등 이기는 체제가 만들어지는 8할까지 기다린다. 더 나아가 확실히 하기 위해 9할까지 기다리면 대부분의 경우 시기를 놓치게 된다.

임기 4~6년의 단기간의 월급 사장이 그러한 행동을 취하는 것은 어떤 의미에서 보면 합리적이다. 아무것도 하지 않으면 실패도 하지 않고 눈에 띄지도 않는다. 아무것도 하지 않는 것이 안정 정권의 최고의 비결이라고도 한다.

그러나 지금은 세계 전체가 눈 감으면 코 베어갈 정도로 경쟁하고 있는 글로벌 시대이다. 옛날 건맨처럼 빨리 총을 쏜다. 망설이고 있다가는 거의 시기를 놓쳐 버린다. 일본의 대기업은 적어도 '망설일 거면 쏜다' 정도의 자세가 필요하다.

그 점에 있어서 손정의는 리스크테이커risk taker(위험을 무릅쓰는 사람, 모험가—역자 주)이다.

"빌 게이츠가 나를 리스크테이커라고 생각해준 것이 자랑스럽습니다."

본인에 따르면, 1990년대 후반에 빌 게이츠 본인에게 이 말을 들은 모양이다.

성공률 7할 정도에서 승부하는 사람을 리스크테이커라고 한다면, 3

할 정도까지는 리스크를 감당하겠다는 것이 된다.

"도마뱀의 꼬리도 3할 정도라면 잘라도 자라난다. 그렇지만 반 정도 자르면 장까지 잘려 죽는다."

손정의는 격한 싸움에 몇 번이나 도전했는데, 실은 매우 세심하고 신중하다.

"결단을 잘 하는 사람"이라는 이미지가 강하지만, 실은 모든 각도에서 분석하고 결론을 낼 때까지 우유부단하게 여겨질 정도로 생각을 바꾸는 경우도 있다.

"가장 설득하기 어려운 사람은 자기 자신이다."

그 때문에 자신이 자신을 설득할 수 있을 때까지 결코 굽히지 않는다. 사장실의 회의는 계속 이어진다. 손정의는 담배를 피우지 않기 때문에 물론 금연. 담배를 피우는 사람들은 괴로울 것이다. 여러 가지 논의를 계속한다. 그래도 납득이 되지 않으면 말이 없어진다. 어제는 결론이 날 것 같은 분위기였는데, 오늘이 되자 또 논의가 출발점으로 돌아와 버린다. 그런 일도 자주 있다.

완전히 정체되어 버릴 때도 있다. 이럴 때, 손정의는 화장실에 간다.

손정의에게 있어서 영감을 주는, 어떤 의미로 '신성한 장소'인 화장실에서 나오면 비서에게 "○○를 불러"라고 명한다. 부름을 받은 현장 책임자는 숨을 헐떡이며 달려온다. 사장실 플로어는 최상층이다. 엘리베이터가 혼잡할 때는 각층마다 서서 최상층까지 올라오는 데 시간이 걸려 초조해진다. 늦어지면 손정의가 안절부절 못하는 것을 알기 때문이다. 때문에 모두 급히 달려온다. 그런 식으로 여러 사람을 끌어

들여 가로, 세로, 사선, 다른 면 등 철저하게 분석해 간다.

"오십이나 백 정도의 지표는 분석한 것도 아닙니다."

그리고 리스크를 3할까지 감당할 수 있다고 확신했을 때 비로소 고 사인go sign을 보내는 것이다.

=== **'거짓'이 아닌 '절대' 7할이란**

이처럼 손정의의 승부에 대한 생각은 철저하게 리얼리즘에 근거한 다.

운을 하늘에 맡기는 승부 따위는 절대로 하지 않는다. 이길 확률이 7할 정도가 될 때까지 이치와 논리를 내세워 끝까지 파고든다.

"7할에서 승부한다"고 말해도, 7할 이상 이긴다는 확률은 결국 사장 과 경영자의 주관에 따른다. 사장을 목표로 하는 사람은 낙관론자가 많다. 손정의도 다른 사람에 대해서는 말하지 않지만, 투자에 관해서 는 다음과 같이 단언한다.

"'이제 7할 정도야'라고 굳게 믿는 경우가 많기 때문에, 주의를 해야 만 해. 이제 시기가 충분히 무르익었어, 라며 경솔하게 7할이라고 착 각해서는 안 돼."

타협하고 착각하여 만들어진 '거짓 7할'이 아니라 문제없이 7할 이 상이라고 확신할 수 있는 '절대 7할'이 아니면 승부에 나서지 않는다. 더 이상 생각할 수 없을 때까지 생각한다. 생각하고 생각한 끝에, 아무 리 생각해도 7할 이상이야, 라고 할 수 있는 7할이어야 한다.

손정의는 역사를 좋아한다. 시바 료타로司馬遼太郎의 『료마가 간다』 는 몇 번이나 읽었을 정도이다. 회의에서도 갑자기, 역사 이야기를 한 다. 그중에서 "다케다 가쓰요리武田勝頼가 되어서는 안 된다"고 말한 적이 있다.

"이미 생각하고 생각한 끝에, 7할 이길 수 있는 곳에서 하기를 바래. 반반의 승률에서 하는 것은 바보들이 하는 짓으로 그런 짓을 하는 사 람은 리더가 되어서는 안 돼. 그런 사람은 다케다 가쓰요리가 되는 거 야."

오다 노부나가가 다케다 신겐武田信玄의 후계자, 가쓰요리와 격돌한 것이 1575년의 나가시노長篠의 싸움이다.

오다 노부나가·도쿠가와 이에야스 연합군은 다케다군에 포위된 도 쿠가와 편인 나가시노성을 구하기 위해 급히 간다. 상대는 당시 무적 을 자랑하는 다케다 기마군단.

오다·도쿠가와 연합군은 노부나가가 고안한 마방책馬防柵을 세워 포진한다. 다케다 기마군단이 철포대를 공격하여 흩뜨려버리는 것을 막기 위해서이다. 더 나아가, 한 발 쏘고 다음 철포를 장전하는 동안 기마군단이 오는 것을 막기 위해서, 3,000정의 철포를 1,000정씩 교대 로 발사하는 방식을 사용했다. 이 새로운 전술 앞에 다케다 기마군단 은 거의 싸움다운 싸움도 못해보고 괴멸한다.

이 이야기는 일본 육군의 참모본부가 '나가시노 합전은 오다 노부 나가군이 철포의 3단 쏘기로 다케다 기마대를 격파했다'고 '인정'했기 때문에, 정설이 되었다. 노부나가가 신전술을 생각해낸 것이다. 손정의에게 있어서 '전국 시대의 무장, 오다 노부나가는 마음속의 영웅'인 것이다. 아이폰의 독점 판매는 소프트뱅크 약진의 최대의 무기가 되었지만, 소프트뱅크 간부에게 아이폰을 나누어 주었을 때도 손정의는 말했다.

"어떻게 노부나가는 철포 3단 쏘기를 생각해냈는가? 어린 시절부터 철포를 가지고 실컷 놀았기 때문이다. 모두 아이폰으로 실컷 놀아라!"

손정의가 매니지먼트 게임을 좋아한다는 것에 대해 앞에서 적었다. 다만 "도박은 좋아하지 않는다." 지금은 파도가 좋지 못하니 좋은 파도가 올 때까지 기다리자, 지금까지는 좋지 않았으니 앞으로 좋아질 확률이 높다, 라는 말을 틀린 말이라고 한다.

예를 들어, 주사위를 던져 홀수만 10번 나왔으니 다음번에 짝수가 나올 확률이 높다고 생각해서는 안 된다. 다음에 홀수와 짝수가 나올 확률은 50%.

하나의 승부에 대해서 우연이 아니라 이기기 위한 전술을 생각해내고 당연히 이겨야 했기에 이긴다. '반드시 7할'은 그 정도의 승부에 대한 감각에서 나온 말이다.

===== **비관적 준비와 낙관적 행동**

'prepare for the worst.' 최악을 대비하여 준비한다. '절대 7할'을 바꿔 말하면 이렇게 된다. 처음에 3할 이상의 리스크였던 것을 '뇌가 완전히 말라붙을 때까지', '일만 번 생각하고 분석하여' 3할까지 줄인다.

실패한 경우에도 그 부분을 잘라버리면, 본체는 쓰러지지 않는다. 그 버린 부분이 본체의 수익과 본체의 기업가치의 3할을 넘는 리스크는 감수하지 않는다.

"현상을 비관적으로 문제시하여 해결책을 생각하고 미래를 낙관적으로 보고 전략을 준비. 성공에 접근하는 방법 중 하나입니다."

그 실례를 내가 입사한 지 얼마 지나지 않아 보다폰 인수 때 경험했다. 한 마디로 말하면 2,000억 엔의 리스크로 약 2조 엔의 인수를 한 것이다. 이것이야말로 궁극의 레버리지 파이낸스 수법이다.

손정의가 레버리지 경영으로 성장해온 것은 본서에서도 몇 번이나 반복해서 말했지만, 다시 한 번 말하겠다.

보다폰 인수는 'LBOLeveraged Buy Out'의 수법을 취했다. 2006년 무렵에는 드물었지만, 지금은 기업 인수에 자주 등장하는 말이다. 한 마디로 말하면, 피인수 기업을 담보로 돈을 빌려, 그 돈으로 인수하는 방식이다.

보다폰이라는 회사 자체를 담보로 하여 소프트뱅크 자회사인 소프트뱅크모바일이 돈을 빌려 보다폰을 인수한다.

손정의는 허풍쟁이 같지만 숫자에는 자세하게 엄격한 일면이 있다. 작은 숫자를 잘 기억하고 있다. 회계 전문가도 아닌데, 자신 나름대로의 논리로 정확하게 이해하고 있다는 증거일 것이다. 복잡한 파이낸스 정책도 정확히 이해하고 있다.

보다폰 인수 후의 기자회견에서도 멋지게 해설했다. 반복하지만 소프트뱅크 자체가 출자하는 것은 2,000억 엔뿐. 게다가 채무보증은 하지 않는다.

우선 소프트뱅크 본체는 2,000억 엔을 출자하여 인수를 위한 자회사를 만든다. 이것이 소프트뱅크모바일이다. 이 자회사의 의결권은 100% 소프트뱅크의 것이다. 소프트뱅크의 완전 자회사가 된다.

그리고 그 자회사가 보다폰의 일본법인 주식 중 97.7%를 취득. 이것에 의해 보다폰은 소프트뱅크의 완전 지배하에 놓이게 된다.

돈의 움직임을 보면, 영국 보다폰 본체는 일본법인 주식을 97.7% 가지고 있고 그 전체를 소프트뱅크 자회사인 소프트뱅크모바일이 사들이는 형태를 취한다. 보다폰을 인수한 소프트뱅크모바일은 소프트뱅크와는 별개의 회사. 가령 소프트뱅크모바일이 도산해도 소프트뱅크 본체는 자본금으로 출자한 2,000억 엔 이외는 지불할 필요가 없는 것이다.

이것은 '논리코스Non Recourse' 방식이다. '논리코스'란 '소급하지 않는다'라는 의미로, 채무를 본체 회사에 소급하지 않는다는 의미가 되어, 부동산 투자에 자주 이용된다.

사무실 건물을 논리코스론Non Recourse Loan으로 샀다면, 건물 경영에 실패하여 도산해도 빌딩을 잃을 뿐 자신이 가지고 있는 재산을 낼 필요는 없다. 매수한 기업이나 부동산, 프로젝트만을 담보로 본체에는 영향이 없다는 융자 수법이다.

손정의는 결산발표회나 기자회견에서 모두 자신의 말로 질문에 대답한다. 옆에 CFO, 재무부장, 경리부장이 있지만 거의 확인하는 일은 없다. CEO로서 모든 것을 이해하고 있는 것이다. 일본의 일반적인 사장처럼 부하가 만들어온 원고를 읽는 일은 절대로 하지 않는다.

"말은 의지이다. 기획부 등에서 써온 원고를 읽을 정도라면 아무 말도 하지 않는 것이 낫다"라고 캐주얼 의류 브랜드 유니클로로 유명한 패스트리테일링그룹의 야나이가 말했는데, 손정의의 생각도 같다.

잃을지도 모르는 2,000억 엔은 소프트뱅크의 시가총액의 1할, 도마뱀의 꼬리다. 여기에 대해 손정의가 기자회견에서 자신의 말로 몇 번이나 강조한 것이 인상적이었다. 이때의 이야기는, 성공의 가능성을 '절대 7할'로 올리는 손류 투자술인 'prepare for the worst'의 측면을 뚜렷이 드러낸 것이다.

===== **투자처를 선택하는 3가지 포인트**

'정확한 시장', '정확한 아이디어', '정확한 팀.' 손정의는 투자 기준으로 이 세 가지를 들었다.

손정의는 어떤 기준으로 투자처를 선택하는가. 거꾸로, 손정의의 투자를 받기 위해서는 어떻게 하면 좋은가? 많은 사람들이 알고 싶을 것이다.

규모가 충분하고 빠르게 성장하는 시장이 '정확한 시장'이다. 그 시장에서 훌륭한 아이디어와 정열을 가진 '정확한 기업가'를 찾아내, 아이디어에 대해 이야기를 듣는다. 정열이 있어도 아이디어가 없는 사람에게는 투자하지 않는다.

이상은 손정의가 소프트뱅크 아카데미아에서 말한 것이다. 그러나 내가 직접 손정의에게 들은 3가지 조건은 다음과 같다.

① 세계에서 넘버원이 될 수 있는 비즈니스 모델인가?
② 소프트뱅크와 손을 잡는 것에 의해, 단번에 세계로 넓어질 가능성이 있는 기업인가?
③ 팀 전체를 볼 때, CEO는 모두 훌륭하지만 그를 보좌하는 COO와 CFO 등은 훌륭한 인재인가?

성공하는 기업은 모두 글로벌 기업이 된다는 것이 손정의의 신념이다. 이것은 ①과 ②에 해당한다. 그리고 '팔이 하나나 두 개 없어져도 사장을 따라올 부하가 몇 명 있는가?'를 확인하기 위해서 팀을 본다. 이것이 ③이다.

단, 정보화 사회이다. 유능한 기업가에 관한 것이 단번에 인터넷에 퍼져 많은 투자처가 쇄도한다. 어떤 의미로는 사는 쪽이 유리한 입장의 시장 상태인 것이다. 알리바바의 마윈도 손정의가 20억 엔을 제시했을 때, 그렇게 많은 돈은 필요하지 않다고 했다. 야후의 제리 양도 마찬가지였다고 한다. 손정의의 투자는 기업가 자신이 원하는 것보다도 많은 돈을 내는 것이 방식인 듯하다.

여기에 대해 '호리에몽'이라는 애칭으로 불리는 호리에 다카후미堀江貴文가 재미있는 코멘트를 했다.

"마윈도 자신이 성공시킬 자신이 있었기 때문에, 사실은 소프트뱅크의 자금원조는 그렇게까지 필요 없었을 것입니다. 그것을 강행한 것이 손정의의 설득력입니다."

나는 그렇지 않다고 생각한다. 마윈은 당시 중국 항주의 일부에서 사업을 전개하고 있었을 뿐이다. 손정의의 투자는 '소프트뱅크와 손을 잡는 것에 의해, 단번에 세계로 전개할 수 있는가?'를 중시한다. 즉, 세계, 여기서는 중국 전토를 시야에 넣은 것이다.

중국 전토를 상대로 하기에는 그때까지의 마윈의 스케일이 작은 감이 있다. 20억 엔, 나중에 더욱 추가하여 약 백억 엔. 이 자금을 다룰 정도의 커다란 스케일을 요구한 것이다. 손정의는 자신이 경영에 참가하면 비약적으로 성장시킬 자신이 있다. 따라서 투자하고 조언하여 단번에 세계 규모로 성장시키려고 한다.

IT산업에 투자하는 데 있어서, 기업가들과의 인맥 형성은 매우 중요한 능력이다. 유능한 기업가들은 출자 받을 선택지를 많이 가지고 있다.

그런 그들이 손정의와 면담을 하면 "손정의에게 출자 받고 싶다"고 말한다. "손정의는 자신들의 비즈니스를 알고 있다. 제로에서 창업하는 어려움을 알고 있다"고 말한다. 그들에게 손정의는 일종의 영웅인 것이다. 호리에의 코멘트 중에 '손정의의 설득력은 대단하다'라는 말은 맞는 말이라고 생각한다.

═══ **야후라는 '보석'을 찾아낸 방법**

손정의는 자신이 경영에 참가하면 비약적으로 성장시킬 자신이 있다. 때문에 알리바바에 원하는 이상의 자금을 투자했다. 그 자신감의 근거는 야후에 투자하여 성공한 예에 있다고 생각한다.

1995년 11월. 손정의는 야후에 투자했다. 당시 야후는 매출액이 한 달에 1,000만 엔. 적자가 2,000만 엔. 사원 16명의 작은 회사. 어떻게 나중에 IT혁명의 중핵이 되는 기업을 찾아낸 것일까.

"인터넷 세계에 뛰어들기 위한 '보물찾기'를 시작했습니다. 보물찾기에 필요한 것은 무엇인가? 그것은 '지도'와 '나침반'이라고 생각한 나는, 지도에 해당하는 세계 최대의 컴퓨터 관련 출판사인 지프데이비스를 2,300억 엔에, 나침반에 해당하는 세계최대 전시회인 컴덱스를 8백억 엔에 각각 인수했습니다."

손정의가 지프데이비스를 인수한 당시, 소프트뱅크는 상장했다고는 하지만 시가총액 약 2,700억 엔이었다. 그런 소프트뱅크가 '지도'를 2,300억 엔에 산 것이다. 언제나처럼 전재산을 건 도전이었다. 그러나 이 지도와 나침반으로 찾아낼 수 있었던 것이, 미국의 야후였던 것이다.

손정의는 세계최대의 컴퓨터 관련 전시회 컴덱스 인수 후, 처음으로 열린 컴덱스 쇼에 참석했다. 이것은 1995년 11월, 손정의가 38세 때의 이야기이다.

그리고 컴덱스 쇼 중간에 출판부문을 인수한 컴퓨터 관련회사 지프데이비스의 사장인 에릭 히포에게 단도직입적으로 물었다.

"앞으로 틀림없이 인터넷 혁명이 시작될 것이라고 생각하네. 소프트뱅크는 이 혁명의 입구에서 앞으로 성장할 회사 백 개 정도에 투자하고자 하는데. 그중에서 한 곳을 고르라고 한다면, 어느 회사라고 생각하나?"

보물찾기의 지도로서 산 지프데이비스를 즉시 이용한 것이다.

"지프데이비스에서는 인터넷에 관한 몇천 편에 달하는 방대한 기사를 쓰고 있네. 그것을 내가 일일이 읽을 시간이 있을 리도 없거니와 읽고 싶은 마음도 없네. 방대한 인터넷에 관한 기사 중에서 소프트뱅크가 투자할 만한 회사를 하나 골라주었으면 하네."

피인수자의 입장에서는 진지하게 대답하지 않을 수 없었을 것이다. 히포가 대답했다.

"야후가 좋겠어. 여기는 재미있는 회사지."

히포는 손정의에게 야후가 어떤 회사인지를 설명했다.

"인터넷 검색 서비스를 하는 회사라네. 인터넷에는 없어서는 안 되는 것이지. 지프데이비스도 업무 제휴하려고 생각중인데 우리들뿐만 아니라 소프트뱅크도 힘을 쏟는 편이 좋을 거야."

1990년대, 앞으로 인터넷 시대가 올 것이라고는 아무도 생각하지 않았다. 보통 사람들은 그런가 하고 생각할 뿐 실제로 행동에 옮기지 않았다. 그러나 손정의는 달랐다. 몸소 실리콘밸리에 가서 정확하게 야후를 찾아내서 투자했다.

대단하다고 생각하는 것은, 그 행동=보물찾기를 위해, 야후를 찾아내기 위해, 지도인 출판회사 지프데이비스를 2,300억 엔에, 나침반이라는 컴덱스를 8백억 엔에 산 커다란 스케일이다.

"보물찾기를 위해서 가장 중요한 것은 먹는 것도 아니고 약도 아니고 총도 아닙니다. 바로 지도와 나침반입니다. 여러분이 보물을 찾기 위해 무인도에 갔다. 뭐가 필요한가? 지도와 나침반만 있으면 보물을 순식간에 찾아서 그날로 돌아올 수 있습니다."

===== **알리바바는 마윈의 '눈'으로 판단**

21세기 초. 인터넷 여명기 중심은 미국이었다. 손정의도 야후가 있는 아메리카에 중심을 두고 있었다. 그러나 그 무렵부터 중국에 주목하고 있었다.

"중국을 제패하는 자가 세계를 제패한다."

우선은 소프트뱅크 차이나의 담당자가 선택한 20사 중에서 중국의 IT관련 산업 경영자와 만났다. 자연히 사람을 보는 눈, 기업의 장래를 보는 눈이 생겼다.

알리바바의 마윈도 그중 한 사람. 두 사람이 만난 것은 2000년 겨울이다.

마윈은 1964년 9월 10일 항주에서 태어났다. 항주사범학교 졸업후, 영어 교사가 되었다. 인터넷 비즈니스로 진로를 바꾼 것은 1995년, 중국 최초의 인터넷 비즈니스 정보게재 사이트 '중국 옐로우 페이지'를 창설. 그리고 1999년 3월, 자금 50만 위안으로 항주에 알리바바를 창설하여 알리바바 닷컴의 운영을 시작했다.

손정의에게 보여주는 프레젠테이션은 한 사람당 10분. 마윈이 프레젠테이션을 시작한 지 6분 정도 지났을 때, 손정의가 제지했다.

"자네의 이야기는 됐네."

이 말을 들은 마윈은 침묵했다. 동시에 눈을 크게 뜨고 손정의를 가만히 바라보았다.

손정의가 이 순간을 회고하며 말해준 적이 있다.

"눈이 달랐어. 야수의 눈을 하고 있었지."

그래서 마윈에게 투자할 것을 그 자리에서 결정했다. 2000년 1월, 2,000만 달러. 일본 엔으로 하면 약 20억 엔.

이 '전설의 6분간'의 이야기는 잘 알려져 있다.

마윈에게 투자하기로 결정한 후 손정의는 "어째서 그는 저런 눈을 하고 있는가? 왜 저렇게 설득력이 있는가? 뭘 하던 사람인가?"라고 주위 사람들에게 물었다고 한다.

"'그는 원래 교사였다'고 합니다. 그렇지만 교사는 보통 저런 눈을 하고 있지 않아요. 그래서 그는 어떤 학생이었나? 라고 물었더니, 20만 명의 학생이 그를 따를 정도의 리더였다고 해요. 정말 굉장해요."

또 다른 기회에 손정의로부터 질문을 받은 적이 있다.

"마윈은 학생 때부터 20만 명……20만 명의 리더였던 거야. 마윈은 중도학생 운동의 리더였는데, 시마 씨, 정부는 어떤 학생 운동을 중요시할까요?"

손정의는 숫자를 강조하고 싶을 때, 몇 번 반복한다.

정치가였던 나는 여기에 대한 답을 즉시 알 수 있었다. 반체제파는 탄압 받는다. 정부지지파는 뭐 그대로 두어도 좋으니 그대로 둔다. 중도가 어느 쪽으로 움직일지 모르기 때문에 가장 중요시된다. 마윈은 정치적으로도 현명한 사람이다.

"그가 가장 현명한 사람이냐고 묻는다면 그렇지 않아요. 그 자신이 그렇게 말했어요. 그는 부끄러워하지 않고, 오히려 자랑스럽게 고교 시절 수학 성적이 1부터 5까지 있는 중에, 1이었다고 말했어요. 5단계 중에서 가장 낮은 평가예요. 지금도 수학은 서툴다고 말하지요."

마윈의 강점은 수학이 아니라 그가 "물에 뛰어들어!"라고 말하면 백 명이 생각도 하지 않고 물로 뛰어드는 카리스마에 있다고 손정의가 분석했다.

"자신을 위해 팔 하나나 둘, 다리 하나쯤 버릴 각오가 있다. 경우에 따라서는 목숨조차 버리겠다. 이 정도 자신의 뜻을 공유하는 병사가 얼마나 있느냐로, 대장이 어떤 사람인지 측정하게 됩니다."

카리스마가 있고, 자신이 제시하는 방향으로 많은 사람들을 움직일 수 있는 힘이 있는 인물은 확실히 성공한다. 그야말로 리더로서 손정 의는 마윈의 눈에서 '카리스마'를 보았다. 마윈이 숫자를 보여준 것도 아니고, 프레젠테이션 자료가 있었던 것도 아니다. 말과 눈빛의 주고 받음. 그의 눈빛에서 동물적인 날카로움을 느꼈다. 그것이 6분 만에 투자를 결정한 요인이라고 한다. 이것이 나중에 4,000배의 이익이 되어 돌아오게 되니, 신들린 것이 아닌가 하는 생각조차 든다.

=== **결단은 동물적 직감에 의한다**

마윈을 찾아낸 신들린 안력이 그렇듯이, 손정의에게는 승부사로서의 동물적 직감이 있는 것 같다. 관계없을지도 모르지만, 손정의가 후쿠오카 소프트뱅크 호크스의 시합을 보러 가면, 승률이 몹시 높아진다.

2004년에 3,400억 엔을 투자하여, 통신 사업에 참가하기 위한 표를 손에 넣기 위해 일본텔레콤을 인수. 그리고 2006년, 휴대폰 사업에 참가하기 위한 표를 손에 넣기 위해 보다폰을 인수. 당시 양사의 인수 가격은 지나치게 높다고 시장도 미디어도 부정적인 견해 일색이었다. 이번 암홀딩스 인수 때에도 '지나치게 비싸다'라는 반응에 데자뷰를 느낀다.

"좋은 물건은 언제든 비싼 겁니다."

그 후 윌콤과 이액세스 등 적극적으로 인수를 반복하여 그들이 가지고 있는 전파를 손에 넣음으로 중계기 등의 통신 시설을 저렴하게 입수하여 낮은 비용으로 통신 네트워크를 정비해 왔다. 휴대폰 사업은 'everything is scale'='규모의 이익'을 추구한다는 전략으로 매상도 이익도 확대했다.

'미국에 교두보를'이라고 2013년 7월에 미국 휴대폰 사업 제3위의 스프린트를 약 1조 8,000억 엔에 인수했다. 현재, 스프린트는 아직 수익이 높지 않아, 손정의가 자신의 45%의 시간과 힘을 쏟아 재생 중이다. 그렇다고는 하지만 현시점에서 시장으로부터 짐짝 취급을 당하고 있다.

단, 스프린트를 인수해도 재생이 어렵다는 것은 처음부터 분명했다. 거꾸로 그런 좋지 않은 상황에 처하지 않는 한, 미국의 주요 기업, 특히 정보통신 사업을 팔 리가 없다. 게다가 현재 고전 중이라고는 하지만, 나는 스프린트가 클리어와이어라는 네트워크를 소유한 브로드밴드 서비스 사업자의 자회사를 가지고 있는 것에 주목하고 있다. 미국은 전파 옥션 제도를 도입하고 있어서 앞으로 매각할 수 있는 전파를 다량 소유하고 있기 때문이다.

일반적으로 뜻밖의 저렴하고 좋은 물건에 대한 안건을 투자은행 등에서 제안할 때, 천천히 조사할 시간은 거의 없다. 살까 말까의 결단은 '직감'에 있다. 갑자기 제안을 받은 안건이 몹시 매력적인 것일 경우, 우물쭈물하고 있으면 다른 회사가 먼저 사버린다.

소프트뱅크의 사외 임원인 야나이가 보다폰 때도 스프린트 때도 "사지 않는 리스크를 생각해야 한다"고 한 것은 본질을 간파한 말이다.

앞에서도 말했지만, 손정의는 "상대편과 이야기하고 왔는데, 어떻게 생각해? 나는 반드시 할 거야"라고 동물적 직감을 의지하여 즉단즉결한다. 처음부터 인수라는 결론이 정해져 있고, 재무적인 조사나 구체적인 시나리오는 나중에 짜는 경우가 의외로 많다.

암홀딩스를 인수한 이유도 '거기에 암홀딩스가 있기 때문에'라는 것이 아니었나 싶다. 정책을 만들 때 '논리는 나중에 따라 온다'라고 말한 정치가가 있는데, 인수 때도 '시나리오는 나중에 따라 온다'인 것이다.

기업이 대형 인수를 발표하면 애널리스트로부터 반드시라고 해도 좋을 정도로, 인수를 결단한 이유나 기존 사업과의 시너지 효과에 대한 질문이 쏟아진다. 시장은 논리 정연한 시나리오를 기대하지만, 경영 현장은 혼돈한 상태이다. 논리 정연한 시나리오 따위를 생각하다가는 다른 회사가 가져가 버린다. '절대 7할'이라는 손류 투자술이 있는 한편 즉단즉결을 가져오는 동물적 감도 겸비하고 있다. 이런 상반되는 이면성二面性을 가지고 있는 사람이 손정의인 것이다.

===== **부동산이 아닌 주식을 담보로 하는 전략**

"다케다 가쓰요리가 되지 마라"라고 손정의는 말한다. 그러나 나는 그 반대에 주목을 하게 된다. 다케다 가쓰요리는 왜 철포를 사용하지 않고 종래의 기마무사를 의지할 수밖에 없었는가? 이 물음을 파고들어가면 노부나가가 만든 '싸우기 전부터 쉽게 이기기 위한 전략 환경'이 보인다.

"노부나가는 사카이堺라는 무역 요충지를 차지하고 라쿠이치 라쿠자楽市·楽座(전국 시대, 아지치 모모야마 시대에 다이묘(大名)가 상인들을 자신의 지역으로 모으기 위해서 시장이나 중요 도시에서 행하던 종래의 독점적인 시장의 특권을 버리고 신규 상인에게도 자유로운 영업을 허가하는 법령—역자 주)를 실시하여 세금의 흐름을 장악했다. 때문에, 무사라고 하기보다는 상인이라고 보는 사람도 있다. 거기에 노부나가의 대단함이 있다."

노부나가에 대한 손정의의 평이다. 뜻을 품고 전쟁에 이기고자 한다면 무장의 면모도 상인의 면모도 자동차 바퀴처럼 필요하다는 것이다.

사카이를 장악한 것이 누부나가에게 실리를 가져다주었다. 바로 '철포'이다. 철포의 3대산지는 이즈미노쿠니和泉国 사카이, 오우미노쿠니

近江国 구니토모国友, 기이노쿠니紀伊国 네고로根来. 노부나가는 철포의 대산지인 사카이를 직할령으로 했다. 더 나아가 구니토모도 아자이 나가마사浅井長政(전국 시대의 무장—역자 주) 멸망 후, 히데요시의 지배하에 들어왔다. 3대 산지 중 2곳을 손아귀에 넣은 것이다. 또 철포에 사용하는 화약의 원료 중 하나인 초석은 수입에 의존하고 있었다. 사카이라는 무역항을 장악하고, 아자이 나가마사浅井長政 등 초석을 취급하는 대상인도 노부나가는 자기 편으로 끌어들였다.

어떤 의미, 일본의 철포 플랫폼을 장악했다고 할 수 있다. 손정의가 암홀딩스를 인수하여 칩을 장악한 것도 마음속의 영웅인 노부나가의 발상과 비슷한 것이 있다.

다케다 가쓰요리를 포함하여 다른 전국 다이묘는 철포의 서플라이 체인supply chain(상품의 연쇄적인 생산 및 공급 과정)을 만들 수 없었다. 노부나가도 그것을 허락하지 않았다. 또, 칩을 장악해 버리는 것처럼, 화약의 필수 재료 초석도 노부나가가 장악했다. 따라서 다른 전국 다이묘는 철포를 대량으로 손에 넣어도 사용할 수 없었던 것이다.

전술은 전략으로 보충할 수 있지만, 전략이 나쁘면 전술로 보충할 수 없는 것이다.

손정의의 투자 전략 중에 새미있는 것은 투자할 때 애진의 칠도 사업가처럼 부동산을 담보로 하는 것이 아니라 유가증권 투자를 담보적으로 취급하는 점이다. 어디까지나 '담보적'이지만.

소프트뱅크는 유이자 부채가 약 12조 엔이나 있으면서 어떻게 거액 인수를 계속할 수 있는가? 그 마술의 트릭이 여기에 있다.

일본 기업에서는 부동산을 보유하는 것으로 신용력을 보충한다. 그러나 부동산은 조사하는 데 시간이 걸린다. 게다가 언제라도 매각할 수 있는 것도 아니다. 특히 앞으로 일본 전체에서 저출산이 이어질 것은 확실하여 장기적으로 볼 때 부동산이 오를 요소는 적다.

그러나 유가 증권이라면 시장 가격으로 언제라도 처분할 수 있다. 가령 알리바바의 주식을 소프트뱅크가 시가총액 8조 엔 보유하고 있다고 계산하면, 그것을 담보로 자금을 빌리는 것이다.

소프트뱅크는 투자를 반복하여 손에 넣은 자산으로 다음 론을 끌어올 수 있었다. 오다 노부나가가 일본에서 유일하게 철포를 사용한 전략을 고안한 것과 마찬가지로 손정의는 참으로 독자적이고 스피드한 재무전략을 고안한 것이다.

▇▇▇ '풍림화산(風林火山)'의 투자전략

오다 노부나가가 기치로 내건 '풍림화산'은 상투적이고 쉬운 전략론이다. 역사를 좋아하는 손정의는 소프트뱅크 아카데미아에서 "풍림화산을 모르는 사람은 여기에 없어도 된다"라고 말했다. 사실은 투자전략도 '풍림화산'이다.

'바람처럼 빠르게.' 야후재팬의 설립에서 보다폰 매수까지 불과 10년이다.

'숲처럼 고요하게.' 조용히, 극비리에 진행시켜 간다. 아이폰이 발표되었을 때, "NTT도코모가……아니 KDDI가 판매한다"등 미디어에서

떠들어댔다. 실제, 수면 아래에서는 소프트뱅크가 독점판매 교섭을 진행시키고 있었다. 정보 컨트롤은 철저하게 '숲'처럼 조용히 행한다.

'불길처럼 맹렬하게.' 막상 움직일 때, 무슨 일이 있어도 혁명적으로 해야 할 때는 '불'처럼 맹렬하게 해낸다.

'산처럼 묵직하게.' 대방침은 산처럼 묵직하게. 소프트뱅크는 정보혁명가. 사업영역은 정보산업과 인터넷 관련. 다른 분야에는 아무리 이익이 된다고 유혹해도 투자하지 않는다.

암홀딩스에 대한 투자도 '바람처럼 빠르게'로, 불과 2주 동안 행해졌다.

손정의는 언제나 5년 앞, 10년 앞을 계속 생각하고 있다. 정말로 계속 생각하고 있다.

"실은 암홀딩스에 대해서 10년 정도 전부터 '언젠가'라고 생각하고 있었습니다. 단, 그 날이 정말로 올지 어떨지, 언제 어떤 형태로 실현 가능하게 될지, 그것은 아직 분명치 않은 상황이었습니다."

손정의의 말을 빌리면 '풋사랑'이었다고 한다. 암홀딩스를 향한 마음을 10년 동안 계속 자신의 가슴에 간직하고 있었다는 말이다.

2016년 7월 상순, 터키의 마말리스라는 항구도시의 레스토랑에서 '풋사랑'의 상대와 점심을 같이 했다. 상대방은 암홀딩스의 스튜어드 챔버스 회장과 CEO인 사이먼 시거스. 시거스와는 면식이 있었지만, 챔버스 회장과는 그 날이 초대면. 거기서 3.3조 엔의 암홀딩스 인수 제의를 했다.

"암홀딩스 회장과 만난 것은 그 날이 처음이었습니다. 그렇지만 그

날 암홀딩스 인수에 대한 제안을 하고 싶어서, 처음으로 상대방에게 프로포즈하고 말했습니다."

보통 사람의 감각을 가지고 있다면, 처음 만나 그런 제안을 할 수 있을까? 라고 생각할지도 모른다. 그렇지만 손정의는 1980년대부터 사업 파트너를 설득할 때는 이렇게 말했다고 한다.

"결혼, 하지 않겠어요?"

느닷없이 파고드는 것이다. 점점 파고 든다. 그것이 젊은 시절부터의 손류 교섭술이다.

손정의는 그 전략에 자본을 투자할 인수 후보를 찾아, 계속적인 커뮤니케이션을 꾀해간다. 시거스와는 몇 번을 만났고, 전 CEO 워런 이스트와도 몇 번인가 만났다.

손정의와 함께 일하면, 이런 신기한 인연에 놀라는 일이 있다. 이전에 전혀 다른 일로 만난 적이 있는 사람이 갑자기 키맨이 되어 나타나는 것이다.

아무리 유능한 사람이라도 개인 능력에는 한계가 있다. 그러나 자신 혼자로는 움직이지 않던 상황도 평소부터 확실히 개척해둔 인맥을 더듬어 가면 국면 타개의 가능성이 매우 커지는 것이다.

손정의를 만나려는 면회 요청은 셀 수 없을 만큼 많다. 사장실장으로서의 내 일은 VIP가 손정의에게 면회 요청을 할 때, 얼마나 영리하게 '노'라고 말하는 것이었다. 손정의는 단순한 경의를 표하기 위한 방문은 받지 않는다. 시간은 누구에게 있어서나 유한하여, 하루 24시간이라고 정해져 있기 때문이다. 단, 자신이 관심 있는 테마에 관한 것이라면, 무명의 인물과도 만난다. 예를 들면, 손정의의 트위터에 훈계해 온 인물과 만난 적도 있다.

이렇게 세계의 많은 사람들을 만나는 것으로, 지옥에서 부처님을 만났다고 해도 좋을 정도의 만남이나 기회, 미팅으로 활로가 열리는 일이 있다.

"어떤 의미로 암홀딩스와는 10년 전부터 친하게 지내왔는데, 인수라는 형태로 제안한 것은, 그날……즉 지금(인수를 발표한 날)부터 2주 전이 처음이었습니다. 2주 만에 일본의 지금까지의 경제사 중에서 최대의 인수 발표에까지 이른 것입니다."

3.3조 엔의 인수이다. 보통 같으면 교섭이나, 듀 딜리전스due diligence(프로젝트를 해도 될 만한지를 결정하기 위해 벌이는 재무 조사, 사업 모델, 회계, 시장 조사, 실행 가능성 연구, 특허 조사 같은 것들을 포괄하는 말—역자 주), 더 나아가 가장 중요한 자금조달 등으로 반년 정도 시간을 들여도 전혀 이상하지 않다. 그런데 제안에서 발표까지 2주 만에 처리한 것이다. 소프트뱅크의 대방침 하에서 점찍은 암홀딩스를 10년간 극비리에 생각하다가, 움직여야 할 때에 정열을 폭발시켜 순식간에 일을 성사시킨다. 그야말로 '풍림화산'의 전략이라고 할 수 있다.

===== 패러다임 전환 후 중핵이 될 기업에 투자한다

'정보혁명으로 사람들을 행복하게.'

이것이 손정의가 하는 투자에 대한 공통된 생각이다. 이 생각을 조

금 더 깊이 관찰해 보자. 소프트뱅크의 일련의 인수에는, 사전 시나리오가 존재하지 않는 것처럼 보인다. 손정의가 매력적인 안건이라면 뭐든지 달려드는 경영자인가 하면 결코 그렇지 않다.

옆에서 보고 있으면, 모든 매수 안건에 통하는 공통점이 보인다.

그것은 '패러다임 전환 후에 중핵이 되는 기업에 투자한다'는 것이다.

지금까지 여러 번 말한 것처럼 손정의는 패러다임 전환의 입구에서 투자한다. 앞으로 이렇게 될 것이라고 예상되는 트렌드, 혹은 패러다임 전환은 조금 현명한 사람이라면 잘 알고 있다. 현재 손정의를 비롯한 사람들이 '앞으로 이렇게 될 것이다'라고 예언적인 스피치를 여기저기서 하고 있다.

그러나 손정의의 대단한 점은, 그 커다란 트렌드 중에서, 야후와 알리바바를 정확하게 찾아내 투자한 점에 있다. 늘 다음 세대에 있어서 키플레이어Key Player나 넘버원이 될 가능성이 있는 기업에 포석을 두는 것이다.

M&A 발표 기자 회견에서 반드시 질문을 받는 것이 "시너지 효과는 어느 정도인가?"라고 하는 것이다. 거기에서는 주주에게 설명할 책임이 있기 때문에 언제나 손정의가 나름대로 대답한다.

다만 구체적인 시너지를 어떻게 만들어내는가는, 다음 시대가 올 때까지 모른다는 것이다

인터넷 시대의 야후, 전자상거래가 늘어가는 시대의 알리바바. 그 시대의 키플레이어가 되는 기업을 투자가로서 장악한다. 그리고 사업

가로서 그 기업이 넘버원이 되도록 이끌어가는 것이다.

"넘버원이 아니면 커다란 흐름은 만들 수 없습니다. 하나가 되는 것도 훌륭하지만, 내가 말하는 것은 '넘버원 전략' 그것도 압도적인 넘버원이 될 것. 압도적인 넘버원이 아니면, 그 비즈니스 모델은 대부분 시간의 문제로 이렇다 할 이익이 나지 않게 됩니다."

플랫폼을 만든다. 업계 표준이 될 사실 표준de facto standard을 만든다. 이것은 압도적 넘버원이 됐을 때 비로소 만들어지는 것이다.

"마이크로소프트, 인텔, 구글, 아마존, 야후……, 각각 압도적 넘버원이 됐을 때 비로소 그 본질적인 존재 의의를 오랫동안 향수할 수 있다는 것입니다."

이 넘버원 전략이라는 것은 『손자병법』 중에도, 란체스터 전략 중에도 공통적으로 나온다. 이기는 싸움만 한다. 그 이전에 처음부터 압도적으로 넘버원이 될 자신 있는 분야만 손을 댄다.

나에게는 암홀딩스에 대한 투자도 같은 생각에 근거하여 행해진 것처럼 보인다. 누가 뭐라고 하든 암홀딩스는 IoT혁명 시대의 키플레이어이다. 이미, 스마트폰의 CPU 부문에서 넘버원이다. 더 나아가 손정의는 7수 앞을 내다보고 스마트폰 혁명의 끝에 있는 로봇 혁명, 자동차 혁명, 또 VR/AR의 시대를 응시하고 있을 것이다.

'정보혁명으로 사람들을 행복하게 만들기 위해' 매수한 야후와 알리바바, 넘버원 전략으로 존재의의를 세계에 나타내 보이고 있다. 이 흐름을 암홀딩스가 탈 수 있을까. 그 대답은 가까운 미래에 나올 것이다.

제7장

손정의가 보는 IoT시대 「성공의 조건」

소프트뱅크1.0시대. 내가 사장실 실장이었을 무렵에 손정의의 하루
는 어땠는지 살펴보겠다.

아침 9시 반쯤 회사 출근. 비서가 시리얼과 건강식품(이것이 무엇인지
나도 모른다)을 가지고 온다. 그것을 먹으면서 미팅을 시작한다.

그 후 회의가 계속된다. 회의를 하다가 막히면 "잠깐 화장실 휴
식!"이라며 갑자기 일어난다.

손정의는 CM 등도 포함하여 각종 안건 내용까지 자신이 정한다. 때
문에 결재를 바라는 간부들이 사장실 앞에서 기다리는 경우가 많다.

화장실에 가기 위해서 문을 열면, 모두가 따라오면서 설명하는데,
손정의가 화장실에 갈 때는 뭔가 생각할 때. 간부의 이야기는 듣지 않
는다, 아니 들리지 않는다. 결국 결재를 받지 못할 때가 많다.

화장실에서 사장 회의실로 돌아온다. 닫힌 문 앞에서는 결재를 받지
못한 간부들이 낙담해 있는 한편, 회의실 내부는 갑자기 활기를 띤다.

"생각났다!"

손정의가 화장실에 가서 돌아올 때까지 생각한 아이디어를 드디어
말하기 시작한다. 이것이 이제는 패턴이 되었다.

하루에 찾아오는 손님도 많다. 대부분 약속 5분 전에는 모두 오지만
손정의는 회의를 약속시간 직전까지 하기 때문에 내가 손님의 상대를
한다. 도쿄 시오도메에 있는 소프트뱅크 사옥의 응접실 창으로 하마
리궁浜離宮이 보인다. 외국에서 오는 손님들은 좋아했다.

약속 시간보다 조금 늦게 손정의가 들어온다. 그때까지는 내가 기다

리고 있는 상대방과 이야기를 한다. 처음에는 차분하게 이야기를 듣는다. 비즈니스 이외의 화제도 많다. 예를 들어 모 지사로부터 "도시 재개발로 커다란 타워를 만드는 데 협력해 달라" 등의 이야기도 들었다.

"지사, 어차피 만들 바에는 두바이 타워처럼 세계 제일의 타워를 만들어 주세요. 그렇다면 저도 협력하겠습니다."

많은 부탁을 받는 손정의이다. 그에게 있어서 영리하게 '노'라고 하는 것도 중요한 일이다. 가끔 상대가 깜짝 놀랄 만한 허풍스러운 이야기를 해서 영리하게 거절한다.

점심 식사는 11시 반 무렵부터. 전문 요리사가 일식 두 종류, 양식 두 종류, 중식 한 종류의 요리를 만든다. 그중에서 손정의가 우선 고른다. 그 후 그 자리에 출석한 간부나 내가 남은 요리 중에서 골라 식사를 하면서 회의를 계속한다.

오후도 방문객과의 상담이 이어지기 때문에 운동 부족이 된다. 손정의는 회의실에 골프채, 죽도를 비치해 놓는다. 골프도 싱글이고 검도도 료마와 같은 북진일도류北辰一刀流 도장에 다니고 있다고 한다. 골프 어프로치나 죽도 휘두르기를 하면서 회의를 계속한다.

전에는 "달리면서도 회의를 했어요"라고 말한 것처럼, 회의실에 러닝머신을 들여온 적도 있다고 한다. 내가 있었을 때는 없었다. 승마 머신이 있는 것은 본 적이 있지만 사용하는 것을 본 적은 없다. 손정의가 가끔 바짓단을 부스럭부스럭 바로하고 있을 때가 있다. 발목에 2킬로그램 정도의 추를 달고 있는 것이다. 체력 유지에 여념이 없다.

덧붙여 말하면 사장실에 책장은 없다. 신문은 파이낸셜 타임즈, 월 스트리트 저널 등을 구독하고 있지만 국내지로는 일본경제신문만이 사장실에 배달되는 정도이다. 손정의의 경우 '읽는' 타입이 아니라 '듣는' 타입인 것이다. 일하는 중에 텔레비전 서핑 등도 일체 하지 않는다. 10년 이상 전에는 집에서 비는 시간 등에 모든 잡지를 훑어 봤던 모양이지만, 현재 뉴스정보는 인터넷에서 얻고 있는 듯하다.

저녁때까지 회의와 방문이 이어진다. 그리고 6시 반 무렵부터 해외 손님 등과의 저녁 식사. 9시 반까지 이어진다. 손정의는 자신이 먹는 것에 대해서 집착하지 않는다. 전어의 치어 초밥을 좋아하여 전어의 치어가 나오는 계절이 되면 자주 내오게 했다. 그러나 회식 자리에서는 먹는 것보다 말하는 것에 중점을 둔다. 그가 열변을 토하는 모습을 보면 자신이 먹고 있는 것이 무엇인지도 파악하지 못하고 있지 않나 하는 생각이 들 정도이다.

그리고 손님을 배웅하는 것으로 그 날의 업무는 끝……이 아니다. 10시부터 회의가 잡혀 있다.

밤 10시부터의 회의는 상당히 복잡한 테마가 많기 때문에 간부만 소집되는 경우가 많다. 회식 때 먹다 남은 와인 등이 제공되는 평안한 분위기일 때도 있고, 어려운 문제에 대해 뇌를 쥐어짜며 진지하게 논의할 때도 있다.

회의 끝에 손정의가 하는 말은 정해져 있다.

"좋아, 이제 보이는군!"

정말로 보이는지 어떤지는 모른다. 다만 이렇게 말하면 신기하게도 장래의 전망이 보이는 것 같은 착각이 든다.

"신기해. 지혜라는 것은 이 이상 좋은 안이 나올 것 같지 않은데 또 나와. 꽉 막혀도 생각하면 생각한 만큼 나오니까 즐거워."

손정의의 일은 아직 계속된다. 퇴근하고 10분 후에 전화가 걸려 오기도 하고, 메일이 심야 1시 무렵에 날아오기도 한다.

손정의의 대단한 점을 말한다면, 정말로 일 일색이라는 점이다.

자신의 시간은 모두 일하는 데 쏟아 붓는다. 그것이 당연하다는 감각이 된 것이다. 손정의처럼 성공하고 싶다면 이 정도 양의 일이 전제가 된다.

=== **미국과 일본에서 24시간 일할 수 있는 것에 기뻐하다**

손정의는 언제나 회사를 밤 12시 정도에 나와서, 귀가하는 송영용차에서 흔들리며 아이패드로 메일을 체크한다.

"전에는 심야 1시 정도에 집중해서 메일을 체크했지만, 아이패드로 자투리 시간에 메일 체크를 할 수 있게 되었지. 라이프스타일이 변했어"라고 말했다. 오전 1시 정도라면 아무렇지 않게 전화를 한다.

그리고 보니, 간부들에게 아이폰을 나눠줄 때도 말했다.

"24시간, 언제 아이폰이 울려도 즉시 받도록!"

나는 아침에 일찍 일어난다. 7시 조금 지난 시간이면 사장실의 누구보다 먼저 회사에 도착한다. 따라서 잠자리에 드는 시간이 이르고, 잘때는 휴대폰을 무음으로 해놓고 푹 자버린다. 몸이 견디지 못하기 때문이다. 그로 인해 아침에 일어났을 때, 부재중 전화에 '손'이라고 뜰 때가 있다. 밤늦게까지 일한 손정의에게 아침 일찍 전화하는 것이 미안했기 때문에, 9시 정도에 전화한다.

"아, 전화한 건에 대해서는 ○○에게 들었으니, 이제 됐어요."

대범한 손정의에게 미안한 마음이 든다. 동시에, 나 대신 심야에 전화를 받고 일어난 사장실 스텝에게도 미안한 마음이 든다.

포인트는 손정의가 오전 1시 무렵 전화를 한다는 것은 그때까지 손정의가 일하고 있다는 것이다. 실제로 손정의로부터 오전 1시 정도에 메일이 날아온다.

손정의와 함께 일하며 절실히 느낀 것은 '이 사람은 정말로 일을 좋아하는군'이라는 것. 무엇보다도 근면하다는 것. 아침 9시 반에 출근해서 밤 1시까지 일한다.

"하루가 24시간밖에 없는 것을 유감스럽게 생각해"라고 본인이 말했다. 성공하는 벤처 기업의 경영자는 '하루 14시간 일한다'라고 하는데, 손정의는 그 이상 일하고 있는 것이다.

인간 수양을 위한 교과서 『사서오경四書五經』중에 『서경書經』이라는 것이 있다. 거기에는 '功崇惟志 業廣惟勤(공숭유지 업광유근, 공을 높이는 것은 뜻에 달려 있는 것이며, 일을 확장 시키는 것은 그 부지런함에 있다)'(『서경』하) 이라는 말이 있다.

"뜻을 높게. 시시한 것을 말할 거면 사업 따위 하지 않는 편이 좋다."

커다란 위업을 달성하기 위해서는 무엇보다 근면해야 한다. 즉, 뜻과 근면은 자동차의 두 바퀴라고 하는 것이다.

손정의는 24시간, 정말로 사업만 생각하고 있다.

"24시간, 사업을 생각하라. 꾸는 꿈의 6할 정도가 사업이 되는 상태까지 생각하라. 4할 정도는 다른 꿈을 꿔도 좋지만, 6할 정도는 사업 꿈을 꿔야 한다."

그런 손정의가 인솔하는 소프트뱅크가 글로벌화를 진행시켜온 결과 어떻게 되었는가? 지금까지도 한계 이상으로 일을 해온 손정의는 과로로 쓰러져버리는 것이 아닐까? 라고 걱정하는 사람이 있을지도 모른다.

그러나 웬걸. 시차 관계로 소프트뱅크의 사원은 24시간, 계속 세계의 어딘가에서 일하고 있다는 계산이 나온다. 그 일을 지적하며 손정의가 "요즘 즐거워! 세계 중에서 24시간 누군가가 일하고 있으니까. 24시간 언제라도 전화할 수 있어"라고 한다. 이 말을 들은 사원들이 놀라 뒤로 자빠진 것은 말할 것도 없다.

단 사장이 가장 많이 일하고 가장 많이 생각하는 것을 사원들은 알고 있다. 때문에 모두, 손정의를 따라 가는 것이다.

40개의 신규 사업을 생각하여
===== **각 사업에 대해 10년분의 비즈니스 플랜을 고안**

"내가 고민할 때는, 그러니까. 슬픈 듯이 고민하고 있는 게 아니야. 매우 액티브하고 액티브하게 선택지를 철저히 생각하는 거야."

손정의가 미국의 대학을 졸업하고 일본에 돌아왔을 때의 일이다. 사업가가 되기로 결정했지만, 어떤 사업을 시작하면 좋을까, 뭘 하면 좋을까, 1년 반 고민에 고민을 거듭하고, 생각에 생각을 거듭했다고 한다.

결과, 1년 반 동안 40개 정도의 새로운 사업을 생각했다. 한 달에 몇 개 정도를 생각했다. 그때마다 "이거야! 나는 이걸 하겠어!"라고 불타올랐다고 한다.

그러나 다음 날이 되면 아무래도 아닌 것 같은 생각이 들었다.

"더 좋은 아이디어가 나온다면 조령모개朝令暮改(아침에 내린 명령을 저녁에 고친다는 뜻으로, 일관성이 없이 갈팡질팡함을 이르는 말—역자 주)라도 상관없어."

당시부터 손정의의 생각은 변함이 없다. 때마다 재고하고 새로운 비즈니스 모델을 생각한다.

그건 그렇다 하더라도 지금까지 사람이 하지 않은 참신한 비즈니스 모델을 40개나 생각했다. 그야말로 발명왕이다. 그리고 언제나 초낙관적으로 생각하는 손정의의 진면목이 나타난다.

"이거야, 이걸 하면 반드시 일본 제일의 넘버원 기업을 만들 수 있어."

이렇게 굳게 믿고 마구 흥분한다. 이것을 40회 반복한 것이 대단하다.

더욱 대단한 것은 생각해낸 각 사업에 대해서 10년분의 비즈니스 계획을 만든 것이다. 예상 자금수지표, 예상 손익계산서, 예상 대차대조표, 예상 매출, 예상 시장 점유율, 이런 것을 철저히 조사하여 자신의 것으로 만들었다.

손정의는 숫자에 강하다. 회의에서 애매한 숫자로 넘어가려다가 호되게 당하는 스텝도 많이 있다. 취미처럼 손익 계산을 자신이 하는 경우가 있을 정도로 숫자를 잘 기억한다. 그 숫자 능력은 창업 전부터 단련되어 온 것이리라.

더 나아가, 경합을 벌이게 될 라이벌 회사의 규모, 비즈니스 모델, 매상, 이익, 대차대조표를 철저하게 조사한다. 쌓으면 1미터 이상 될 정도로, 하나의 비즈니스 모델에 대해서 자료를 모아 철저히 조사한 후 결심을 한다.

"때문에 여러분이 신규 사업을 할 때 말입니다. —지금 현재도 신규 사업 부문에 관여할까 말까 등 여러 가지 있겠지만— 상사의 명령이기 때문에 한다, 명령 받은 대로 한다, 라고 어설프게 생각하고 있다면 그 시점에서 (후계자로서) 실격. 자신이 제안하는 능력을 가지고 있지 않으면 실격입니다."

과거의 아이디어, 비즈니스 모델을 앞질러야 한다. 그 가운데서 쥐어짠 후 선택하여 새로운 사업에 착수한다. 요행이라는 게 있을지도 모르지만 절대 계속되지 않는다.

새로운 사업을 시작할 때도, 창업할 때도 스타트업을 경험한다. 그때 몇 번이나 자신의 사업 모델을 능가하는 것이 나온다. 요행이 아닌 성공을 자신의 손으로 움켜쥔다. 이것이 손류 성장법이다.

===== 오른 후의 풍경을 선명하게 상상한다. 그것이 비전

손정의는 어렸을 때부터 높은 곳을 좋아했다.

제5장에서 휴대폰 사업에 참가하여 얼마 지나지 않은 2006년, 오카야마현 니이미시에서의 강연에 초대된 손 사장을 수행한 이야기를 적었는데, 가는 도중에 "그런데 시마 씨, 어렸을 때, 전봇대에 안 올라갔나요?"라고 물었다.

"안 올라갔어요"라고 대답하자 "나는 올라갔어. 전봇대의 꼭대기. 높은 곳을 좋아하거든"이라고 소년 같은 표정으로 말했다. 그 의식은 경영면에도 통하는 것 같다.

"장래의 일보다 발 밑만 보는 사람은 평생 발 밑의 문제에서 벗어나지 못하는 경우가 많아."

하여간 손정의는 높은 곳을 목표로 한다. 산에 올라갈 때 아래쪽은 보이지 않는다. 정상에 올라가서 돌아봤을 때 비로소 아래쪽 풍경, 마을 전체의 풍경이 보인다.

그러나 이것만으로는 비전을 가진 것이라고 할 수 없다.

"우선 산에 오르기 전에, 올라간 후의 산에서 보이는 풍경이 어떤지를 상상하는 것이 중요하다"라고 손정의는 말한다.

왜냐하면 많은 산 중에서 자신이 오를 산을 정해야만 하기 때문이다. 산을 정하면, 이미 자신의 인생은 반쯤 정해졌다고 해도 좋을 것이다. 그 때문에라도 사전에 어떤 산에 오를지를 정하고, 정상에 섰을 때 보이는 풍경을 상상할 것 = '비전을 품는 것'이 중요하게 된다.

소프트뱅크그룹은 앞으로 어디로 가야 할까. 지금부터 10년 후, 20

년 후, 30년 후, 어떤 세상이 될까. 어떤 비즈니스 모델이 될까. 항상 생각하면서 비전을 보다 선명하게 해가야 한다.

선명하다고 하는 것은 막연하게 상상하는 것이 아니다. 손정의의 경우는 우선 시한을 정한다. "10년 후에는 어떻게 되어 있는가?"에 대한 답을 낸다. 한 마디로 미래라고 하면 하루 뒤도 백년 뒤도 미래이다. 그래서는 너무도 애매하다. 때문에 구체적으로 '10년 뒤', '30년 뒤'라고 시한을 설정한다.

그리고 톱의 위치에서 회사를 내려다본다. 그런 사람이 사장이다.

"비전을 가지고 있지 않은 리더는, 정말 최악입니다. 만약 여러분이 후계자가 되어 10년 후에 나는 이렇게 하겠다, 30년 후에 우리 회사는 이렇게 될 것이다, 라고 분명히 말하지 못하는 남자는 ―여성이라도 상관없지만― 리더로서 실격입니다."

소프트뱅크 아카데미아에서도 그렇게 말했다. 스프린트를 인수할 때 "남자로 태어난 이상"이라고 인터뷰에 대답해서, 남녀평등의식이 강한 미국에서는 주의하라는 말을 들었다. 이때는 회장 안의 여성이 눈에 들어왔는지, '여성이라도 상관없지만'이라고 덧붙였다.

이 책의 독자 중에서 만약 소프트뱅크 사장을 목표로 하는 사람이 있다면 사장에 취임한 날을 예상해 보기 바란다. 사장에 취임한 후 신문과 잡지, 방송과 인터뷰를 한다. 옆에 60대의 손정의가 앉아 있다. 그때의 광경이 지금부터 분명히 보이지 않으면 안 되는 것이다.

"일본 회사의 사장, 대기업 상장 회사의 사장 대부분이 가장 먼저 하는 말이 '뜻밖에도 사장 임명을 받아'라고 말해요. 뜻밖에 사장이 되었다면 부하들이 안됐어요. 얼떨결에 된 사장은 부하를 길거리에 나앉게 할 겁니다.”

사장은 '계획하고 계획해서' 되어야만 한다. '계획하고, 계획해서' 사장이 되었기 때문에 고난을 헤쳐 나갈 비전을 제시할 수 있는 것이다. 처음부터 끝까지 이길 수 있는 것은 달성하고 싶은 비전이 있기 때문이다.

“비전은 갑자기 떠오르지 않습니다. 평소부터 생각에 생각을 거듭하고, 더 이상 생각할 수 없을 정도까지 생각하지 않으면 안 되는 것입니다. 쉽게 2, 3일 안에 떠오르는 것이 아닙니다.”

===== **2년 내에 일을 이루는 집중력**

손정의가 소프트뱅크 아카데미아에서 자주 하는 말이 있다.

“나의 후계자가 될 남자에게도 백억 엔 정도 줘야 한다고 생각하고 있어.”

후계자 후보인 니케쉬 아로라가 부사장을 퇴임했다. 이것은 '손정의의 후계자'가 비었다는 것을 의미한다. 소프트뱅크 사내의 SNS에서는 '소프트뱅크 아카데미아의 여러분, 준비는 됐나!'라고 발신하기도 한다.

어떤 벤처 비즈니스 사장에게 '손정의의 후계자를 노리는 것이 어떻습니까?'하고 말했더니, “죄송하지만, 손정의는 너무 오래됐어. 때문에 소프트뱅크의 후계자 같은 것은 생각하지 않아. 나는 나의 길을 가

겠어"라고 말해서 감탄했다. '그 기상은 좋다.'

그 벤처 경영자는 어쨌거나, 우선은 '손정의 후계자'가 되기 위해서는……라고 생각하여 스스로를 단련해 보는 것은 '사장'을 목표로 하는 사람에게는 의의가 있다고 생각한다.

손정의는 '60대에 후계자에게 물려주겠다'라고 말했다. 이 말을 틀림없이 지킬 것이다. 그렇다면 늦어도 11년 후에는 그 기회가 찾아온다. 지금, 모든 20~40대의 사람들에게 후계자가 되어 '백억 엔 받을' 기회가 있다. 물론 돈이 모든 것은 아니다. 그렇지만, 손정의는 말한다.

"미국 골드러시(새로 발견된 금의 산지로 사람들이 몰려듦. 19세기 중기에, 미국에서 금광 붐이 일어났을 때 생긴 말—역자 주) 때, 카우보이들이 서해안으로 목숨을 걸고 향했다는 것은 결국 일확천금을 위해서. 돈을 위해서, 라고 하면 한심하다고 생각할지도 모르지만, 역시 뭔가 꿈이 없으면 진정으로 목숨 건 승부는 하지 않겠지요."

그런 일확천금의 기회를 자신의 것으로 만들고 싶은 사람에게, 정말로 승부에 목숨을 걸면 어떤 힘이 솟아 나오는지 가르쳐 주겠다.

나는 자주 "손정의 사장의 대단한 점은 무엇입니까?"라는 질문을 받는다.

나의 대답은 언제나 정해져 있다.

"집중력입니다."

제5장에서도 소개했지만, 역시 손정의의 집중력은 특별하다.

소프트뱅크 상무로서 손정의의 측근이었던 기타오 요시타카北尾吉

孝 SBI홀딩스 사장도 "그의 집중력은 대단해"라고 손정의를 평했다.

"나도 상당히 집중력이 좋고 공부도 열심히 하는 편인데도 손정의 사장과는 비교가 되지 않아요. 해외의 최신 동향을 조사하여 계장이 담당할 만한 세세한 기술적인 것까지 전부 꿰뚫고 있어요."

나도 어느 경영자의 손정의 평을 들은 적이 있다.

"그의 집중력은 대단하다. 그래서 성공하는 것이다."

손정의에게 있어서 '집중력'은, 후계자를 선택하는 데 있어서도 필수적인 능력일 것이다.

"성과를 올리기 위한 비결을 하나만 들라고 한다면, 그것은 집중이다. 성과를 올리는 사람은 가장 중요한 것부터 시작한다. 게다가 한 번에 하나의 일밖에는 하지 않는다"라고 경영학자, 드러커가 말했다.

하나에 집중한다는 것은, 바꿔 말하면 '하지 않는 것을 정하는 것'이다. 손정의는 언제나 철저히 다음과 같이 한다. "하나의 일에 집중해야 할 때는 쓸데없는 시간을 줄인다. 사람과도 만나지 않는다. 회의에도 참석하지 않는다. 외부 모임에도 참석하지 않는다."

손정의는 '다른 것을 배제하고 하나의 일을 행하는 것에 의해서만 일을 빨리 할 수 있다'는 것을 알고 있다. 시간과 노력과 자원을 집중한다. 한 번에 하나의 일만 한다. 그 결과 다른 사람들보다 적은 시간으로 일을 이룬다. 집중하기 위해서는 어떤 VIP와의 약속이라도 취소한다. 여기에 대응하는 나도 손정의의 생각을 알고 있기 때문에 진지하게 대응하고 있다.

손정의는 하나의 테마를 2년 내에 끝내고자 하는 것처럼 보인다.

2005년 11월에 나는 소프트뱅크에 입사했다. 그 후 8년간, 테마는 4개 있었다.

처음 2년간 보다폰 매수에 의한 휴대폰 사업 참가. 다음은 '빛의 길 구상'이라는 NTT 재편 문제. 다음은 재생 에너지, 전력 사업 참가. 그리고 스프린트 인수에 의해 미국 진출. 이상의 4개이다.

"손정의는 쉽게 질린다. 흥미가 2년밖에 지속되지 않는다"라고 비판 받지만, 내가 보기에는 2년 만에 이루어야만 하는 이노베이션(신결합)을 맹렬한 속도로 완성시키고, 다음으로 넘어가는 것이다.

마찬가지로 테마를 맞춰 측근, 참모도 바꾼다. 중국, 아시아 중심의 투자를 적극적으로 하고 있을 때는 노무라 증권 출신의 기타오 요시타카가 측근이었다. 그리고 휴대폰 사업에 참가하여 행정과의 교섭이 필요할 때 내가 측근이었다.

후계자 후보였던 니케쉬 아로라의 경우도 2014년부터 2016년이므로 딱 2년이다. 나의 눈에는 손정의의 인도 진출이라는 테마가 일단 종료되어 측근 교체의 시기가 온 것으로 보인다.

집중력이 있다는 것은, 하지 않는 일을 정하는 것. 그것도 철저하게. 이것이 결사적으로 승부에 도전하는 인물의 집중력이다. 손정의가 그것을 실증하고 있다.

===== '강점'을 발견하여 이기는 습관을 들인다

손정의의 취미는 골프이다. 내가 소프트뱅크에 입사하기 직전의 일로, 어떤 재계의 인물과 골프를 쳤을 때의 감상을 들은 적이 있다.

"얄밉게 골프를 치더군."

하여간 철저히 승부에 집착하는 것이다. 이것은 경영에 한정된 이야기가 아니다.

"일본의 프로야구는 미국의 2군 같아요. 언젠가 아시아 대 미국으로 세계 1위 결정전을 해야 해."

한국, 타이완은 프로 야구가 있지만 중국은 없기 때문에 중국의 프로야구 리그를 응원한 적이 있다. 당시 개최를 앞두고 있던 북경 올림픽에서 야구가 정식 종목이 될 것을 주시하고 있는 듯했다. 안타깝게도 북경 올림픽에서는 야구가 정식 종목이 되지 않았고, 아시아 대 미국의 시합은 이루어지지 않았다.

그러나 지금도 소프트뱅크 호크스를 '세계 1위에'라고 계속 말하고 있다. 하여간 넘버원을 좋아하는 것이다.

"압도적인 넘버원이 되는 것. 압도적인 넘버원이 아니면 그 비즈니스 모델이라고 하는 것은 대부분 시간의 문제로 더 이상 이익이 나지 않게 됩니다."

제6장에서 소개한 넘버원 전략이다. 압도적인 넘버원이 되기 위해서는 '강점'을 갖는 분야에만 집중한 후 일에 착수한다. 바꿔 말하면 '강점'을 활용하여 압도적 넘버원이 되는 길이 보일 때 비로소 일에 착수한다.

손정의는 초등학교 1학년 정도 때부터 거의 1등밖에 경험하지 않았다고 한다. 1등이 아니면 기분이 나쁘다. 1등이 되도록 자신을 몰아간다. 하겠다고 정하면 그 분야에서 넘버원이 된다. 아니, 넘버원이 되는 일밖에는 하지 않는다.

누구라도 자신의 '강점'에 대해서 알고 있다고 생각한다. 그러나 대부분은 잘못 알고 있다. '일을 이룰 수 있는 것'은 '강점'에 의해서이다. 넘버원이 될 수 있는 자신의 '강점'을 정확하게 이해해야만 한다.

"음악으로 넘버원이 되겠다,라고 정한 적은 나는 한 번도 없어. 약간 음치이기 때문에. 배구로 넘버원이 되고 싶다고 생각한 적도 없어. 키가 작으니까."

노력해도 보통밖에 되지 않는 분야에 쓸데없는 시간을 사용하지 않는다. 그만큼 자신이 잘하는 분야, 자신이 잘할 수 있다고 생각되는 분야에서 반드시 넘버원이 되겠다고 정하고 끝까지 해낸다. 하여간 '강점'을 찾아내는 것이 최우선이다.

그리고 '1등이 아니면 기분이 나쁘다'라고 생각할 정도로 이기는 습관을 들인다. 이기는 것에 집착한다. 1등에 집착한다. 그 축적이 단순한 넘버원에 머무르지 않고, 압도적인 넘버원의 지위를 가져다 주었다. 소프트뱅크 아카데미아에서도 열변을 토했다.

"여러분이 리더가 됐을 때, 2등으로 만족해, 2등이 되어도 열심히 했어, 라고 절대로 말해서는 안 돼. 2등은 진 거라고 생각해. 5위에서 2위로 올라갔다고 자신의 머리를 쓰다듬는다고? 바보 같은 소리 집어치워. 이미 그 시점에서 (후계자로서) 실격."

'일을 이룬다'고 하는데, 2등 3등에서 왔다갔다하고 하물며 4등 5등에서 왔다갔다하며 일을 이룰 수 있을 정도로 세상은 만만치 않다.

때문에 노는 데서도, 골프에서도, 일에서도 무슨 일이 있어도 '넘버원'. 왜냐. 이기는 버릇을 들이기 위해서이다. 이것이 인생에 있어서 승부해야 할 때 커다란 영향을 끼치는 것을 손정의는 알고 있다.

=== '고이토리마샹'을 목표로 하라

'별장'이라고 불리는 사장실 플로어의 영빈관. 매일 저녁 7시 무렵부터 여기에서 해외CEO, 정치가와의 회식이 있다. 그 전에 자신의 사장실을 보여줄 때가 있다. 빌 게이츠와 함께 골프장에 갔을 때의 사진이 장식되어 있는데 빌 게이츠가 카트의 운전을 하고 있는 사진이다. 이미 언급한 대로, 거기서 손정의는 이렇게 말한다.

"세계에서 가장 시급이 비싼 운전사입니다."

나는 이 말을 몇 번이나 들었지만, 물론 게스트는 처음이다. 모두, 한결같이 놀란다. 이것으로 게스트의 마음을 사로잡는 것이다. 그 다음 기다리고 있는 것은 회식인데, 회식이라고 해도 도중에 프로젝터를 이용한 손정의의 프레젠테이션이다. 요컨대, 교섭 전부터 연출은 시작된 것이다.

내가 맡기 전의 사장실 실장이었던 미키 다케노부三木雄信에 의하면, 손정의는 교섭할 때 "'고이토리마샹'을 목표로 해"라고 말했다고 한다.

'고이토리마샹'이란 사가 현佐賀県에 실제로 존재하는 잉어 잡기 달인을 말한다. '잉어 껴안기'라는 독특한 방법으로 잉어를 잡는다. 준비는 잉어를 잡기 수일 전부터 시작된다. 영양가 많은 것을 중심으로 먹고 컨디션을 조절하는 것이다. 이유는 물속에서 체온이 떨어지는 것을 막기 위해서. 당일 날, 강가에 모닥불을 피운다. '고이토리마샹'은 모닥불로 몸을 천천히 덥힌 다음 강에 잠수하여 꼼짝 않고 기다린다. 차가운 물 속, 잉어는 '고이토리마샹'의 따뜻한 몸에 몰려든다. 이때 타이밍을 보다가 단번에 껴안고 물 위로 올라오는 것이다.

손정의는 영빈관에서의 회식 때, 빌 게이츠와의 사진 외에 가쓰라 고고로桂小五郎, 사이고 다카모리西郷隆盛의 글을 보여준다. 서민적인 금전 감각을 잃지 않은 손정의가, 유일하게 돈의 한도를 제한하지 않는 메이지 유신기의 컬렉션. 그렇지만 실제로 역사상 위인의 글을 보면 자신도 역사를 만들고 싶은 기분이 든다. 그 후, 손정의의 허풍이라고도 말할 수 있는 프레젠테이션을 들은 게스트는 그 프로젝트를 진행하고자 하는 기분이 드는 것이다.

손정의는 교섭에 임하기 전에 상당히 준비를 한다. 그리고 상대가 자연스럽게 다가오도록 유도하기 위해 궁리한다.

나중에 후계자 후보로 지명된 아로라와 손정의가 처음 만난 것은, 야후 서비스에 구글 검색 엔진을 도입하기 위해 교섭할 때였다.

아로라는 세계에서 가장 유력하고 존경받는 인터넷 기업 구글에서 실질적인 경영을 하고 있었다. "무척 머리 좋은 사람이다"라는 것이 아로라에 대한 손정의의 첫인상이었다고 한다.

손정의는 교섭할 때 상대의 인격이 그대로 드러난다고 생각한다. 교섭을 진행시켜 가는 중에 아로라의 능력과 총명함을 알고, 인간적으로 존경하게 되어, 후계자 후보로 삼았다고 한다. 억지로 밀어붙이는 것이 아니라, 다가오게 하는 교섭술, 이것이 손정의류 처세술이다.

===== **'기회'를 살릴 능력을 지닌다**

자신의 인생에 있어서 '하늘의 때'를 살릴 수 있을까? '하늘의 때'란 타이밍=기회이다. 다음 장에서 다시 한 번 자세히 언급하겠지만, 지금 20대에서 40대 분은 손정의의 후계자가 되어 100억 엔을 받을 수 있는 '하늘의 때'가 있다는 것을 인식했으면 한다.

'우리들은 정보 빅뱅이라는 절호의 타이밍에 태어났다'라는 것이 손정의의 생각이다. 20만 년의 인류 역사 가운데, 정보 빅뱅은 50년 전에도, 100년 전에도 존재하지 않았다.

"마쓰시타 고노스케 씨는 운이 없어요. 그 정도의 재능과 인격을 가지고 있는데도 태어난 때가 좋지 않았어요. 정보 빅뱅보다 조금 전에 태어났다는 말이에요. 가전회사를 하기에는 좋을 때 태어났을지 몰라도 정보 빅뱅에 비교하면……그다지 커다란 혁명이 아니에요. 내가 보기에는."

이것은 소프트뱅크 아카데미아에서의 발언이다. 경영의 신, 마쓰시타 고노스케를 자신은 앞질렀다는 생각이 있는 것이다. 앞에서 언급했던 벤처 회사 경영자와 같은 발상으로 '그 기개'는 좋다. 인류가 맞이한 커다란 혁명은 3개 있다. 농업혁명, 공업혁명, 정보혁명.

"3가지 혁명 중에서 가장 커다란 것은 정보혁명. 가전은 어차피 가

전입니다. 알기 쉽게 말하면 그런 말입니다."

손정의는 항상 구체적인 라이벌을 머릿속에 그리고 있다. 라쿠텐楽天의 미키타니 히로시三木谷浩史 등도 가상의 라이벌로 생각하고 있다.

우리는 정보 빅뱅, 마이크로 컴퓨터가 생겨난 그 시대에 태어났다. 이런 시대에 우리가 태어난 것 자체, 이것은 이미 하늘의 때를 얻었다는 것이다.

운도 실력이다. 이 시대에 태어난 것, 그것만으로 이미 운이 좋은 것이다. 이 행운을 우리가 잡을 수 있을까. 그것은 자기 하기 나름이다.

마키아벨리의 '군주론'에는 다음과 같은 것이 쓰여 있다.

'빛나는 명성을 가진 지도자들의 행위를 검토하면 그들은 모두, 운명으로부터 기회밖에 잡지 않았다. 기회가 오지 않았다면 그들의 역량도 그 정도로 충분히 발휘되지 않았을 것이다.'

운도 불운도 많은 사람들에게 공평하게 찾아온다. 그러나 우리들은 몹시 운이 좋을 때 태어났다. 그 기쁨을 가장 잘 알고 있는 사람이 손정의일지도 모른다.

"이 하늘의 때를 잘 활용하여 활약해야만 합니다."

===== **앞으로 사장에게 요구되는 필수 요소**

손정의는 앞으로의 사장에게는 '영어' 플러스 다른 언어, 여기에 파이낸스(금융)과 테크놀로지(기술) 스킬, 더 나아가 스타트업 경험이 필요하다고 말한다.

『도라에몽』의 '번역 곤약'처럼 지금은 컴퓨터를 사용하면 여러 정보를 번역하여 손에 넣을 수 있게 되었다. AI의 진화에 의해 앞으로 점점 번역의 질은 향상될 것이다. 그러나 역시 자신의 말로 커뮤니케이션을 하는 것이 중요하다.

손정의는 알기 쉬운 영어로 직접 톱과 이야기를 나눈다. 이것은 강점이다. 소프트뱅크에서는 사장이 영어로 말하기 때문에, 통역을 두는 습관이 없다.

나는 정치가 시절, 중요한 이야기를 할 때면 언제나 통역을 통해서 말했기 때문에, 처음에는 당황했다.

21세기는 아시아의 시대이다.

다른 하나의 언어로서 중국어를 권한다.

손정의와 함께 중국과 한국 등 아시아로부터 온 손님과 만난다. 나는 첫인사를 나눌 때만이라도, 중국어나 한국어로 말하여, 친밀감을 더하고자 하지만, 손정의는 영어로만 한다. 익숙하지 않는 언어는 사용하지 않는 것이다.

고작 한 마디의 인사지만 서툰 언어를 사용하기보다는 영어로 교섭하는 것에 집중하는 편이 좋다고 생각하고 있는 듯하다.

앞으로 더욱 속도를 더해가는 글로벌화에 대응하기 위해서는 영어와 더불어 또 다른 언어를 능숙하게 사용하는 것은 무기, 라기보다는 당연히 그래야만 하는 것이 되었다.

덧붙여 요구되는 '소질'이라고 할 수 있다. 아로라는 금융기관에서 일한 적도 있고 해서, 파이낸스를 잘 알고 있었다. 또, 전공이 전기공학이기 때문에 수학도 잘하고, 테크놀로지를 이해하고 있었다.

파이낸스와 테크놀로지의 두 가지는 절대로 필요한 스킬이다. 이것이 아로라가 후계자 후보로 선택된 이유 중 하나였다.

더불어 정열이 있고 스타트업 구조를 이해할 수 있어야 한다. 자신이 창업을 하거나 스타트업과 함께 일을 하거나 혹은 대기업에서 기업 프로젝트를 진행하여, 성공체험을 쌓아가는 길도 있다.

후지산은 서쪽에서도 동쪽에서도 오를 수 있다.

길은 여러 개 있다. 제로에서 뭔가를 시작하여 곤란에 직면해도 그것을 극복하고 성공할 수 있는가. 즉, 곤란에 직면했을 때도 주위 사람들을 납득시키면서 일을 성공시킬 설득력이 필요한 것이다.

"사장직은 우연히 물려받아서 할 수 있을 정도로 쉽지 않다."

자주 듣는 말이지만, 손정의가 하면 더욱 무게가 더해진다.

===== **젊었을 때부터 '사외 이사'를 하는 메리트**

손정의는 일찍이 미국 기업의 시스코시스템즈의 사외 이사로 일했다.

"미국의 경우는 이미 30세 전후의 젊은 때부터 사외 이사를 해. 소수의 엘리트가 여러 회사에서 경영을 체험하는 거지."

실리콘밸리의 기업경영자는 모두, 사외 이사를 서로 겸무하는 경우가 많다. 세일즈포스닷컴의 CEO인 마크 베니오프도 시스코시스템즈의 사외 이사를 했다.

베니오프는 소프트뱅크를 방문한 적도 있다. "손 사장, 자네가 빠진 후 내가 시스코시스템즈의 사외 이사를 했어"라고 말했다.

단, 손정의에 의하면 이야기가 조금 다르다.

"실은 조금 간격이 있었지만, 내가 빠진 직후에, 보다폰 영국 본사의 아룬 사린(전 CEO)이 시스코의 사외 이사로 일했어. 오토데스크(의 CEO)에서 야후의 CEO가 된 캐롤 바츠도 시스코의 사외 이사를 했지. 때문에 그 주변의 사람들과 나는 시스코 사외 이사로 일했던 때부터 모두 아는 사이야. 정말로 좁은 세계라니까."

하여간 손정의의 교섭력은 이런 곳에서 배양된 인맥에서 형성된 것이다. 요즘 일본에서도 이제 막 상장한 기업을 보면 저마다 사외 이사를 겸무하는 것을 본다. 바람직한 경향이라고 생각한다. 단 대체로 벤처 기업의 경영자와 임원이 많다. 아무래도 일본의 경우 조금 튀는 비엘리트층이 기업을 선택하는 이미지이다. 일본의 대기업도 사외 임원을 뽑으면 좋을 텐데, 라고 생각한다.

미국에서도 젊었을 때 서로 다른 회사를 경험한다. 인간은 경험에 의해 가장 효과적으로 성장한다. 장래가 촉망되는 인물은, 이렇게 서로 사외 이사를 겸무하여 절차탁마해 간다.

"일본의 대기업에서 사장을 목표로 한다면, 30세 전후의 나이에 다른 회사의 사외 임원을 많이 경험해야 한다."

이것은 손정의 자신의 경험에서 나온 지론이다.

게다가 미국의 사외 임원이라는 것은 일본과 다르게 고소당할 리스크도 있다. '주주대표소송'이다. 10억, 20억 엔이 가볍게 날아가는 케이스도 적지 않다.

따라서 사외 이사라고 해도 경영자로서, 경영 의사 결정에 진지하게 참가한다. 오히려 사내 이사는 두, 세 사람 정도로 하고, 사외 이사를 많이 두는 경우도 있다.

"존 챔버스(시스코 CEO)는 땀을 닦으면서 열심히 설명, 역설해. 그런데 사외 이사 녀석들은 '응, 납득이 가지 않는데' 따위의 말을 하지(웃음). 아무렇지도 않게 '다시'라고 말하고. 3분의 1 정도의 안건은 퇴짜를 맞았어."

본서에도 몇 번이나 등장하고 있는 것처럼, 캐주얼 의류 브랜드 유니클로로 유명한 패스트리테일링그룹의 야나이 다다시 회장은 소프트뱅크의 사외 이사이다. 손정의는 미국에서의 경험을 경영에도 확실히 살리고 있는 것이다.

젊은 시절부터 임원회에 출석하여 주고받는 말을 듣는 것만으로도 '서당개 삼년이면 풍월을 읊는다'라는 말처럼 성장의 기회가 된다. 젊은 시절부터 '사외 임원'이 되어 '경영'을 경험하는 것은, 장래 성공하기 위한 어드밴티지를 얻는 것이 될 것이다.

===== **비차(飛車), 각(角)으로도 미치지 못하는 왕장(王將)·사장이라는 경험**

"합시다. 시마 씨가 와주면 정말 마음이 든든할 겁니다"라는 손정의의 한 마디에 나의 소프트뱅크 입사가 결정된 것은 벌써 10년도 더 전의 일이다.

"그럼 직위는 사장실 실장, 연봉은 이 정도"라는 말을 들은 후 "언젠가 좋은 곳이 있으면, 그곳의 사장을 하면 돼요"라는 말을 들었다. 나는 결국 '참모'의 길을 선택했기 때문에 '사장'은 되지 못했다. 그렇지만 손정의가 적어도 '사장'을 하는 것이 사람을 성장시키는 가장 좋은 방법이라고 생각하고 있다는 것을 시사하는 이야기이다.

손정의는 어린 시절, 장기를 둘 때, 장기말 '왕장'을 보며 느꼈다고 한다.

'왕장은 비겁해. 실망스러워. 한 칸 밖에는 움직이지 못하니까. 도망치기만 하고(웃음). 늘 부하의 뒤에 숨어 있어. 비겁해, 어째서 더 남자답게 움직이지 않는 거야. 어째서 멋지게 움직이지 않는 거야, 속 터지는군……그렇게 생각한 적도 있어. 그런데도 어째서 왕장이라는 멋진 이름이 붙은 거지?'

손정의는 척척 움직일 수 있는 장기말인 비차나 각이 좋았다고 한다. 일이 있으면 해외든 어디든 직접 찾아가는 손정의답다고 생각한다. 그러나 사장으로서 경험을 쌓으면서 깨달았다고 한다. 비차나 각은 움직이는 방향이 정해져 있어서 어디로 갈지 알 수 있기 때문에 공격하기 쉽다는 것이다. 비차나 각은 용감하지만 결국 천하, 국가를 제패할 수 있는 존재가 아니다. 멋진 움직임을 보이지만, 역시 전체적으로 뭔가 부족하다. 결론은, 역시 왕장은 대단하다는 것이다.

일본의 대기업 경영자의 특징은 비차, 각 타입이 많다. 경영은 경영 분야에서 온 인물, 기술은 기술 분야에서 온 인물. 그 분야에서는 적이 없는데, 어느 날 갑자기 몇 명 있는 임원 중에서 사장으로 임명됐다는 경우가 있다. 그러면 비차나 각이 갑자기 왕장의 역할을 하게 되는 것이다. 경영에 대해서는 잘 알지만 다른 부분은 잘 모른다. 기술에 대해서는 매우 잘 알지만 파이낸스는 잘 모른다. 그런 비차, 각 사장이 지나치게 많다고 손정의는 분석한다.

작지만 처음부터 왕장의 역할을 해온 인물은 강인하다. 창업 사장이 강한 것은, 작지만 지식 면에서도 고생하고 영업에서도 고생하고 기술 면에서도 고생해서, 전체적인 균형이 잡혔기 때문이다.

손정의는 19세 때부터 사장을 했기 때문에, 사장밖에는 한 적이 없다. 사장직은 뛰어난 장인만이 가진 일종의 기술이기도 하다. 때문에 일찍부터 사장이 되어 기술을 습득하는 것이 중요하다.

앞에서 젊은 시절부터 '사외 임원'이 되어 '경영'을 경험하는 것은, 장래 성공하기 위한 어드밴티지를 얻는 것이라고 말했다. 그러나 더욱 바라는 것은 일찍부터 사장을 경험하는 것. 유일무이의 사장이 되기 위해서는 처음부터 왕장일 필요가 있는 것이다.

===== **자신보다 뛰어난 측근으로부터 차례차례 배워 흡수한다**

몽테스키 하면 '삼권분립'을 제창한 정치학자로 유명한데, 『로마성쇠원인론』이라는 로마 제국 영고성쇠를 분석한 명저도 썼다.

그중에서 로마인이 세계의 지배자가 되는 데 가장 공헌한 것은, 상대와 싸우는 동안 자신보다 뛰어난 좋은 습관이 있으면 차례로 받아들인 자세라고 말한다.

19세부터 사장이 되어 계속 '왕장'으로서 군림해온 손정의지만, 한편으로는 몽테스키의 지론을 받아들인 부분도 있다.

'NTT도코모를 앞지르겠다'라는 커다란 목표가 있던 시절, NTT도코모가 정계, 관계에 정치공작이 뛰어나다는 생각이 들자, 국회의원 출신인 나를 사장실 실장으로 삼아 싸웠다.

손정의의 대단함은 참모와 함께 라이벌과 싸우는 동안, 자신이 그 기술을 터득하는 점이다. 손정의가 M&A와 파이낸스를 잘 아는 것은 기타오와 사카이에게 배웠기 때문일 것이다.

나도 소프트뱅크 사장실 실장을 퇴임했을 때 "시마 씨에게 많은 것을 배웠어요"라는 말을 들었다. 예를 들면 단도직입적으로 "시마 씨, 법률은 어떻게 만드나요?"라고 질문한 적도 있다.

또, 정치가와 직접 휴대폰으로 이야기해도 괜찮다는 사실을 안 것은, 아마도 나의 행동을 보고 배운 것이라고 생각한다. 그리고 대규모 프로젝트를 진행시키기 위해서는 정계 톱과 인맥을 만들어 두는 것이 중요하다는 사실도 나와 함께 행동하면서 배운 것이라고 생각한다.

아로라와 함께 인도에 투자할 것을 결정했을 때도, 모디 수상을 비롯해서 많은 장관과 회담했다.

"전달(2014년 9월), 모디 수상이 일본에 왔을 때, 직접 만났어요. 부디 인도에 적극적으로 투자해 달라는 이야기였지요. 마침 우리들도 인도가 새로운 정권이 들어서서, 안정적으로 크게 성장해 갈 것이라고 생각했어요. 27일에 수상과 주요 장관들을 한차례 만났는데, 우리들은 앞으로 10년 동안 1조 엔을 투자할 마음이 있다, 인도는 그만한 시장이다라고 전했어요."

손정의와 인도의 모디 수상은 휴대폰으로 직접 이야기를 나누는 사이라고 앞에서 말했다. 아마도 새로운 측근이 된 인도인 아로라가 나와 마찬가지로 선도 역할을 했을 것이다.

암홀딩스 매수에서도 마찬가지로 행동했다. 2016년 7월 25일, 손정의는 암홀딩스 매수에 관련하여 메이 수상과 런던의 '다우닝가 10번지'=수상관저에서 회담했다. 가장 염려하는 고용에 대해서 영국 내의 고용을 5년 이내에 배가시킬 것, 본사를 캠브리지에 계속 둘 것이라고 설명했다.

메이 수상은 EU 탈퇴로 흔들리는 영국 기업이 안심감을 얻을 수 있다고 말하며, 환영하는 뜻을 보였다. 영국이 환영할 수밖에 없는 시기를 택한 것도 좋았다.

'자신보다 현명한 사람을 주위에 모으는 법을 아는 사람, 여기에 잠들다'란 '강철왕' 카네기의 묘비명이다. 이 말을 손정의에게 적용하면 '자신보다 훌륭한 기술을 알고 있는 사람을, 주위에 모으는 법을 아는 사람'이 될 것이다. 더 나아가 '자신보다 훌륭한 기술을 알고 있는 사람을 측근으로 삼아, 거기서 재빨리 배운다'가 될 것이다. 사장이면서 한편 겸허하게 우수한 측근으로부터 가급적 빨리 배워 자신의 것으로 삼는다. 언뜻 보기에 상반된 자세의 양립이, 현재의 손정의를 만들었다고 해도 과언이 아니다. 게다가 손정의의 경우, 하나의 프로젝트를 2년에 끝낸다. 이 글을 쓰면서 새삼스럽게 드는 생각은, 나도 용케 8년이나 일했구나, 이다.

손정의는 늘 계속 싸워왔다.

몽테스키에 의하면 로마인이 강했던 것은 '늘 전쟁을 해야만 하는 운명이어서 전쟁을 유일한 기술로 간주하고 그 완성을 위해 모든 능력과 지혜를 짜냈기' 때문이라는 것이다.

다만 전쟁인 이상 패전은 실패이기도 하다. 그런 경우 어떻게 할까. '제일 먼저 도전하여 제일 먼저 지고, 가장 빨리 부활한다'이다.

소프트뱅크 아카데미아에서 사업에 도전하게 되었다. 아카데미아 담당 사무국장이 "실패 2번까지는 허용합니다"라고 말했을 때이다.

"2번은 너무 적잖아. 여기에 있는 간부들은 몇 번 실패했는지 몰라. 그렇지, 미야우치 씨."

손정의의 말에 미야우치 부사장(당시)은 또 생글생글 웃기만 했다.

소프트뱅크에는 실리콘밸리처럼 실패를 재산으로 삼는 문화가 있다. 재도전을 용인하는 것으로 끝난다면 일은 간단하다. 그러나 그것만으로 끝나면 머지않아 회사는 사라질 것이다.

손정의도 여러 가지 실패해 왔다. 내가 입사한 직후 2006년 무렵은 ADSL 사업의 야후 BB는 큰 적자. 고정 전화 일본텔레콤을 인수했지만, 고정 전화는 점점 줄고 있어서 이것도 큰 적자. 언제 망할지 모른다는 것이, 소프트뱅크를 둘러싼 소문이었다. 손정의 자신도 "소프트뱅크 텔레콤(구 일본텔레콤)을 인수한 것은 실패였나, 하고 생각했다"라고 말한 적도 있다. 그러나 그것을 모두 소멸시킨 것이 보다폰 인수에 의한 휴대전화 사업 참가이다.

이 대역습, 배로 돌려받고 비로소 '실패를 재산으로 삼은' 것이 되는 것이다.

실은 같은 수법을 마쓰시타 고노스케도 사용했다. 마쓰시타 고노스케 측근의 말이 남아 있다.

"나는 경쟁을 좋아하는 사람이었습니다. 몇 개의 게임에 졌다고 해도, 보다 큰 게임에 이기면 된다고 믿고 있습니다."

이번 3.3조 엔의 암홀딩스 인수도 비슷한 점이 있다. 스프린트 인수. 후계자 지명을 한 아로라의 지나치게 빠른 퇴임. 그 3년 동안, 손정의의 결단은 실패의 연속이었다.

이것을 단번에 뒤집은 것이 3.3조 엔으로 IoT 시대를 개척하기 위해 행한 암홀딩스 인수이다. 아로라 퇴임이 2016년 6월 22일. 암홀딩스 인수가 7월 18일. 그 사이가 불과 1개월. 일본의 미디어는 이미 국면이 바뀌어서, 누구도 이해할 수 없는 아로라 퇴임극을 파고들지 않게 되었다. 훌륭하다.

가장 먼저 도전하여 가장 먼저 실패한 후 가장 먼저 회복한다. 어떤 커다란 실패를 해도 실패가 계속되도 좌절하지 않고 다음의 커다란 도전으로 소멸시킬 정도의 마음을 갖는 것이 첫 번째. 그리고 많은 실패로부터 구체적인 회복 방법을 배우는 것이 두 번째. 넘어져도 그냥 넘어지는 것이 아니라, 점프를 위한 반동으로 파악한다. 그 정도의 의식이 필요하다.

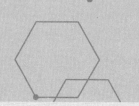

제8장

손정의가 되기 위한
「신 리더 교과서」

손정의는 '일을 이룬다'라는 말을 좋아한다.

"일을 일으키는 것이 기업가. 일을 이루는 것이 사업가. 일을 다스리는 것이 경영자."

따라서 손정의는 자신을 '사업가'라고 한다.

"꿈은 무한하게 가질 수 있다. 그리고 자신이 가진 꿈에 인생은 비례한다", "우선 빅픽처가 중요하다"라고 거듭 말하는 손정의는 "큰 그림을 그릴 수 없으면 작은 그림도 일그러진다"고 말한다. 더 나아가 "손정의를 위해서 일하는 것이 즐겁다"고 말하는 많은 추종자를 끌어들여 일을 이룬다. 손정의를 위해서라면 '팔 하나나 둘 정도는 희생할 수 있다'고 생각하는 간부가 정말로 있다. 그렇기 때문에 2005년도에 1.1조 엔이었던 매상이 불과 10년 만에 8배인 9조 엔으로 비약적인 성장을 이룬 것이다.

누구나 손정의가 될 수 있는 것은 아니다. 더 현실적으로, 될 수 있는 인물을 목표로 하는 편이 좋다고 생각하는 사람도 적지 않다. 그러나 이것은 근본적으로 틀렸다. 실은 손정의 같은 초일류를 참고로 하는 편이, 리더십이 몸에 배어 '사장'이 될 수 있는 가능성이 높아진다.

16세기, 이탈리아의 피렌체에서 철저한 현실주의 리더십론을 강론한 마키아벨리는 『군주론』속에서 '초일류'를 목표로 할 것을 설명하고 있다.

'현명한 사람은 다른 사람이 걸어간 길을 찾으려 하면서 탁월한 인물을 항상 모방하려 한다. 비록 자신의 역량이 거기에 미치지 못하더

라도 그렇게 노력하는 과정을 통해 생각보다 높은 곳에 이를 수 있기 때문이다.'

마키아벨리는 명사수는 이렇게 한다고 말한다. 만약 목표가 너무 멀어서 자신의 힘이 미치지 못하는 것을 알고 있다면, 목표보다 훨씬 먼 곳을 겨냥한다. 그렇게 하면 생각보다 멀리 날아가, 목표에 가까이 간다고 한다.

만약 비즈니스맨 중에 손정의를 동경하는 사람이 있다면, 그대로 '손정의'를 목표로 해보자. 그렇게 하면 자신이 생각한 것보다 높은 영역으로 끌어올려줄 기회가 넓어질 것이다.

===== **불언실행보다 유언실행이 좋다**

"컨설턴트에서 '틈새시장을 노려라'라고 말하는 녀석이 있는데, 나는 틈새시장의 산업을 노린 적이 한 번도 없어. 틈새시장의 틈새에서 기회가 있을 거라고 생각한 적은 한순간도 없다니까. 대개 틈새 같은 건 금방 메워져 버리지. 그러니까 '틈새'인 거야. 틈새시장을 노리는 녀석은 바보야."

반복하지만, 손정의는 야후에 백억 엔을 투자하여 주식 35%를 샀다. 즉, 당시 사원이 불과 16명의 회사에 약 삼백억 엔의 가치를 찾아낸 것이다. 단 틈새시장을 노린 것은 아니다.

'30년 후의 한가운데를 노린' 것이다.

"야후를 인터넷 대스타로 만들겠다."

지금부터 20년 이상 전인 1995년, 손정의는 그렇게 생각하고 움직였다. 넥타이도 매지 않고 양복도 입지 않은 편안한 차림으로 투자처로서 야후를 권한 지프데이비스의 사장 에릭 히포와 사장실 실장인 이노우에 마사히로井上雅博(나중에 야후재팬 사장)을 데리고 실리콘밸리에 있는 야후를 방문했다.

　참고로 지금도 손정의는 거의 넥타이를 매지 않는다.

　"소프트뱅크에서는 직위가 높을수록 평안한 차림을 하고 있다"고 사람들은 말한다. 가끔, 소관 관청인 총무성에 갈 때 '경의를 표하여' 양복을 입지만, 도착하기 직전까지 편안한 복장을 하고 있다. 그 편이 뇌가 더 잘 움직이는 모양이다. 좋아하는 옷은 ―캐주얼 의류 브랜드 유니클로로 유명한 패스트리테일링의 야나이 사장이 사외임원이어서 그런 것도 있겠지만― 유니클로다.

　손정의와 내가 총무성에 갔을 때도 그랬다. 비서가 양복을 가지고 오자 차 안에서 갈아입는다. 내 옆에서 바지를 입고 넥타이를 맨다. 마지막으로 수염을 깎으면, '경의를 표하는' 옷차림이 되는 것이다. 야후에 갔을 때도 분명 같은 행동을 취했을 것이라고 상상하기 어렵지 않다.

　그건 그렇고 다시 1995년으로 돌아가겠다. 밤이 되어서야 야후 사무실에 도착했다고 한다. 야후 창업자인 타이완 출신 제리 양과 백인 데이비드 필로는, 컴덱스와 지프데이비스를 산하에 둔 소프트뱅크 사장 손정의에 대해 알고 있었다. 그래서 '경의를 표하기 위해' 어울리지 않는 양복을 입고 손정의를 맞이했다.

두 사람 모두 20대 중반으로, 손정의보다 대략 10살 정도 젊었다. 반년 전까지는 기업가를 배출하고 있는 스탠퍼드대학의 대학원생이었던 것이다. 두 사람은 대학시절 전화번호부를 의식하여 인터넷 홈페이지집을 작성했다.

스탠퍼드대학 구내에 티파니 매장이 출점하고 있어서 놀랐는데, 교수도 기업起業 센스가 있다. '상아탑'이라고 불리는 일본의 대학과는 그 점이 다르다. 돈을 버는 것을 스마트하다고 여기는 모양이다. 양과 필로가 작성한 홈페이지집은 그런 교수의 눈에 띄어 비즈니스가 되었다. 그리고 기업起業으로 연결된 것이다.

비즈니스를 막 시작했기 때문에, 아직 이익조차 나지 않은 야후의 사무실에 다섯 명인가 여섯 명의 사원밖에 없었지만, 활기가 넘쳐나고 있었다. 손정의는 이 광경을 보고 '내가 시작했을 때는 두 명밖에 없었지'라고 자신이 창업했을 무렵이 생각났다고 한다.

손정의는 미팅룸의 의자에 편안히 걸터앉았다. 양은 빙긋 미소를 지었다. 전혀 꾸미지 않은 손정의에게 호감을 품었던 것이다. 그리고 자신들이 어쩔 수 없이 맸던 넥타이를 풀었다. 그때 손정의가 갑자기 입을 열었다.

"나도 자네들에게 5% 출자하겠네."

이야기는 점점 진행됐다.

"그리고 조인트 벤처(특정 목적의 달성을 위한 2인 이상의 공동사업체—역자 주)를 하세. 우리 회사는 단순히 매달려 있는 것이 아니라, 리더십을 발휘하여 적극적으로 지원하겠네. 자네들은 미국의 일로 바빠서 일본은 신경 쓰지 못할 테지. 그렇지만, 일본을 방치하면 너무 늦어지네. 그렇다면 협력하여 우리들이 작업의 대부분을 하겠네. 어떤가?"

두 사람의 대답은 "그거 좋네요."

단번에 일본법인 설립에 합의했다. 일본 법인의 자금은 손정의가 준비한다. 출자비율은 6대 4. 야후가 내는 4할분도 소프트뱅크가 대여한다. 현금도 낼 필요가 없다. 개발도 이식도 미국 측 사람을 보낼 필요도 없다. 일본에서 미국에 스텝을 파견하여, 나중 개발이나 작업은 일본인 스텝이 한다. 연달아 일이 결정되어갔다.

"자금도 사람도 할애하지 않아도 좋네. 할애하는 것은 사상과 사고의 프로세스만으로 충분하네."

"중요한 것은 사상"이라고 손정의는 지금도 자주 말한다. 그리고 시한을 정하는 것도 당시부터 변함이 없다.

"나는 반드시 1년째부터 흑자를 내겠다."

그리고 1996년 1월, 3명에서 야후재팬을 시작. 1월 8일에 '올해 인터넷 원년으로 하겠다'고 선언하고, 4월 1일 서비스를 개시했다. 인터넷은 스피드가 중요하다며 고작 3개월 만에 가동시킨 것이다.

지금도 뭔가 새로운 사업을 할 때, 손정의는 "3개월 안에 가동시켜라. 야후재팬은 3개월 만에 가동했다"라는 지령을 내린다.

그리고 1997년 11월 4일. 야후재팬이 점두 공개. 인터넷 관련으로는 처음으로 한 주식공개였다. 회사 설립부터 공개까지 소요된 기간은 1년 9개월. 그때까지의 단기 기록을 깼다. 빌 게이츠로부터, "야후가 그런 가치가 될 줄 몰랐어. 정말 잘 투자했군"라는 말을 들었다고 한다. "야후를 인터넷 대스타로 만들고 싶다"라는 말을 정말로 실현시킨 것이다.

"유언실행은 좋아요. 자신을 코너로 몰아가니까. 코너로 몰리지 않으면 진짜 힘이 나오지 않는 겁니다."

=== **우선 천명을 안다**

그렇다고는 하지만 유언실행하기 위해서는 엄청난 파워가 필요하다. 게다가 유언실행을 계속하기 위해서는 그 베이스에 흔들리지 않는 신념 같은 것이 필요하다.

"무엇을 하기 위해 태어났는가? 그것을 알면 천명을 안다"라고 일찍이 손정의가 자신의 트위터에 올린 적이 있다.

전국 시대의 영웅은 '자신을 지상에 내린 것은 하늘이다'라는 기묘한 신앙심을 마음 깊이 가지고 있었다.

살모사라고 불렸던 미노美濃(옛지명. 지금의 기후현 남부—역자 주)의 사이토 도산斎藤道三. 히에이잔比叡山 엔랴쿠지延曆寺조차 불로 공격한 오다 노부나가.

'천명'을 믿기 때문에, 행위는 모두 정의가 되고, 행동은 강력해진다. 손정의의 행동이 거침없는 것은 '천명'을 믿고 있기 때문일 것이다.

'천명'이라는 말을 들으면 많은 사람들은 『논어』의 '30세가 되어 학문의 기초를 세웠다. 40세가 되어 판단에 혼란이 없다. 50세가 되어 천명을 알다'를 떠올릴 것이다.

사람이 50세가 되면 자신의 진정한 존재를 의식하는 '이랬다. 이러고 있다. 이래야 한다. 이렇게 해야만 한다'라는 것이 분명해진다.

『논어』를 읽기 시작한 사람은 많지만 끝까지 읽은 사람은 많지 않을 것이다.

'논어 제20편 요왈堯曰'에 다음과 같은 말이 있다.

'공자 왈 천명을 모르면 군자라 할 수 없다.'

천명을 모르면 군자＝초일류 리더가 아니라는 것이 맺음말이다. 자신의 능력을 모두 발휘해도 천명을 모르면 리더가 될 수 없다. 엄격한 말이 아닐 수 없다.

"'천天'이라는 한 글자는 우리들 소프트뱅크그룹에게 있어서 무엇을 의미하는가? 지금까지의 소프트뱅크의 창업 이래 역사 중에서 혹은 앞으로의 미래에 있어서 무엇을 의미하는가? 아는 사람은 손 드세요."

2010년 7월 28일 행해진 소프트뱅크 아카데미아의 강의에서 손정의가 학생들에게 물었다. 그러자 학생으로부터 "하늘에서 모든 것을 본다, 라는 것이 아닐까요?"라는 대답이 있었다.

"과연, 하늘에서 모든 것을 본다. 훌륭한 대답입니다. 내가 생각하는 '천天'이란, 하늘의 때 '타이밍'입니다. 우리들은 정보 빅뱅이라는 절호의 타이밍에 태어났어요. 인류의 역사는 20만 년입니다. 그러나 정보 빅뱅은 백 년 전은커녕 오십 년 전에도 없었어요. 때문에, 우리들은 마쓰시타 고노스케 씨보다 운이 좋은 거예요. 그 정도의 재능과 인격을 가진 사람이 정보 빅뱅보다 일찍 태어났으니 운이 나쁜 겁니다."

운도 실력이다. 우리들은 이 시대에 태어났다. 그것만으로 운이 좋은 것이다.

"우리들은 정보 빅뱅이라는 초대박 행운의 때에 태어났습니다. 이 하늘의 때를 잘 활용하여 비상해야만 합니다."

그리고 요즘 손정의가 생각하는 '천명'이란 즉, '싱귤래리티'이다.

인류 20만 년의 역사 중에서 싱귤래리티가 이 시대를 살고 있는 우리들의 천명이 되는 힌트가 여기에 있다.

"싱귤래리티가 오는 것이 인류에게 있어서 좋은 일일까? 나쁜 일일까? 진화인가? 파멸인가? 생각해 보기 바랍니다. 나는 성선설, 낙관적인 사고방식이기 때문에, 그 정도 지능을 가진 컴퓨터는 인류에게 분명 멋진 것이 될 것이라고 믿고 있습니다."

싱귤래리티의 시대, 초지성을 가진 컴퓨터를 인류에게 있어서 멋진 것으로 만들기 위해 행동한다. 그것이 지금을 사는 천명이라고 한다.

에도막부 말기부터 메이지 시대에 걸쳐 많은 일본인에게 헤아릴 수 없을 정도로 영향을 준 사람은 사토 잇사이佐藤一齋의 『언지록』이다. 사토 잇사이는 미노·이와무라 번岩村藩 출신으로, 내 고향과 가깝기도 한 인연도 있고 해서, 『언지록』을 늘 곁에 두고 보고 있다.

'사람은 마땅히 자신을 성찰해야 한다. 하늘이 나를 이 세상에 태어나게 한 이유는 무엇이고, 무엇에 쓰려고 하는 것일까. 나는 하늘이 태어나게 했으니 반드시 하늘이 명한 임무가 있을 것이다. 그 임무를 삼가 완수하지 않으면 반드시 천벌을 받는다. 성찰하여 여기에 이르면, 적어도 내가 존재해야만 하는 이유를 알게 된다.'

설명하면 사람은 누구라도 다음과 같이 반성하고 고찰해 볼 필요가 있다는 것이다.

'하늘이 나를 이 세상에 보낸 이유는 무엇이고, 무슨 일을 시키려는 것일까. 자신은 하늘(신)의 것이므로 반드시 천명이 있다. 이 천명을 완수하지 않으면 반드시 천벌을 받는다.'

이렇게까지 생각이 분명해지면 적당히 살 수 없다는 것을 알게 된다는 말이다.

손정의는 정보 빅뱅 시대에 태어난 것을 천명을 받았다고 생각하여 보다폰을 인수하여 스마트폰 혁명을 추진했다.

그리고 지금, 싱귤래리티 시대를 향하여 준비하고 행동해야 한다고 생각하여, 사장 지속 선언을 하고, 암홀딩스를 인수했다.

손정의처럼 사업가를 목표로 하는 사람도 손정의 같은 인생을 동경하는 사람도 우선 꼭 자신에게 묻기 바란다. '자신의 천명은 무엇인가?'라고. 정말로 천명을 알면 당신의 행동은 근본적으로 방황이나 자만 없이, 강력함을 더해갈 것이다.

=== **선견력(先見力)을 기른다**

손정의는 선견력을 가지고 패러다임 시프트를 찾아내 10년마다 대승부를 해왔다.

다음 패러다임 시프트는 IoT. 모든 '물건' 안에 칩이 심어져 있어서 그 물건의 존재(이동) 장소, 존재 상태를 알거나 혹은 그것에 명령을 내리는 시대가 온다.

단, 리스크도 있다고 손정의는 경고한다.

"다가올 X데이, 고속도로를 달리는 자동차의 브레이크가 일제히 작동하지 않게 되고, 하늘을 나는 비행기는 모두 추락한다. 세계 전체에서 대사고가 나고, 테러는 더 지능적이고 고도화할 것이다."

장래, IoT기기가 해킹당하면, 이런 일도 일어날 수 있다.

이때 가장 중요한 것이 시큐리티이다.

모든 것이 인터넷으로 연결될 때, 암홀딩스라면 상정想定될 위기를 막을 수 있다고 손정의는 말한다. 무슨 말인가 하면, 실은 암홀딩스는 TrustZone이라는 테크놀로지가 있다. 하드웨어, 서비스, 제조에 관한 세부를 배려한 안전시스템이다. 하드웨어마다 다른 열쇠를 가지고 있는 것이 최대의 특징으로 인터넷으로 들어갈 수 없는 구조이다.

다시 말하지만, 손정의가 암홀딩스를 인수한 것은 반도체 회사이기 때문이 아니다. IoT시대의 플랫폼을 제공하고 있기 때문이다.

2008년 손정의는 '모바일 인터넷 시대가 올 것'을 알고, 아이폰의 독점판매를 결단했다. 그러나 많은 사람들이 '일본에서 스마트폰이 팔릴까?'하고 회의적이었다고 앞에서 말했다.

사실, 일본 소비자가 스마트폰을 받아들일지 어떨지는 몰랐다. 당시 라이벌 회사의 최고 간부는 이런 말을 했다.

"스마트폰 단말기는 매력도가 낮다. 아직 휴대폰 쪽이 사용하기 편한 것이 사실이다. 입력식이라도 일본의 휴대폰 사용자에게는 텐키 tenkey(숫자를 입력하기 위한 키보드로, 보통 형식에서는 1에서 9까지의 숫자가 3×

3으로 배열되어 있고 0만이 따로 배열되어 있는 방식—역자 주) 쪽이 압도적으로 입력하기 쉽다."

이때 손정의는 소프트뱅크 간부 전원에게 아이폰을 배부하고 회의에서 명랑하게 말했다.

"모두 아이폰을 마스터할 정도로 사용하세요."

실제로 손정의도 능숙하게 사용하고 있었다. 많은 앱을 다운로드하여 사용했고, 나에게도 권했다. 그중에서 좋아하는 앱은 '고토琴(거문고)' 연주였다. 손가락으로 튕기면 '자장'하고 거문고 소리가 나는 것을 손님들에게 자주 보여주며 기뻐했다. 내 아이폰에는 아직도 '고토' 앱이 남아 있다.

"소프트뱅크는 음성 서비스를 하기 위해 휴대폰 사업에 뛰어든 것이 아니다. 인터넷 사업을 하기 위해 보다폰을 인수한 것이다. 휴대폰은 인터넷 머신으로 진화할 것이다."

그렇게 확신하고 있던 손정의. 결과로서 아이폰은 발매한 순간 증발하듯이 팔려, 그 후 소프트뱅크 약진의 동력이 되었다. 일이 잘 진행되기 위해서는 톱의 선견력과 결단이 시대의 추세에 맞는가 그렇지 않는가에 달려 있다.

아이폰은 오다 노부나가의 철포처럼, 소프트뱅크 영업 부대에 기세를 더했다. 『맹자孟子』에 '아무리 지혜가 있어도 기세를 타느니만 못하다'라는 말처럼, 전쟁을 잘하는 사람은 기세를 탄다.

『손자병법』도 '싸움을 잘 하는 장군은 모든 승패의 원인을 기세에서 찾지 병사들에게 찾지 않는다. 따라서 사람을 잘 가려서 뽑고 그에게 기세를 맡긴다. 기세를 잘 조정하는 장군은 전쟁에 임할 때 병사들을 돌과 나무 굴리듯 한다'라는 말처럼, 기세를 중시했다.

싸움을 잘하는 사람은 무엇보다도 기세를 타는 것을 중시하고 병사 한 사람 한 사람의 능력에 지나친 기대를 하지 않는다. 리더가 생각하고 생각한 끝에 전체에 기세를 만들어내는 것을 중시한다. 기세를 타면 비탈길을 통나무나 돌이 굴러가듯이 병사가 노도怒濤 같은 힘을 낼 수 있다는 의미이다.

손정의는 "땀만 흘리면 되는 시대에는 리더가 필요없습니다"라고 말한다. 리더의 일은 선견력으로 새로운 무기를 손에 넣고, 기세를 만들어내며 이기는 체제와 흐름을 만드는 것이다. 모바일 인터넷 혁명이 일어날 것이라는 역사관을 가지고 거기에 입각한 결단으로 부하들이 기세를 탈 수 있는 전략 환경을 만든 손정의. 기존의 휴대폰이 좋다고 생각한 라이벌 휴대폰사의 톱. 암운은 나뉘었다. 이 일은 사장의 선견력이 얼마나 회사의 성장에 있어서 중요한가를 가르치고 있다.

다음의 패러다임 시프트는 IoT가 어떻게 연결되고, 자신의 회사가 어떻게 변할지, 선견성이 항상 요구된다.

=== **'징조'를 발견한다**

"컴퓨터 칩을 확대한 사진을 보고, 가슴이 온몸이 저려왔습니다. 앞으로 IT시대가 될 것이라고."

손정의는 한 장의 사진에서 '징조'를 발견했다.

"군자는 작은 조짐을 보고 앞으로 일어날 일을 알며, 시작을 보고 끝을 안다."

『삼국지』의 군사君師 제갈공명의 말이다. 군자는 '초일류 리더'라고 바꿔 말해도 좋을 것이다.

초일류 리더는 '작은 조짐을 보는 것만으로, 앞으로 일어날 일을 헤아려서 알고, 예측한다. 그리고 시작을 보는 것만으로 어떤 식으로 그 징조가 발전하고 사회에 어떤 변화를 가져올지를 안다'는 것이다.

캘리포니아대학 버클리교에 다니던 19세 때. 거기서 과학 잡지『포퓰러 사이언스』에 실린 컴퓨터 칩의 확대 사진을 보고, 새로운 IT시대의 개막을 느낀 것이다.

나중에 마이크로소프트의 빌 게이츠로부터 "마찬가지로『포퓰러 사이언스』를 보고, 흥분을 금할 수 없었다"라는 말을 들었다고 한다. 손정의는 자신의 징조를 보는 감성을 재인식했다.

본서에서도 이미 말한 이 이야기는 암홀딩스 인수 기자회견과 프레젠테이션에서 몇 번이나 언급해서 알고 있는 사람이 많아졌다. 나는 이 이야기를 손정의의 옆에서 일찍부터 수차례 들었다.

"손발이 저리는 것은 감동으로 단번에 피가 머리로 몰려서 그런 것입니다."

나에게 이론적으로 '저린다'는 감각에 대해 해설해 주었다.

중국의 전한시대에 살았던 정치학자 유향이 정리한『전국책戰國策』에 '어리석은 자는 일이 다 되어도 모르고, 지혜로운 자는 징조가 보이기 전에 이미 안다'라고 쓰여 있다. '일이 다 되어도 모른다'라는 것은

'일이 구체적인 형태가 되어 나타나 있음에도 아직 눈치 채지 못하고 있다'는 것을 의미한다. '아직 징조가 보이기 전에'라는 것은 '일이 구체적인 형태가 되어 나타나기 전 단계'라는 것을 가리킨다. 지혜로운 자는 이 징조의 단계에서 움직이기 시작한다는 의미이다.

손정의는 IT시대가 시작되기 전인 1970년대 중반, 이미 '징조'로서 알아차린 것이 된다.

1954년부터 1973년까지 중화학 공업 중심의 일본 경제는 고도성장. 대략 19년간 평균 성장률 10% 초. '10% 성장이 당연, 5%는 불경기'라는 지금의 중국 같았다.

1974년 제1차 오일쇼크로 시대가 전환점에 접어들자 일본 열도 개조론자인 다나카 가쿠에이田中角栄(1918~1993, 총리를 역임한 일본의 정치인으로 록히드사건의 중심인물─역자 주)가 퇴진. 그 무렵 손정의는 컴퓨터 칩에 감동하는 체험을 했다. '선견지명'이라고밖에 말할 수 없다.

나중의 1990년대에 손정의는 'IT혁명'의 기수가 됐지만, 그때는 '징조'에서 이미 20년이라는 역사의 축적이 있었던 것이 된다. 그야말로 '남보다 앞서 행하면 남을 누를 수 있다'이다.

그럼 어떻게 IT혁명의 '징조'를 찾을 수 있었던 것일까. 본인은, "뭔가, 재미있는 인생을 보내고 싶다는 잠재의식이 있었다"라고 말한다.

의식 중에 강한 바람이 있었던 것이다. 그 때문에 한 장의 사진에 감동한 것이다. 인류의 두뇌를 뛰어넘을 가능성을 가진 컴퓨터 칩이라는 지적인 물질이 거기에 있었다.

"자신은 역사가 멋지게 교차하는 타이밍에 태어났다. 그 감격이 나를 컴퓨터 분야로 이끌어 일로까지 연결되었다."

그 후 40년 정열을 쏟아 부을 수 있었던 일의 '징조'를 10대에 발견한 것은 행운이라고 생각한다.

그리고 지금은 암홀딩스를 인수했다. 지금까지도 앞으로도 손정의는 '징조'에 따라 정열을 쏟아 부을 것이다.

이미 독자 중에도 자신도 '징조'를 발견했다고 굳게 믿는 사람이 있다면.

2011년 무렵이었다. 손정의가 간부회의 도중에 "3D 영화『아바타』본 사람?"이라고 물으며 손을 들라고 한 적이 있었다. 매년 발표되는 히트 상품 순위를 보고 묻는 것이라고 생각했다.

간부들에게 히트 상품부터 비즈니스 트렌드, 시대의 징조를 읽는 훈련을 시키고 있는 것이다.

참고로 '3D'는 2010년 히트 상품 순위, 서쪽 2위였다. 동쪽 1위는 스마트폰. 아이폰이 폭발적으로 팔렸을 때였다.

손정의가 권하기에 나도『아바타』를 보러 갔다. 아내와 함께 롯폰기六本木힐즈의 영화관에서 봤는데, 아내는 체질적으로 3D가 약한 모양인지 머리가 아프다고 했다. 아내는 3D 영화는 아이폰처럼 폭발적으로 보급되지 않을 것이라고 예상했는데, 맞은 것 같다.

2010년 순위표를 보면 장기화된 불경기를 반영하듯 '200엔 규동牛丼(소고기 덮밥)'처럼 저렴한 식당이나 LED전구처럼 에너지 절약 제품이 상위였다. 히트 상품 중에는 단기로 끝날 제품도 있었지만, 앞으로 성장해갈 제품도 있었다. 히트 순위표를 보고, 장래 어떻게 될지를 예상해 보는 것도 좋다. 이처럼 처음부터 작은 비즈니스 트렌드를 발견하는 것부터 훈련해도 좋을 것이다.

"바람의 소리를 들어도 깨닫는 사람이 있다"고 마쓰시타 고노스케가 말했다. 예를 들어 뉴턴. 사과가 나무에서 떨어지는 광경을 본 사람은 셀 수 없이 많다. 그럼에도 뉴턴만이 우주의 진리 중 하나를 발견했다. 그것은 뉴턴이 잠재적으로 항상 생각하고 있었기 때문이다.

'징조'를 발견하기 위해서는 결국, 의식적으로 찾으려는 것이 아니라 무의식적으로 찾을 정도의 사고가 필요하다. 그것은 재능이 아니라고 나는 생각한다. 훈련하는 것에 의해 몸에 배는 습관이다.

───── **직감력을 기르기 위해서는**

"2주 전에 터키의 항구도시에서 암홀딩스의 사장을 만나, 점심을 하고 왔어. 테러 직후로 쿠데타가 일어나기 직전이었어. 터키 대통령의 별장이 있는 어느 작은 마을, 암홀딩스 인수에 대해서 처음으로 프러포즈했어."

손정의가 M&A를 권했던 투자은행으로부터 프레젠테이션을 들었을 때 하는 말이 있다.

"우리들은 M&A에 나이브naive하지 않다."

분명 레버리지 경영에 의한 M&A는, 소프트뱅크 비약 전략의 열쇠가 되었다. 그렇기는 하지만 프러포즈한 후 3.3조 엔의 암홀딩스 인수까지 2주 걸렸다는 것에는 놀랄 수밖에 없다. 손정의는 경험에 근거하여 '감'으로 암홀딩스의 장래성을 간파하고 결단한 것이다.

『삼국지』의 유비나 공명의 숙적인 위의 조조가 '위험하다'고 말리는 것을 무시하고 대실패한 부하에게 말했다.

"이렇게 될 것은 처음부터 알고 있었다. 내가 지혜 있는 성인이기 때문이 아니다. 여러 가지 일을 경험하여, 감으로 안 것이다."

역시 사장에게는 사장으로서의 '감'이 필요하다. 세계에서 어느 지역이 발전할까, 어떤 산업 분야가 성장할까 하는 커다란 문제부터 어느 상품이 팔릴까, 어느 기업에 투자해야 할까 하는 문제까지, 직감적으로 알 수 있게 되어야 한다.

인터넷의 여명기인 1998년, 세계 인터넷 인구는 약 2억 명으로, 미국이 50%, 아시아는 19%였다. 그러나 머지않아 아시아 인터넷 인구가 미국을 추월할 것이라고 생각한 손정의는, 중국에 투자한다. '중국을 제패하는 자가 아시아를 제패한다. 아시아를 제패하는 자가, 세계를 제패한다'고 직감적으로 판단한 것이다.

2000년, 손정의가 직접 중국으로 건너가 소프트뱅크 차이나가 수백 개의 회사 중에서 골라, 약 20개의 중국 진흥 IT기업 경영자와 면담했다. 그중에 알리바바의 창업자, 마윈이 있었다. 앞에서도 적었듯이 마윈이 이야기를 시작한 지 6분 만에 알리바바에 대한 투자를 결단한 '전설의 6분 동안'도 "마윈에게는 동물적 '냄새'를 느꼈다. 짐승의 눈을 하고 있었다. 때문에 투자를 결정했다"고 '감'으로 결단했다.

내가 마윈을 처음 만났을 때, 손정의가 말하는 것처럼 '짐승의 눈'을 하고 있는 것처럼 보이지 않았다. 전에 영어교사였다. 오히려 생글생글 미소가 인상적이었다. 손정의의 날카로운 '감'에는 놀랄 뿐이다.

'감'과 관련해서 또 하나 생각나는 것은 2012년 10월, 스프린트를 인수할 때의 일이다. 당시는 엔고로 1달러=79엔이었다. 조달의 과정에서 평균 1달러=82엔이 되었지만, 그 후 엔저가 계속되었기 때문에 미국에 투자하기 가장 좋은 타이밍이었다. 당시의 최고 재무 책임자CFO가 "시마 씨, 스프린트는 매각하는 편이 이익이에요"라고 농담처럼 말할 정도의 타이밍이었다.

마쓰시타 정경숙 시대부터 경영학 선생이었던 도쿄대 이토 모토시게伊藤元重 교수와 함께 회식할 기회가 있었다. 그때, 이토 교수가 손정의에게 물었다.

"엔고를 살려서 해외 직접투자를 한다. 멋지네요. 그 결정의 판단 기준은 무엇입니까?"

"미국을 몇 번 갔던 경험으로부터, 아무리 생각해도 1달러가 80엔을 밑돈다는 것은 달러가 너무 싸다고 느꼈습니다. 그렇지만 마지막은 저의 '직감'입니다."

이토 교수는 "허어, 직감입니까?"라고 몇 번이나 말하고 고개를 끄덕이며 감탄했다.

이 날카로운 '감'은 기를 수 있는 것일까? 왕도는 『삼국지』의 위나라 조조가 말하듯이 경험과 수련을 쌓는 것에 의해 기를 수 있을 것이다.

단, 그래서는 시간이 너무 많이 걸린다고 말하는 사람은, 매일 뉴스를 보고 일어나는 사건이 어떻게 되는지를 예상하고 그 결과를 검토해보기 바란다. 뉴스는 일본의 NHK 뉴스 등이 아닌 편이 좋다. 일본

뉴스는 사회면적인 뉴스가 많아 예상에 적합하지 않기 때문이다.

나는 매일 아침 6시에 하는 『CNN투데이』를 보고 예상 훈련을 하고 있다. 영어가 서툰 사람은 동시통역을 해주는 7시에 하는 것을 보면 된다. 『CNN투데이』라면 세계 정치, 경제 뉴스가 많아서 다방면으로 예상해야 하기 때문에 훈련하기에 딱 좋다.

그때 중요한 것은 '줄거리 읽기'이다. 앞으로 어떻게 발전해갈까? 키 퍼슨Keyperson은 누구인가? 장래를 좌우하는 불확정 요소는 무엇인가? 몇 번이고 반복해 가는 사이에 '감'이 길러져 간다.

가능하다면 '줄거리 읽기'를 SNS 등에 발표하는 것도 좋다. 비판을 받을지도 모르지만, 그것으로 자신의 식견을 체크할 수 있다.

"나는 모든 비판을 감사하게 받고 싶다. 그것이 나를 단련시켜주기 때문에"라고 손정의도 말했다. 물론 합리적, 과학적인 정보판단도 필요하다. 단, 그것만으로 손정의가 지금의 위치에 있는 것은 아니다. 진실과 트렌드를 직감적으로 판단하는 '감'은, 승부해야 할 때가 되면 문제시된다. 그리고 '감'은 '징조'를 발견하는 것과 마찬가지로 훈련에 따라 기를 수 있다. 나는 그렇게 생각하고 있다.

===== 정말로 설득해야 하는 사람은 자기 자신이다

"설득이 가장 어려운 상대는 거짓말을 할 수 없는 자기 자신이다"라고 손정의가 자신에 대해서 트위터한 적이 있다.

소프트뱅크가 동일본대지진 후, 원전의 대체 에너지로서 재생에너지 사업을 하고자 할 때의 발언이다.

손정의의 마지막 허풍 '재생에너지 사업' 참가에 관해서 사외 임원과 경영간부는 신중한 입장이었다. 통신 사업자인 소프트뱅크가 다른 분야인 전력사업에 뛰어드는 것은 현명하지 않다고 판단했기 때문이다.

그러나 강력한 결의가 전해졌는지, 미야우치 부사장이 말했다.

"사장이 그렇게까지 말하니, 하겠습니다만."

이 말을 들은 손정의가 강력한 어조로 말했다.

"정말로 납득하고 있나? 자신이 납득하지 않는다면 잘 될 리가 없어. 자기 자신을 설득하지 못하는 자가, 상대를 설득할 수 있을 리가 없으니까."

당시 경단련(일본경제단체연합회)을 비롯한 경제계의 주류는 재생에너지에 대해 부정적이었다. 손정의는 "나는 가급적 빨리 원전 제로를 목표로 하는 원전 미니멈론자입니다"라고 공언했다. 그러나 매일 원전 관계의 기업과 접하는 경영 간부에게는 유형무형의 압력이 있었다고 한다. 정부에서 허가와 인가를 얻어 통신 사업을 하고 있는 회사의 톱으로서도, 생각하는 것이 많았을 것이다.

에도막부 말기의 지사에게 영향을 끼친 양명학陽明學의 창시자, 왕양명은 "산중의 적을 무찌르기는 쉬운 일이나 마음에 있는 적은 무찌르기가 어렵다"라고 말했다. '산중의 적을 토벌하기는 쉽지만, 마음속의 사념을 이겨내기는 어렵다'라는 의미이다.

많은 현실적인 이익을 넘어 '마음속의 적'을 무찌르며 나아가는 손정의의 모습을 나는 옆에서 봐왔다. '그야말로 초일류 사장'이라고 생각했다.

"오늘의 현실을 이유로 내일의 개혁을 주저해서는 안 된다."

2011년 9월 5일 트위터에 적은 이 문장은 자기 자신을 고무하고 있는 것이라는 생각이 들었다.

1570년 4월, 오다 노부나가는 에치젠 아사쿠라越前朝倉를 공격하던 도중, 설마 했던 아자이 나가마사浅井長政가 배신을 한다. 공격당하는 입장이 된 오다 노부나가는 재빨리 교토京都로 달아났다. 설상가상으로 교토에서 본거지 기후로 돌아가던 노부나가를 자객이 습격한다. 교토와 기후 사이에 있는 오미近江는 아자이 일당이 차단하고 있었다. 할 수 없이 '지구사고에千草越え(오미와 이세(伊勢) 북부를 연결하는 스즈카(鈴鹿) 산맥을 넘어가는 가도―역자 주)'라는 사슴밖에 지나갈 수 없는 루트를 선택했다. 현재의 미에 현三重県, 고자이쇼 로프웨이가 있는 곳이다.

일찍이 남오미의 국주國主 롯카쿠 쇼우테이六角承禎의 명을 받은, 명사수 스키타니 젠슈보杉谷善住坊가 철포 두 발을 장전하고 나무 사이에 숨어 있었다. 노부나가가 왔다. 이날 음력 5월 20일은, 지금의 6월 하순. 숨이 콱콱 막힐 것 같은 더위에 노부나가는 얇은 하오리(일본옷 위에 입는 짧은 겉옷―역자 주)를 걸쳤을 뿐이었다. 저격 거리, 불과 4~5미터라는 가까운 거리. 철포의 명수인 젠슈보 입장에서는 맞지 않는 것이 이상한 거리였다.

조준하여 두 발을 쏘았다. 총알은 두 발 모두 노부나가를 쏘았다. 그러나 노부나가의 몸에 맞지 않고, 소매에 구멍을 뚫었을 뿐이었다. 말 위에서 노부나가는 "운 좋은 내가 총알을 맞을 리가 없지"라고 말하듯

침착성을 잃지 않고 통과했다. 하수인에게 수색 명령도 내리지 않았다.

이 암살미수 사건을 들은 당시의 부하 도요토미 히데요시豊臣秀吉, 아케치 미쓰히데明智光秀 등은 '노부나가의 운이 이렇게까지 좋은가?' 하고 생각하여, 아자이·아사쿠라 연합군에게도 이기고, 무력 통일에 대해 자신감을 가졌다고 한다.

리더가 '운이 좋다'고 스스로 생각하고, 부하에게 그런 생각을 들게 하는 것은 전체 사기를 올리기 때문이다.

소프트뱅크 사장실 실장 시절, 사장실 스텝들은 내가 날씨 운이 좋아서 언제나 놀랐다.

나는 '궁극의 맑은 날씨 남자' 인 것이다. 국내는 물론 워싱턴에 갈 때도 언제나 날씨가 좋았다. 워싱턴에서 늘 부르는 운전사는 "시마 씨가 온다는 말에 맑은 날씨가 계속될 것이라고 생각하여, 어제 세차했어요"라고 자주 말했다. 날씨 같은 건 확률의 문제지만 '궁극의 맑은 날씨 남자'라고 사람들이 생각해 주는 것도 기분 좋은 일이다.

반면, 손정의는 날씨 운이 좋지 않다. 2012년 7월. 교토에서 소프트뱅크에너지가 처음으로 태양광 발전소를 오픈했다. 교세라의 이나모리 가즈오稲盛和夫 상담역, 손정의도 출석하여 호화 멤버가 참석했지만, 비가 억수 같이 쏟아졌다.

이때 손정의가 무슨 말을 했는가?

"이런 날에 태양광 발전은 역시 도움이 안 되는군, 이라고 생각하는 분도 계시겠지요? 그렇지만 조금 전 대기실에서 교토 시장으로부터 들었는데, 이런 날은 수력발전에 도움이 된다고 합니다. 태양광이 없는 날에는 비가 있어서, 수력발전을 할 수 있습니다. 또, 바람이 부는 날은 풍력 발전을 할 수 있습니다. 아무것도 없는 날에도 지열발전이 있습니다. 자연의 혜택이라는 것은 여러 형태로 에너지를 발합니다."

대단하다. 하나의 사업을 추진하는 데 있어서, 불안을 느끼고 동요할 수도 있다. 아니, 보통 그렇다. 단, 거기서 자신이 자신을 설득하고, 격려하여 나아간다. 그 기개의 유무로 비즈니스의 결과는 크게 바뀐다.

===== 인망은 리더의 필수 조건

"엄격한 리더를 위해 목숨을 바치는 일은 없지만, 선한 리더를 위해서라면, 자진하여 목숨을 버리는 경우가 있다. 엄격함만으로는 일을 이룰 수 없다."

이 트위터의 글도 손정의의 명언이다.

'봄바람이여 토우기치로藤吉郎가 있는 곳.' 기후, 스노마타墨俣의 하루아침에 성을 쌓았더니, 봄바람 같은 따뜻한 토우키치로(나중에 도요토미 히데요시)의 주위에는 명랑한 소리가 끊이지 않았다. 『신서 태합기新書太閤記』에 있는 작가 요시카와 에이지吉川英治의 하이쿠俳句(5,7,5의 3구 17음절로 된 일본 고유의 단시—역자 주)이다.

회의석에서의 손정의는 엄격하다. 책상을 두드리며 직원들에게 호통을 칠 때도 있다. 그러나 그 후 유머를 섞어 가며 마음을 풀어준다.

손님과의 회식 자리에 자주 동석을 하는데 '봄바람이여 손정의가 있는 곳'으로, 참으로 명랑한 분위기이다.

"다음은 시마 씨"라고 노래방에서 노래를 권한다. 나는 '청춘 시대'를 부르거나 한다. 실은 이것은 손정의가 잘 부르는 노래이다. 내가 불러버렸기 때문에, 그 후 '5번지의 마리에게'를 부르게 되었다. 지는 것을 싫어하는 성격이기 때문에 노래도 연습한 모양으로 상당한 실력이다.

히데요시는 어린 시절부터 여러 지역을 유랑해야만 하는 상황이었다. 그것이 히데요시에게 인정을 알게 만들었는지 천성인지, 인간적 매력을 주었다. 마치 자석이 철조각을 끌어당기듯이 많은 사람들이 그의 주위에 모여들었다. 그런 끌어들이는 매력을 가진 것은 지도자에게 극히 바람직한 것이다.

참모형 인재로서 표현욕이 강한 사람은, 무대가 크면 클수록 매력을 느낀다. 내가 소프트뱅크에 입사하겠다고 최종적으로 결정한 것은 손정의의 "뜻을 가지고 하고 있기 때문에"라는 말이었다. 그리고 사장실 실장이 되었을 무렵, 많은 사람들이, 당시의 벤처 기업인 소프트뱅크가 중의원 의원 시절의 내 인맥을 이용하려 한다고 생각한 모양이다.

그러나 사장실 실장의 일에 대해서, 겸임으로 사장실 실장대리 일을 하고 있던 인사부장과 협의할 때 들었다.

"사장님으로부터 시마 씨에게 자잘한 일을 시켜서는 안 된다. 시마 씨에게 기대하는 것은 시마 씨가 커다란 관점을 가지고 일을 하는 것이라는 말을 들었습니다."

이때, 나는 '손정의 사장은 상당한 인물이군'이라고 생각했다. 의원 시절의 내 인맥이 목적이 아니다. 그런 작은 관점으로 보고 있지 않았다. 그 하나만으로도 보통 사람이 아니라고 여기기에 충분했다.

인간적 매력이란 '이 사람을 위해서라면……'이라고 생각하게끔 하는 '인망'이라고 해도 좋다.

도요타 지동차에서는 관리직으로 승진할 수 있을지 아닐지를 최종적으로 정하는 것은 '인망이 있느냐?'라고 한다. 일본 사회에서는 지위가 높아지면 높아질수록 능력보다는 인망이 중시된다. 거꾸로 "안 되겠어. 저 사람은 인망이 없으니까"로 그 앞길이 막힌다.

인덕, 인망이 없는 사람은 사장이 될 수 없다. 거꾸로 말하면, 사람들은 리더라면 '인망'이 있어야 한다고 기대한다. 그렇다면 그 인망은, 인덕은, 어떻게 하면 얻을 수 있는가?

인망을 얻기 위해서는 『서경書經』의 '9덕德'을 목표로 한다.

1. 관이율寬而栗 너그러우면서도 위엄이 있다.
2. 유이입柔而立 부드러우면서도 일처리를 잘 한다.
3. 원이공愿而恭 성실하면서도 공손하고 퉁명스럽지 않다.
4. 난이경亂而敬 어지러운 것을 바르게 다스릴 줄 알면서도 조심성이 있다.
5. 요이의擾而毅 온순하면서도 내면이 강하다.
6. 직이온直而溫 정직하고 곧으면서도 온화하다.
7. 간이염簡而廉 대범하면서도 빈틈없다.

8. 강이색剛而塞 굳건하면서도 내면이 충실하다.
9. 강이의疆而義 용감하면서도 의롭다.

이 반대가 사장으로서는 해서는 안 되는 '18부덕不德'이다.

'좀스러운 주제에 위엄이 없다.'
'심술궂은 주제에 일처리를 못한다.'
'성실하지 못한 주제에 거만하고 퉁명스럽다.'
'어지러운 것을 바르게 다스릴 능력이 없는 주제에, 태도만은 고자
세이다.
'난폭한 주제에 내면은 약하다.'
'정직하지 않은 주제에 잔혹하다.'
'무슨 일이든 간섭하는 주제에, 전체를 파악하지 못한다.'
'약해 보이고, 내면이 텅 비었다.'
'소심한 주제에 뒤에서 나쁜 짓을 꾸민다.'

그리고 현실적으로 자주 눈에 띄는 것은 '9부덕'이다.

1. 너그럽고 큰 인물처럼 굴지만 위엄이 없다.
2. 부드럽고 상냥하지만 능력이 없고 일처리를 못한다.
3. 성실하기 때문에 애교가 없고 퉁명스럽다.
4. 어지러운 것을 바르게 다스릴 능력이 있지만 거만하고 고압

적이다.

5. 온순할 뿐 줏대가 없다.

6. 정직하고 정의감이 있지만 잔혹하다.

7. 일을 맡긴 후 간섭하고, 아무것도 파악하지 못한다.

8. 강해 보일 뿐, 안이 텅 비었다.

9. 용감한 것은 좋은데, 만용을 부린다.

이 이야기를 하면 "9덕의 덕은 상반되고 모순되지 않나요?"라는 질문을 받을 때가 많다. 내 취미가 수영이기 때문에, 수영을 예로 들어 말한다. "물에 뜨기 위해서는 힘을 빼라고 말하지요. 그렇지만 빠른 속도로 앞으로 나아가기 위해서는 '힘 있게 움직여'라고 말합니다. 이 모순된 연습과 훈련을 통해 잘 할 수 있게 됩니다. 때문에, 9덕을 목표로 훈련하면 모순이라고 생각하던 것을 체득할 수 있고, 인망 있는 사람이 되는 것입니다."

===== **'진지하게' 인재를 구한다는 것**

"큰 전쟁을 일으킬 때, 혁명을 일으킬 때는 훌륭한 대장을 많이 얻어야 한다"라고 손정의는 소프트뱅크 아카데미아 등에서 자주 말한다.

진정한 글로벌 회사를 목표로 하기 위해서 구글 최고 간부였던 아로라를 165억 엔이라는 고액 보수를 지불하고 불러온 것도 그래서이다.

또 어느 저명 컨설턴트가 "손정의는 보다폰을 M&A하기 전에, 시마 씨를 M&A했다"고 말했다.

스마트 혁명이라는 패러다임 시프트가 일어날 것이다. 따라서 시간을 사기 위해 보다폰을 인수하여 휴대폰 사업에 진출한 것이다. 휴대폰 사업은 전파라는 고유 재산을 이용하는 사업이다. 소관관청은 총무성. 지금까지 총무성과 싸움만 하고 있었지만 그래서는 좀처럼 일이 원활하게 진행되지 않는다. 때문에 국회의원 중에 IT행정을 잘 아는 나를 보다폰보다 먼저 M&A했다는 말이다.

어느 날, 손정의의 동생 손태장이 어느 인물을 채용할지 말지 고민하고 있었다. 그때 손정의는 "괜찮다고 생각되면, 즉시 채용하지 않으면 안 돼"라고 충고했다.

내 때도 마찬가지로 가볍게 "소프트뱅크에서 일하게 해주면 감사하겠습니다만"이라고 말했더니 "그럽시다. 시마 씨가 와주시면 천군만마입니다"라며 악수를 청했다. 그리고 그대로 소프트뱅크 사장실 실장이 되었다.

비슷한 예가 있다. 기원전 11세기 무렵의 일이다. 공자가 꿈에서 만나고 싶은 정치가이자, 태공망과 함께 은殷을 멸망시키고 주周 왕조를 전성기로 이끈 주공단은 크게 인재를 모았다.

특이한 재능이 있는 인재가 찾아오면 목욕 중이었다면 감던 머리를 움켜쥐고, 식사 중이었다면 입 안의 음식을 뱉어내고 즉시 손님을 맞았다. 참고로 이 일을 '악발토포握髮吐哺'라고 한다. 주지육림酒池肉林에 빠져 있던 은의 폭군, 주왕을 타도하겠다는 커다란 계획을 성공시키기 위해 유능한 인재가 필요했던 것이다.

어떻게 하면 '사람'을 얻을 수 있는가? 물론 운이나 인연에 의한 것이라고 생각할 수 있지만, 역시 인재를 구하겠다는 열의가 있을 때 비로소 인재가 모여든다. 그저 우연히 일을 이룰 수 있는 인재가 모여든다는 것은 있을 수 없다.

만약 자신 주위에 인재가 없다면, 거기에 대해 한탄하기 전에 우선, 자기 자신이 어느 정도 강하게 인재를 구하고 있는가를 자문자답해 보는 것이 좋다. 그다지 인재를 구하고 있지 않은 자신을 깨달을 것이다. 특히 자신이 우수하다고 생각하는 사람일수록 그런 경향이 강하다.

"예를 들어 『삼국지』라면, 관우와 장비, 조운, 공명 이런 사람들이 각각 대장의 자리에서 유비를 도와 싸우고 있습니다.……어떤 전쟁에 있어서도 훌륭한 대장을 얻지 못하면 큰 성공은 거둘 수 없습니다."

'손정의의 조상은 중국의 장군'이라고 말하는 만큼, 중국 역사에 대해서도 잘 알고 있는 손정의의 말이다.

'한 사람으로 인해 나라가 흥하고, 한 사람으로 인해 나라가 망한다.'

'사업은 사람에게 달려 있다.'

일을 이루는 데 있어서 어떤 인재를 얻는가, 는 중요한 포인트가 된다. 우선은 그 중요함을 잘 알 것. 그것이 진지하게 인재를 구하고자 하는 자세의 출발점이다.

===== **톱은 굳게 신뢰한다. 신뢰한 만큼 주위에서 체크한다**

인망을 얻고, 인재를 얻는다. 양쪽 모두를 살려 사람을 사용하는 최대의 방법은 '신뢰하고 과감하게 맡기는 것'이다. 신뢰 받은 사람은 기쁘고, 상대방의 의기에 감동하여 책임을 자각한다. 결과 자신의 힘을 최대한 발휘하려고 한다.

그러나 실제로는 사람을 전면적으로 신뢰하는 것은 상당히 어렵다. 맡겨보면 "저 사람으로 괜찮아?"라고 주위 사람들의 질투 섞인 중상도 듣는다. 여러 가지 의심도 들고, 많은 경험을 하면 할수록 100% 신뢰할 수 있는 것이 아니라는 것도 알게 된다.

그럼에도 끝까지 신뢰할 수 있을지가, 초일류인지 아닌지의 갈림길이다.

"사람을 의심만 하는 인물은 리더가 될 수 없다. 왜냐하면, 믿을 수 없기 때문이다"라고 손정의는 잘라 말한다.

기원전 3세기 말, 진시황이 죽은 후, 천하는 다시 크게 혼란해졌다. 패현沛縣의 정장亭長(현재의 파출소장 정도 되는 직책으로 지역의 유력자가 관리들에게 돈을 내고 사는 것이 당시의 관례였다—역자 주)으로, 건달이었던 유방은 진나라에 멸망당한 초楚나라 장군의 손자이자 명문 가문의 맹장, 항우와 천하를 다툰다. 유방은 백패하면서도 결국 초를 이기고, 한제국漢帝國을 수립한다.

항우를 쓰러뜨리고 고조高祖가 된 유방은 낙양의 남궁에서 주연을 베푼다. 유방이 여러 장군에게 말했다.

"내가 천하를 얻고 항우가 천하를 잃은 이유는 무엇인가? 각자 생각하는 바를 기탄없이 말해 보시오."

이럴 때 대답 여부에 따라 장래가 정해지기도 한다. '기탄없이'라고 했다고 정말로 기탄없이 대답하는 것은 '사장'을 목표로 하는 사람에게는 어울리지 않다. 고기와 왕릉의 대답은 좋은 모델이 되니 살펴보자.

"폐하는 오만하여 다른 사람을 깔보는 버릇이 있는데, 항우는 사족 土族과 병든 사람에게 매우 어질고 예의 발랐습니다."

인간으로서는 항우가 훌륭하다는 말이다. 처음부터 톱에게 아부하지 않고, 라이벌을 칭찬하는 것은 사실을 솔직하게 말하는 것처럼 보인다. 『사기史記』에 자주 나오는 패턴이다.

"그러나 폐하께서는 인재를 시켜 각 성을 평정하고, 그 공에 따라 그 땅을 아낌없이 사람들에게 나누어주었습니다. ……항우는 싸움에 이겼더라도 자신의 것으로 할 뿐 다른 사람에게 주지 않았습니다. 그래서 천하를 잃게 된 것입니다."

항우의 어진 마음은 '부인의 인', 유방은 '천하 사람의 인'이라는 것이다.

이에 대해 유방은 이렇게 대답했다.

"그대들은 하나만 알고 둘은 알지 못한다. 무릇 군막 안에서 지략을 세워, 천리 밖에서의 승리를 결정짓는 일에 나는 장량에 미치지 못하고, 나라를 안정시키고 백성을 어루만지며 식량을 공급하고 군량 공급로가 끊어지지 않게 하는 일에 있어서 소하에 미치지 못하고, 백만 대군을 이끌고 싸우면 반드시 이기고 공격하면 반드시 패퇴시키는 일에 있어서 나는 한신에 미치지 못한다. 이 세 사람은 모두 인걸이다. 나는 능히 그들을 활용하였으니 이것이 내가 천하를 차지할 수 있었던 까닭이다."

그대들은 하나만 알고 둘은 알지 못한다. 나는 지략을 세우는 데 장량만 못하고, 정무를 도맡아 관리하는 데 있어서 소하만 못하고, 군사를 통솔하는 데 있어서 한신만 못하다. 그러나 이러한 영걸들을 수족처럼 움직일 수 있었다. 이것이 내가 천하를 차지한 이유이다, 라는 의미이다.

유방은 '모든 사람을 자신보다 대단하다고 생각하고' 일을 했다. 그 결과, 천하를 얻는 '터무니없이 큰 일'을 이룬 것이다. 유방 자신은 방침을 제시하고 사기를 고무하며 전체를 정리하는 '경영'을 한 것이리라.

"항우는 범증 한 사람뿐이었는데 제대로 쓰지 못했으니, 이것이 그가 나에게 붙잡힌 까닭이다."

항우는 훌륭한 군사인 범증이 있었음에도, 신뢰하며 쓰지 못했다. 때문에 졌다.

인간은 의심하는 마음으로 접하면 의심받고, 신뢰하는 마음으로 접하면 신기하게도 신뢰받는다.

'굳게 믿는 것이 중요'하다는 말은 진리이다. 그러나 현대는 그 정도로 간단하지 않다.

손정의가 굳게 믿고 칭찬해 마지않았던 후계자 후보 아로라가 갑자기 부사장을 퇴임했을 때, 여러 의혹 보도가 있었다.

예를 들어, 인도의 전자상거래회사 스냅딜에 자신이 투자하고 소프트뱅크에게도 사게 하여 가격을 올렸다는 이야기. 일본 감각으로는 있을 수 없는 일이지만, 소프트뱅크의 간부는 '입사 전의 계약서에 쓰여 있어, 합법이지만 부적절'이라고 대답했다.

그러나 공공 전파를 취급하는 휴대전화 사업이 주력인 소프트뱅크 부사장이 '의혹'을 일으키는 일 자체가 말도 안 된다고 할 수 있다. 적어도 내가 사장실 실장이었을 때는, 이런 종류의 '의혹'은 일어나지 않았다.

톱이 '상대를 굳게 믿는 방침'은 틀리지 않다. 그러나 주위에서 피어나는 '의혹'을 내버려두지 않는 조직체제가 필요하다. '속이는 것보다 속는 것이 낫다'는 '사장학'에서는 부정되어야 한다. '상대를 굳게 믿는 것'을 방침으로 한다면 측근에는 그 방침이 흔들리지 않도록 체크하는 인재, 조직을 두는 것이 반드시 필요할 것이다. 내가 있던 시절의 소프트뱅크 사장실처럼.

=====　**시대를 읽고 준비하여 허를 찌른다**

"시대를 따라가서는 안 된다. 시대를 읽고 준비하여 기다려야 한다."

암홀딩스 인수는 싱귤래리티가 일어나 IoT혁명이 올 것이라고 시대를 읽은 손정의의 '준비'이다. 따라가고 앞질러서는 늦다. 먼저 가서 기다리는 것이다.

1990년대 전반에 인터넷이 전 세계에 퍼졌을 때, 즉시 미국의 실리콘밸리에 가서, 이제 막 창업한 야후에 출자한다. 그리고 "합병회사를 만듭시다"라고 설득하여, 1996년에 일본법인 야후 주식회사를 설립했다.

인터넷 시대가 올 것이라고 읽었을 때, 고속 인터넷 서비스를 시작하고자 결의한다. 당시 일본 통신업계는 NTT가 사실상 100% 독점하고 있어서, 그 결과 '세계에서 제일 비싸고, 세계에서 제일 늦은' 인터넷이었다.

'이대로 가다가는 인터넷 세계에서 일본이 제일 뒤쳐질 것이다'라는 위기감을 느낀 손정의는 'IT전략 회의' 멤버로서 정부에 대해 규제 완화를 호소하는 동시에 신규 참가 준비를 시작한다.

그리고 2001년 자신의 손으로 인터넷 서비스 '야후BB'를 시작하고, 거대 라이벌 NTT에게 경쟁을 걸었던 것이다.

"이념을 바탕으로 백 년 단위로 하고 싶은 것을 입안하여, 비전으로서 언제 어디까지 할 것인가를 입안. 그 후에 전략"이라고 말하는 손정의의 진면목이다. 거리에서 ADSL모뎀을 무료 배부하는 캠페인은 화제가 되었다. 당시 많은 ADSL 사업자가 1.5Mbps 접속으로 매월 약 6,000엔이었던 것을, 8Mbps 접속으로 매월 3,000엔이라는 약 절반의 가격으로 가격 파괴를 했다. '허'를 찌르는 전술이 성공하여 야후BB는 ADSL로 일본 제일이 되었다. 정보 통신 사업에서 NTT그룹이 일본 제일의 자리를 내준 것은 역사상, 처음 있는 일이었다.

시대를 읽은 뉴리더가 사회적으로 확립된 체제를 깨뜨리기 위해서는 '읽고, 준비하고, 허를 찌르는 일'이 필요하다. 급진적으로 규제완

화를 요구하고 목숨을 건 가격 경쟁으로 허를 찌른 것은 실은 합리적인 전략이다.

『육도삼략』에 나오는 태공망. 지금은 낚시 잘하는 사람의 대명사지만, 원래는 주왕조에서 일하던 군사였다.

유방의 명군사, 장량이 젊었을 때 다리를 지나다가 황석공이라는 노인으로부터 병서를 받았다. 그것이 『육도삼략』이었다. 장량은 『육도삼략』을 숙독하고 유방이 천하를 얻는 데 크게 공헌했다. '다이카 개신大化改新'을 추진한 후지와라 가마타리藤原鎌足는, 『육도삼략』을 암송할 정도로 읽고 자신의 판단 지침으로 삼았다고 한다.

나는 정계에서 소프트뱅크 사장실 실장으로 방향 전환을 했을 때 '소프트뱅크의 장량'이 되리라는 뜻을 손정의에게 편지로 전했다. 그때 이래, 『육도삼략』을 때때로 다시 읽었다.

『육도삼략』에 있는 태공망 병법의 기초, 즉 장량의 전략 기초는 항상 앞의 앞까지 생각하여 포석을 까는 것부터 시작했다. 중장기적으로 순서를 생각하여, 기초를 쌓아가며 모든 일을 미연에 처리해 간다. 그리고 실제 결전의 때에는 이미 승부가 나 있어 일이 신기할 정도로 순조롭게 진행되어가는 것이 가장 좋다고 하는 병법이다.

'군대가 승리하는 방법은 적군의 기밀을 몰래 살펴 신속히 그 이로움을 타며 또 급히 그 불의를 쳐야 한다.'

승리를 부르는 기술은 3가지 있다.

제1은 '적군의 기밀을 몰래 살핀다.' 라이벌 기업, 세계의 업계,

CEO의 의도, 동향을 살피는 것이다. 이를 위해서는 비용이 얼마가 들든 아끼지 않고, 정보를 수집해야만 한다.

제2는 '신속히 그 이로움을 탄다.' 자신에게 하늘의 때가 있다고 생각한다면, 침략할 때 불처럼 과감하게 공격해야만 한다.

제3은 '급히 그 불의를 쳐야 한다.' 상대가 예상하고 있지 않는 판매 방법, 혁신으로 공격하는 것을 의미한다.

손정의의 행동은 '군대가 승리하는 방법'에 멋지게 들어맞는다. '적군의 기밀을 몰래 살펴' 정보를 수집해서 인터넷 시대가 올 것을 예측했다. 그리고 NTT독점으로 세계에서 가장 느리고 가장 비싼 인터넷 환경이라는 것을 기회로 생각하고 '신속히 그 이로움을 타서' 야후BB를 만들어 무료 모뎀 배부 및 가격 파괴로 '급히 그 불의를 쳐서' ADSL로 점유율 일본 넘버원을 실현한 것이다. 이 자세는 앞으로도 변하지 않을 것이다.

단 『육도삼략』의 기본은 달인에게 파인 플레이는 없다는 것이다.

야구의 달인은 아무리 어려운 타구도 쉽게 처리하는 것처럼 보인다. 투수가 어떤 공을 던지는가. 타자는 어떤 버릇이 있는가. 달인은 그런 정보에서 어디서 공이 날아올지 읽기 때문에 미리 날아오는 지점에서 기다린다.

점핑 캐치 등은 멋져 보이지만, 감이 둔하여 첫 걸음이 늦어지는 바람에 그렇게 되는 경우가 많다.

지금까지 손정의의 온갖 비즈니스 기술을 알고, 새삼스럽게 '천재',

'카리스마'라고 생각하는 독자가 많을 것이다. 그럼 손정의는 우리들과 전혀 다른 슈퍼맨인가? 아니다. 말하자면 달인인 것이다. 우리들과 다르지 않지만, 누구보다도 생각을 거듭하고 끝까지 파고들고 계속 싸워왔기에 손정의가 있는 것이다. 그리고 그 자세를 흐트리지 않는 한 계속 전진할 것이다. 손정의의 버전이 대체 어디까지 갱신될지, 같은 시대에 사는 사람으로서 계속 지켜보고 싶다.

후기

손정의는 역시 '예언자'다, 라는 것이 본서를 마친 나의 생각이다.

내가 아직 중의원 의원으로 벤처 기업 경영자의 손정의와 알고 지낼 무렵, "시마 씨, 2008년 무렵에는 모바일 인터넷 시대가 올 겁니다"라고 말했다. 21세기 초기에는 '중국의 시대가 올 것'이라고 예언했는데 모두 들어맞았다. 그리고 '다음은 인도'라고 예언했다. 그리고 예언을 바탕으로 투자하고 사업을 비약시켜 온 것이 '손정의1.0'이었다.

그리고 본서에서도 쓴 것처럼 '손정의2.0'이 된 손정의는 '2018년 무렵, 칩 하나가 인간의 두뇌를 뛰어넘는다. 여기서 패러다임 시프트가 일어날 것'이라고 예언했다. 이번이 이전과 다른 것은 '손정의2.0'은 암홀딩스라는 플랫폼을 손에 넣음으로 인해 스스로 세계를 창조할 수 있는 입장에 서게 된 것이다.

'미래를 예언하는 최대의 방법은 자신이 미래를 만드는 것이다'라고 한다. 이것은 지금까지 빌 게이츠나 스티브 잡스 같은 세계적 CEO만의 전매특허였다. 그 안에 손정의가 들어가는 것이다.

손정의는 국가를 넘어 '세계의 손정의'가 되었으면 좋겠다, 는 것이 나의 생각이다. 교과서에 50쪽 쓰이는 것보다 세계사 교과서에 1쪽이라도 쓰이는 편이 좋다.

누구나 손정의처럼 미래가 보이는 것은 아니다. 그러나 손정의의 행동, 발언을 주의 깊게 보고, 거기에 맞춰 가면 시대의 커다란 물결을 탈 수 있다.

"2008년 무렵 모바일인터넷 시대가 온다"라는 예언에 따라 많은 기업가가 등장하여 멋지게 성공했다. 그렇다면 다음 터닝 포인트는 2018년이 된다.

경제학자 슘페터는 "혁신을 일으키는 기업은 군생적으로 나타난다"고 말했다. 패러다임 시프트의 최초에 혁신을 실현하는 사람은 일종의 천재이다. 이번 IoT혁명에 있어서는 손정의가 될 가능성이 높다.

뒤를 따르는 인물은 물론 드문 재능을 가진 사람이다. 단, 최초에 도전한 손정의의 경험을 배울 수 있기 때문에 손정의만큼 월등한 재능을 가지고 있지 않아도 성공한다. 더욱이 다음에 올 집단은 많은 성공자로부터 배워 보다 쉽게 성공할 수 있다. 이렇게 하여 '기업가'는 군생적으로 나타나 IoT혁명이 현실적인 것이 된다.

본서에서도 소개했지만, '손정의를 뛰어넘고 싶다', '시가총액 8조 엔(당시 소프트뱅크의 시가총액)을 달성할 시나리오가 보인다!'고 SNS에 표명하고 주목을 모으고 있는 기업가와 이야기를 나눈 적이 있다.

그 기업가의 회사 시가총액은 8조 엔에 달할 가능성이 낮다. 시가총액 8조 엔을 넘고 싶다면 '손정의의 후계자를 노려야 한다'라고 충고했다. 그의 대답은 "손정의의 후계자를 노리지 않겠다. 왜냐하면 손정의는 이미 낡았다"라는 것이었다.

그 의기는 좋지만, 나는 '손정의2.0'은 결코 낡지 않았다고 생각한다. 아니, 한층 진화하고 있다는 것이 나의 생각이다.

또 한 사람, 손정의를 존경하는 20대 기업가를 만났다. 그는 동일 본대지진 때 모금 활동을 하여 1,000만 엔을 모았다. 그러나 손정의가 100억 엔을 기부했다는 말을 듣고 놀랐다. 앞으로 무슨 일이 있을 때 자신은 더 크게 사람들을 돕기 위해서 창업했다고 한다. 손정의의 '뜻'도 젊은 기업가에게 크게 영향을 끼치고 있는 것이다.

2018년 터닝포인트로서 IoT혁명이 일어날 것이다. 많은 기업가들이 군생적으로 나타나 활약할 것이다. 이 책이 그 단서가 되었으면 좋겠다.

본서 저술을 마친 지금 감사의 마음으로 가득하다. 소프트뱅크의 친구들이 변함없는 우정으로 여러 가지 이야기를 들려주었다. 또, 이 책을 쓰도록 권해주신 후타바샤双葉社의 와타나베 다쿠지渡辺拓滋 씨는 이 책을 써가는 데 있어서 착안점 등 귀중한 의견을 주셨다. 또 이토 아키라伊藤亮 씨는 많은 사람들이 알기 쉽게 쓰는 법에 대해 어드바이스 해주었다. 두 사람의 도움이 없었다면 이 책은 완성되지 못했을 것이다.

마지막으로 어떤 때라도 나를 헌신적으로 내조해주는 아내, 에이코와 이제 슬슬 자립하려고 하는 딸, 안나에게 이 책을 바친다.

시마 사토시

손정의 2.0
IoT시대를 위한 리더의 조건

초판 1쇄 인쇄 2018년 12월 10일
초판 1쇄 발행 2018년 12월 15일

저자 : 시마 사토시
번역 : 장현주

펴낸이 : 이동섭
편집 : 이민규, 서찬웅, 탁승규
디자인 : 조세연, 백승주, 김현승
영업·마케팅 : 송정환
e-BOOK : 홍인표, 김영빈, 유재학, 최정수
관리 : 이윤미

㈜에이케이커뮤니케이션즈
등록 1996년 7월 9일(제302-1996-00026호)
주소 : 04002 서울 마포구 동교로 17안길 28, 2층
TEL : 02-702-7963~5   FAX : 02-702-7988
http://www.amusementkorea.co.kr

ISBN 979-11-274-2122-9 03320

SONMASAYOSHI 2,0 SHINSHACHOGAKU
-IOT JIDAI NO SHIN LEADER NI NARU NANATSU NO KOKOROE
©Satoshi Shima 2016
All rights reserved,
Original Japanese edition published in Japan in 2016 by Futabasha Publishers Ltd,, Tokyo,
Republic of Korean version published by A,K Communications, inc,
Under licence from Futabasha Publishers Ltd,

이 도서의 국립중앙도서관 출판예정도서목록(CIP)은 서지정보유통지원시스템 홈페이지(http://seoji.nl.go.kr)
와 국가자료공동목록시스템(http://www.nl.go.kr/kolisnet)에서 이용하실 수 있습니다.
(CIP제어번호: CIP2018037823)

*잘못된 책은 구입한 곳에서 무료로 바꿔드립니다.